2021年度儿童发展障碍康复行业蓝皮书

顾　问　黄伟合

主　编　贾美香

副主编（按姓氏笔画排序）

于小千　于松梅　王异芳　王晓莉　王崇颖　王　琳　王　磊　吕　玲　刘晓明　闫　琦　孙　颖　杨斌让　张天玲　张庆苏　张　雁　张　嵘　张瑞革　赵伟华　赵志群　赵　鑫　贺荟中　黄悦勤　潘燕生

编　委（按姓氏笔画排序）

王善峰　吉　宁　吉　莹　朱振云　刘青华　祁梦真　杜俐佼　李成成　李　芳　李　琴　李鲁萍　吴丹丹　吴美琦　陆　莎　陈瑛华　武亚琼　罗丽莎　周美玲　周雅文　郜熠珂　黄　逸　彭　瑾　董　佳　程　霞　强东东

秘　书　吴美琦

北京大学医学出版社

2021 NIANDU ERTONG FAZHAN ZHANG'AI KANGFU HANGYE LANPISHU

图书在版编目（CIP）数据

2021 年度儿童发展障碍康复行业蓝皮书 / 贾美香主编 . —北京：北京大学医学出版社，2022.11

ISBN 978-7-5659-2721-8

Ⅰ. ① 2… Ⅱ. ①贾… Ⅲ. ①儿童教育 – 特殊教育 – 教育康复 – 研究报告 – 中国 –2021 Ⅳ. ① G760

中国版本图书馆 CIP 数据核字（2022）第 214840 号

2021 年度儿童发展障碍康复行业蓝皮书

主　　编： 贾美香

出版发行： 北京大学医学出版社

地　　址：（100191）北京市海淀区学院路 38 号　北京大学医学部院内

电　　话： 发行部 010-82802230；图书邮购 010-82802495

网　　址： http://www.pumpress.com.cn

E-mail： booksale@bjmu.edu.cn

印　　刷： 北京瑞达方舟印务有限公司

经　　销： 新华书店

责任编辑： 刘云涛　**责任校对：** 靳新强　**责任印制：** 李　啸

开　　本： 850 mm × 1168 mm　1/16　**印张：** 13　**字数：** 266 千字

版　　次： 2022 年 11 月第 1 版　2022 年 11 月第 1 次印刷

书　　号： ISBN 978-7-5659-2721-8

定　　价： 60.00 元

联合研创

中国妇幼保健协会

中国妇幼保健协会儿童脑科学与脑健康促进专委会

中国宋庆龄青少年科技文化交流中心

中国残疾人康复协会孤独症康复专业委员会

国家孤独症康复研究中心

北京教育科学研究院特殊教育研究指导中心

北京联合大学特殊教育学院

北京市孤独症儿童康复协会

北京九三王选关怀基金会

北大医疗脑健康行为发展教研院

特别鸣谢

TME 政策研究中心

编委会名单

（按姓氏笔画排序）

序

春和景明，万象更新。儿童发展障碍康复行业也迎来了发展的春天。2021 年以来，国家对儿童发展障碍康复行业的高质量发展给予更多关注，相继出台了一系列政策文件。《关于加快推进康复医疗工作发展的意见》《“十四五”残疾人保障和发展规划》《“十四五”特殊教育发展提升行动计划》的发布，从国家层面加强了顶层设计和统筹安排，这将利好儿童发展障碍康复的中长期发展，创设更加有利于各类儿童全面发展的美好环境。

在儿童发展障碍康复迈入发展新阶段的同时，我国数字技术发展迅猛，强效赋能千行百业转型升级，也不断渗透到儿童发展障碍康复行业服务的各个环节。秉持“科技向善”理念，突出技术的智能和温度，数字疗法为儿童发展障碍康复提供了新的思路和视角，造福了更多的发展障碍儿童和家庭。

但是儿童发展障碍康复行业依旧面临着诸多发展困境，儿童精神科医生数量不足、儿童康复师队伍急需壮大、行业发展缺乏规范标准等痛点和难点，让难得的行业发展春天仍有几丝凉意。伟大的事业呼唤更多参与的力量，我们需要社会各方力量的广泛参与，全力构建起全方位、多层次、立体化的儿童康复行业发展支持体系。

这次的报告对行业进行了初步探索，可以帮助大家窥一斑而知全豹。报告描绘了发展障碍儿童和家庭的生活图景，讲述了行业技术的革新、政策的机遇以及数字化技术、人工智能、大数据等新一代信息技术为行业带来的改变。报告同时发现，无论是家长抑或学校，都越来越重视孩子的康复；儿童康复人才在逐年增长，他们的职业前景也日益清晰；数字疗法支持家庭干预，发挥了协调康复资源分配的作用。这份报告，对了解和研究行业的创新发展有一定的参考价值，值得大家拨冗一阅。

少年儿童是祖国的未来，是中华民族的希望，每一名儿童都值得拥有出彩的人生。我们要毕力同心，共同凝聚出推动儿童康复行业发展的磅礴伟力，推动发展障碍儿童获得更多的关注、更全面的支持、更坚强的保障，以实际行动托起儿童平等健康发展的未来，守护好民族发展的希望。

韩启德

2022 年 3 月

前言

2021年，疫情在国内得到了科学的防控，儿童康复领域同样也在积极适应新时代、新业态的变化。发展障碍儿童（包括孤独症谱系障碍、注意缺陷多动障碍、言语发育障碍、学习障碍等儿童）需要长期、持续的康复干预，才能收获尽可能大的康复效果，这已经是业内专家的共识。疫情之下，数字疗法、远程干预等技术手段极为快速地被应用于儿童发展障碍的康复领域。这一现象出乎意料却又在情理之中。出乎意料在于数字疗法和远程干预技术延长了治疗师的服务距离，突破了时空限制和只能通过面对面干预教学才有效果的拘囿；情理之中在于通信技术、互联网技术、远程医疗等服务已经在近些年深入到人们生活的方方面面，我们已经具备了技术上的先备条件。

2021年12月美国疾病控制和预防中心再次发布了孤独症患病率的追踪数据，报道称美国孤独症的患病比例已经达到了1/44。随着人们生活水平的提升，对儿童心理健康的需求越来越大，家长已经不再满足于身高、体重等的体格达标，更期待儿童在认知、社交、情绪、行为等方面实现全面发展。与之相悖，我们的儿童康复服务能力却没能跟上发展障碍儿童及其家庭需求的迅猛增长，而且从2020年的行业报告也能发现，康复资源在我国呈现严重的不均匀分布，大量优质的服务人才集中在一线或省会城市。数字疗法突破了地域的限制，将优质的康复服务人才与全国各地的康复需求儿童联系起来；更为让人期待的是数字疗法可以将“人”的知识、经验融入到软件和网络中去，标准化的数字技术突破了“只有人才能提供服务”的前提条件，人才培养周期漫长，数字疗法却可以从另一个维度实现康复服务直接进入儿童的家庭。

2021 年底，我们再次启动了覆盖全国的调研工作，围绕儿童发展障碍的康复领域，我们调研了医生、康复师、康复机构负责人、家长、大龄孤独症患者等人群，期待通过每年的追踪，了解行业这一年的变化和发展脉络。除了量化的调研指标，本次报告同样期望通过数个典型个案充分展示患儿、家庭、从业者等生存现状、困境、对未来的期待，以及在实践中的一些成功经验。研究报告部分邀请了专家针对融合教育、从业者职业教育、行业前景等专项角度展示行业的动态和发展趋势。

编委会

2022 年 3 月

导 读

《2021年度儿童发展障碍康复行业蓝皮书》（以下简称“蓝皮书”）是国内首本聚焦于发展障碍儿童，包括孤独症谱系障碍儿童、注意缺陷多动障碍儿童、言语语言障碍儿童、发育迟缓儿童的现状和康复，以及相关科学技术发展的行业图书。

基于我国发展障碍儿童的诊疗、康复、保障等仍处于初级阶段的现状，以及大众对儿童发展障碍的认识较薄弱，儿童发展障碍整体服务体系欠整合的特点，贾美香教授担任主编，联合医疗、教育、民政等多个领域专家领衔编写了《2021年度儿童发展障碍康复行业蓝皮书》，旨在整合多领域力量，反映发展障碍儿童及家庭现状，推动儿童发展障碍服务创新，倡导儿童发展障碍相关政策。

《2020年度儿童发展障碍康复行业报告》呈现了我国儿童发展障碍的诊疗进展，以及发展障碍儿童及家庭的困难和需求。报告一经发布即受到了社会的广泛关注。2020年的报告有以下重要发现：

1. 首次报告：超过60%的孩子初次诊断在3岁及以前。

2020年通过对家长调查，发现超过60%的孩子初次诊断发展障碍在3岁及以前。有数据统计，美国孤独症儿童平均诊断年龄为4岁零4个月。本发现一定程度上说明，我国发展障碍儿童的诊断服务尚可。但同时，这一数据也需要每年持续监测，才能说明问题。

2. 首次报告：发展障碍儿童家庭每年在康复上的花费约6万元。

2020年我们调研了780组家庭。调研发现，发展障碍儿童家庭每月花费在孩子身上的康复费用中位数在 5000 元左右，即每年在康复上花费约 6 万元。另外，发展障碍儿童的家庭经济负担较重，有超过 20% 的家庭每月康复支出甚至超过家庭总收入。

3. 首次报告：2~8 岁发展障碍儿童康复市场规模预计达 3200 亿元。

2020 年根据我国第六次人口普查的结果，以及我国孤独症谱系障碍、注意缺陷多动障碍、言语语言障碍的患病率推算出，2~8 岁孤独症谱系障碍的患者约 100 万人，注意缺陷多动障碍患者约 700 万人，言语语言障碍患者约 500 万人。2~8 岁发展障碍儿童康复的市场规模约为 3200 亿元。

4. 首次报告：发展障碍儿童康复师数量预计 10 万人。

2020 年，编委会根据参加由中国残联社会服务指导中心和北大医疗脑健康行为发展教研院组织实施的全国孤独症康复专业人员线上培训的报名数据预估，我国儿童发展障碍康复从业人员约 10 万人。

《2021 年度儿童发展障碍康复行业蓝皮书》在 2020 年研究的基础上，进行了新一年的调研，并成为第一个正式出版的儿童发展障碍康复行业蓝皮书。2021 年度蓝皮书聚焦于数字化技术对儿童发展障碍康复的影响，并对发展障碍儿童的现状、诊疗康复教育社会保障等年度发展进行追踪，有以下重点内容：

1. 关注数字化转型趋势，聚焦儿童发展障碍领域数字疗法的进展

随着新冠肺炎疫情防控的常态化，2021 年全球掀起一股数字化的风暴，尤其是受疫情影响最为严重的医疗服务，都在尝试基于数字化技术实现居家远程服务。2021 年，也被称为“数字疗法”的元年。2021 年度蓝皮书概述了儿童发展障碍领域的数字化发展和数字疗法应用，并预计未来一款临床有效的儿童发展障碍数字疗法产品或将在国内产生每年 100 亿元的市场规模。

2. 新增“医生调查”和“大龄孤独症调查”，拓展调查的广度和深度

为更加全面地了解发展障碍儿童的诊疗、康复以及社会支持，2021 年度蓝皮书，在家长调查、康复师调查，以及康复机构调查的基础上，新增了医生调查和大龄孤独症患者调查，旨在了解基层儿科医生、儿保科医生的诊疗能力，以及大龄孤独症人群的婚姻、就业以及社会保障状况。对于发展障碍儿童成年后的生活和工作问题，2021 年度蓝皮书进行了详细报告。

3. 紧跟“十四五”政策，探究融合教育新制度

2021 年，针对发展障碍儿童的文件为《“十四五”特殊教育发展提升行动计划》。该计划中提到，到 2025 年我国适龄残疾儿童义务教育入学率达到 97%，这意味着更多的发展障碍儿童将到普通学校就读。同时，随着融合教育的发展，如何保证发展障碍儿童高质量地完成义务教育，而不仅仅是停留在普及率的数字上，将成为下一阶段的重点。2021 年度蓝皮书对《“十四五”特殊教育发展提升行动计划》进行了解读，并邀请行业专家报告了融合教育的探索成果。

4. 结合“双减政策”，审视儿童康复职业的机遇和挑战

儿童康复是一个新兴的职业，2021 年度蓝皮书结合“双减政策”，分析了儿童康复职业的机遇和挑战，并首次报告了儿童康复师的职业成长前景，包括薪酬前景、晋升前景，以及个人成长前景等。根据调研的康复师培训需求数据，以及残联官网和卫健委系统的康复人员数据，我们预计，当前各类康复相关培训（或职业教育）的市场规模或达每年 10 亿元。

5. 追踪“小龄”到“老龄”，呈现孤独症人群生活的真实图景

2021 年度蓝皮书采访了从“小龄”到“老龄”的四组孤独症家庭，在调查报告的基础上，更生动、形象地讲述了四组家庭的故事，诠释了他们的挣扎、痛苦、担忧，同时也展现了他们的乐观、奋斗和精彩。

语似春风吹暖四方八面，心如炉火映红万户千家。期待和您一起拂书，了解发展障碍儿童这一群体。

编委会

2022 年 3 月

目录 CONTENTS

第一章

焦点报告

数字疗法与儿童发展障碍康复行业进展

第一节　数字疗法的概述

当提到“数字健康”时，我们可能都不陌生，大部分人多多少少都能描述出一些例子，因为当前数字健康产品已经走进了我们的生活，比如，能够记录步数和运动量的智能手表，以及能够记录睡眠时长、睡眠质量的应用软件（application，APP）。数字疗法似乎是一个比较新的概念。我们了解药物疗法、注射疗法、放射疗法，甚至音乐疗法、绘画疗法等，但是数字疗法是什么呢？它与数字健康有什么联系和区别？同时，到目前为止，数字疗法获得了哪些发展？

一、数字疗法的概念

（一）数字疗法的定义：是一种全新的疗法，还是补充性治疗？

数字疗法实际上是数字健康的一个子领域，它是随着越来越多的数字健康产品获得了循证医学的依据，从而发展出来的一个概念。从概念被提出到今天，不过短短20年的时间。与数字健康相同的是，数字疗法是由软件驱动的，通常是移动应用软件，如手机、平板电脑中的APP；同时，数字疗法是一种面向“患者”（或健康服务接受者）的治疗和管理方法。与数字健康不同的是，数字疗法需要有严格的循证医学依据，即经过随机对照试验或真实世界研究验证，是对使用者有效的方法，这也是其被称为“疗法”的原因。作为一个新概念，数字疗法至今尚没有一个统一的定义。引用比较广泛的是国际数字治疗联盟对数字疗法的定义——“数字疗法是由高质量的软件程序驱动的，以预防、管理或治疗医学障碍或疾病为目标的，为患者提供基于证据的治疗干预。它们可以单独使用，也可以与药物、设备或其他疗法配合使用，以优化患者护理和健康结果”。

如何理解它们“既可以单独使用，也可以与药物、设备或其他疗法配合使用”是比较重要的。第一种情况下，软件本身就能产生治疗效果。比如，一款多动症治疗软件，为患者提供视频游戏，患者仅使用软件，就能改善注意力持续时间。第二种情况下，软件让患者做某种行为，从而产生有益的临床结果。比如，一款糖尿病管理软件，与药物相结合，监测患者健康水平，记录患者用药剂量，从而提高患者依从性，改善治疗效果。或者一款针对肌肉骨骼问题的软件，发布一系列锻炼项目，并在规定时间段结束时测量患者的活动，从而帮助患者有效改善疼痛。

对于第一种情况，数字疗法被认为是一种全新的药物替代疗法，并且是非常有前景的，有可能颠覆现有的医疗模式。对于第二种情况，数字疗法被认为是一种补充性疗法。当然，目前也有观点认为，第二种并不能称为数字疗法，它只是药物或其他疗法的补充，它们与药物结合在一起，以获得更好的结果，因此，不应该把它们单独称为疗法。

在本文中，为了更好地理解数字疗法与疾病治疗（健康干预）的相互作用，我们引用数字疗法联盟的定义，即数字疗法既涵盖一种极具变革性的全新疗法，又包含对于传统药物、医疗器械的补充性治疗。

（二）数字疗法与患者的医疗旅程：协助预防、治疗到康复的全流程

数字疗法可以支持患者医疗旅程的不同阶段（图1–1）。在这一过程中，数字疗法可以收集、综合和分析患者数据，临床医生可以依据分析结果进行个性化治疗，并与患者一起应对并发症，从而带来更好的临床结果和更少的医疗干预。

患者的医疗旅程	健康和预防	诊断	治疗决策	治疗	康复管理
描述 利用可穿戴或不可穿戴的智能设备，应用，平台或分析工具……	通过临床证明的健康服务和有计划的预防保健活动，使患者能够预防疾病的发生	为患者和医疗健康专业人员提供评估和诊断信息，给出有利于改善临床结果的治疗方案		作为已证明临床疗效的独立治疗或通过提高临床结果补充现有的治疗	让患者和卫生保健专业人员监测和跟踪症状，不断调整和优化治疗方案
说明产品 数字疗法输出临床结果，并专注于特定的适应证	心脏病 通过对体重、食物和活动的跟踪，以及互动指导和个人的挑战任务，来推动行为改变	乳腺癌 监测乳房的代谢变化，细胞的加速活动，从而发现早期的乳腺癌	糖尿病 在应用程序中利用游戏化手段，通过奖励患者来鼓励更好的血糖监测习惯	注意缺陷多动障碍 通过视频游戏来改善儿童的注意力和控制力	哮喘 通过一套工具，帮助患者实时了解哮喘状况，从而调整用药剂量

图1–1　数字疗法与患者的医疗旅程

从上图可以看出，数字疗法的应用场景是非常广阔的，它可以帮助到一个人在健康或医疗旅程中的各个阶段，可以服务于人类的多种健康目标，包括预防、诊断和治疗决策、治疗以及康复管理等。

二、数字疗法的价值和意义

（一）数字疗法的价值：在临床、经济和社会方面均具有突出价值

1. 临床价值

随着全球技术的发展，越来越多的证据表明数字疗法具有临床疗效。同行评议的研究表明，在包括多动症、哮喘、精神分裂症和失眠症在内的广泛适应证中，数字疗法无论是单独使用还是与传统方案联合使用，对疾病的疗效都有所改善。例如，BlueStar是一款由人工智能驱动，为糖尿病患者量身定制的数字助手。临床试验表明，这种数字疗法可使2型糖尿病成人患者糖化血红蛋白平均降低1.7~2.0个百分点。

再如，在哮喘的治疗中，Propeller系统帮助患者显著改善了症状。Propeller用传感器，附着在哮喘/慢性阻塞性肺疾病吸入器上，通过数字平台，帮助患者了解可能引起症状的原因。

一项针对 495 名哮喘患者的随机临床试验显示，在哮喘控制测试（Asthma Control Test）定义的基线状态下，63% 的患者实现了控制（相比之下，常规护理组仅达到了 49%）。

2. 经济价值

由于人口老龄化，医疗费用的数目在不断增加，任何新的治疗方法都必须被证明是具有成本效益的。数字疗法在优化成本和扩大规模方面具有巨大潜力。首先，它的开发比药物更便宜。它避免了临床前研究，也不需要建立 GMP 厂房。因此，从实验室到床边的时间被大大减少。数字疗法还可以节省工作人员的时间，使一些程序自动化。其次，"数字"组件具有很强的可扩展性。它很容易产生数据，它使数据更容易优化，可用性不断提高，除非某些数字疗法需要大量的计算能力才能工作，否则它的扩展成本是边际下降的。

3. 社会价值

更重要的是，数字疗法增加公民被治愈的机会。例如，数字疗法能够为农村或服务不足地区的患者提供治疗机会，改变区域间的医疗不均衡。再如，数字疗法能够为患有精神障碍，但因病耻感而不愿就医的患者提供服务，减轻就医的社会压力。因此，无论患者的年龄、语言、文化、收入、疾病状态或地理位置如何，数字疗法产品都可以帮助服务不足人群弥补护理方面的严重不足。

（二）数字疗法的意义：促进平等的医患关系

正如前文所说，数字疗法是一种全新的治疗方式，数字疗法的意义可能不仅仅在于临床、经济和社会价值，更在于它可能颠覆现有的医疗模式。在科学杂志《移动健康》（*mHealth*）上，Meskó 博士和他的同事认为，数字健康和数字疗法是一种文化变革，即提供数字和客观数据给护理人员和患者的颠覆性技术，它带来平等的医患关系、共享决策和医疗民主化。这是一个范式转变，从医生－病人的家长式关系转变为团队合作模式。

三、数字疗法的进展

（一）数字疗法产品：从门可罗雀到百家争鸣

早期，数字疗法的研究只集中在学术界和科技公司，但随着数字疗法与药物结合的效果越来越显著，以及新冠肺炎疫情的影响，大型制药公司开始关注数字疗法，促使数字疗法进入了一个快速发展期。

Valeria Burrone 等人以"数字"为关键词，在 clinicaltrials.gov 上搜索了 2010 年 1 月至 2019 年 12 月注册的研究。他们发现，在由此产生的 557 篇研究中，有 182 篇是关于数字疗法临床应用的研究。其中，92% 发表于 2015—2019 年。5 年间，有关数字疗法的干预实验增加了 5 倍，从 2015 年的 12 项增加到 2019 年的 58 项。在治疗领域方面，按照实验占比的高低，依次为精神疾病（25%）、心血管系统疾病（11%）、内分泌系统疾病（10%）、成瘾（10%）以及神经系统疾病（8%）和呼吸系统疾病（7%）。而在资金支持方面，以科研资金为主，商业资金为少数（图 1–2）。

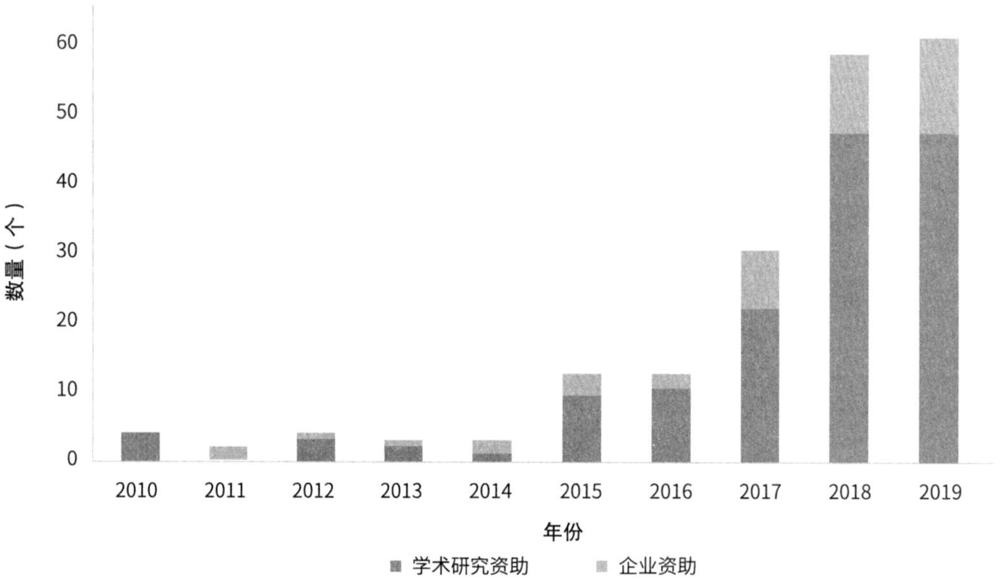

图 1–2　过去十年，数字疗法干预实验的发展趋势

根据《中国数字疗法行业白皮书》的数据，目前全球至少有 174 家在研发数字疗法的公司。同时，数字疗法已应用到了 12 大类疾病，30 多种适应证当中，包括哮喘、慢性阻塞性肺疾病、睡眠呼吸暂停、肌肉骨骼疼痛、骨性关节炎、失眠、注意缺陷多动障碍、孤独症、药物滥用、焦虑症、精神分裂症、酒精依赖、创伤后应激障碍、糖尿病、轻度认知障碍、脑卒中后行走障碍、帕金森病、阿尔茨海默病、高血压、心力衰竭、斜弱视、癌症、红斑狼疮、血友病等。2017 年 9 月，诞生了世界上第一款处方数字疗法产品——Pear Therapeutics 公司的 ReSET。

新冠肺炎疫情使数字化得到了前所未有的发展。如，远程居家办公成为工作的新常态，互联网医疗成为更多人就医的新选择。数字治疗也取得了很大进展。

2020 年 3 月，美国食品药品监督管理局（Food and Drug Administration，FDA）批准了 Somryst，它是一款应对失眠的数字疗法。该公司为失眠患者提供基于数字设备的认知行为疗法，包括算法驱动的睡眠限制和巩固建议，在患者需要的时间和地点提供治疗。同月，英国国民健康服务体系（National Health Service，NHS）开始为焦虑患者提供虚拟现实疗法。在每半小时的训练中，用户戴上 VR 头盔，在虚拟教练的引导下完成一系列任务，比如在街上、在公交车上或在商店里，患者被鼓励逐步面对问题的情况，以克服焦虑，建立信心和塑造更多的控制。

2020 年 6 月，美国 FDA 批准了第一个为患有注意缺陷多动障碍的儿童开发的数字疗法——Endeavour Rx。它利用视频游戏作为“药物”干预儿童的注意力。2020 年 11 月，美国 FDA 批准了一款应对噩梦和创伤后应激障碍的数字疗法，该设备监测患者睡眠期间的心率和活动，为患者创建个性化的睡眠档案，当检测到噩梦时，发出轻微振动，打断噩梦，但不惊醒佩戴者。

此外，AppliedVR 的 EaseVRx 获得了 FDA 的突破性设备认证，用于治疗与慢性疼痛相关的疾病。基于认知行为治疗原则和其他行为方法，它改变大脑对疼痛的感知，调节感官和情绪。

（二）数字疗法的其他利益相关方：积极参与到数字疗法的实践

在数字疗法产品品种不断丰富、安全性和有效性不断提高的同时，另一个显著的趋势是数字疗法的其他相关利益方，包括监管者、支付者、使用者，也在为拓展一个新的市场而加倍努力着。

2016 年 12 月 13 日，美国通过了《21 世纪治愈法案》，重点支持新技术发展以改善尚未满足医疗需求的严重疾病的治疗。涉及法案中有几项重要的监管改革，旨在促进数字疗法的发展，从而为科技公司简化新技术的开发铺平道路。自法案推出以来，已有多家制造商因其领先的数字疗法产品获得了突破性的认证。2020 年 4 月，美国食品药品监督管理局（FDA）发布了一份指导性文件，提出要大力提升精神障碍患者使用数字疗法设备的可能性。

2019 年 5 月，英国的“快捷处方计划”开发了第一个数字健康处方集，以确保为患者提供最有价值的整体治疗方案。首次发布的数字健康处方包括 15 个应用程序，用于帮助管理全国 8 种最常见的慢性疾病：糖尿病、糖耐量降低、高血压、哮喘、肺病、抑郁、焦虑和失眠。除了“快捷处方计划”，2020 年，英国国民健康服务体系（NHS）与国家卓越健康和护理研究所支持了一个新的数字化治疗评估项目，旨在让更多人使用数字化设备，并获得心理治疗服务。

2010 年 11 月，中国国家药品监督管理局批准了第一款数字疗法——术康 APP，拉开了中国数字疗法的序幕。截至目前，中国市场有术康、六六脑、芝兰、武田的 myPKFiT 等第一批注册的数字疗法。

随着政府的大力支持，医疗保险公司作为最终支付方，也在积极将数字疗法产品纳入报销范围。比如，Propeller Health 被纳入美国的 Anthem，Molina Healthcare 保障范围，Jogo Health 被美国的 Medicare 覆盖。在国内康康血压与众安保险合作推出高血压险，圆心惠保与太平人寿合作推出抗癌特药险等。数字疗法与国家医疗保险以及商业保险的结合仍有很大空间。

而在市场方面，《数字疗法全球市场报告》指出，全球数字疗法市场预计将以 19% 的复合年增长率从 2020 年的 35.3 亿美元增长到 2021 年的 42 亿美元。该市场预计在 2025 年将达到 106.2 亿美元，复合年增长率为 26.1%。一个更加庞大和蓬勃的数字疗法市场正在向我们走来。

自数字疗法问世以来，世界对数字疗法的投资大幅攀升，迄今为止，投资总额已超过 15

亿美元。可以相信，我们的未来将是一个更加数字化的未来。数字疗法已经成为全面护理、管理和预防疾病状态的一个重要组成部分，它极有望将个性化的、定制的、以技术为基础的医疗保健服务推向发展的顶峰。

（吴美琦）

第二节　数字疗法在儿童发展障碍康复领域的应用

儿童发展障碍也称为神经发育障碍，根据 DSM（Diagnostic and Statistical Manual of Mental Disorders）-5 诊断标准，包括孤独症谱系障碍、注意缺陷多动障碍、智力障碍、言语语言障碍、运动协调障碍等。主流的儿童发展障碍疗法包括基于应用行为分析的治疗、感觉统合治疗、言语语言治疗等。以主流治疗方法的原理为基础，结合数字技术的"数字疗法"也已经开始在这个领域崭露头角。

与其他慢性病如糖尿病、慢性阻塞性肺疾病、肿瘤的数字疗法不同，在儿童发展障碍领域，数字疗法一方面可以作为药物的补充疗法，另一方面也可以作为一个独立的疗法，它不是必须与药物、医疗器械配合使用，只通过应用软件本身就能产生治疗效果。

一、EndeavorRx：儿童发展障碍领域的首个数字疗法

数字疗法是如何仅仅通过应用软件就能实现疾病治疗的效果呢？以 AKILI 公司的数字疗法产品 EndeavorRx 为例，EndeavourRx 是儿童发展障碍领域首个也是目前唯一一个获得 FDA 批准的数字疗法。它是针对 8~12 岁注意缺陷多动障碍儿童（attention deficit and hyperactivity disorder，ADHD）的数字处方，于 2020 年 6 月正式通过审批。它通过 iOS、Android 设备上沉浸式的视频游戏对 ADHD 儿童进行治疗。

该应用程序可以跟踪用户的动作，监测用户的行为，并迅速匹配用户的行为。在游戏中，孩子通过屏幕上的命令来导航一个外星人角色，去探索不同的领域，不仅要收集目标，还要躲避障碍，需要同一时间处理多个任务。成功地通过每个关卡都需要集中精力，过滤掉干扰。这个游戏会激活儿童大脑中控制注意力功能的特定部分。它还能够通过不断更新难度，让孩子挑战自我，提升能力。

EndeavorRx 作为一个数字疗法，由医生根据 ADHD 患儿的情况开具处方。患儿家长在家中注册、下载就能够使用，通常使用的时间是每周 5 次，每次 25 min。在正式获批前，AKILI 做了 4 项临床研究，对 600 多名 ADHD 儿童进行了评估。研究数据显示，当患儿每天使用 25 min，一周使用 5 次，每月使用 4 周时，在第二个月就能出现症状改善。在两个月的治疗后，68% 的父母报告孩子的 ADHD 相关损伤有所改善，73%的儿童报告其注意力有所改善。EndeavorRx 也是全球首例获批的作为治疗手段的电子游戏。这代表着医生可以考虑将其作为药物治疗或其他疗法的替代或补充给予患者。EndeavorRx 的获批为基于游戏的产品作为循证和可控的治疗开辟了先例，同时，为儿童发展障碍的数字疗法开辟了一条监管和市场路径。

二、儿童发展障碍领域：更多的数字疗法将出现

虽然在儿童发展障碍领域目前只有一款获批的数字疗法，但已经有不少产品正在开发，或者已获得了阶段性的认可。这些数字疗法产品涵盖了孤独症谱系障碍、言语语言障碍、注意缺陷多动障碍等。

Cognoa是一家专注于儿童行为健康的科技公司。Cognoa近年来一直致力于开发用于早期识别和治疗行为健康状况的处方数字疗法和药物，目的是改变儿童的护理标准，改善发展障碍儿童的终身预后。Cognoa公司已经有两款孤独症数字设备获得了FDA先进性设备认证（获得FDA先进性设备认证，代表着拥有FDA的优先审查许可，将大大加快获得市场授权的速度），一款是孤独症数字诊断设备，一款是孤独症数字疗法设备。目前，专家诊断儿童孤独症的平均年龄是4岁4个月。而Cognoa的目的是使初级保健机构的儿科医生能够对18个月大的儿童进行孤独症诊断，从而使儿童能够得到更早的治疗。Cognoa采用机器学习和预测方法，分析来自父母输入的信息和其他数据，从而指导其数字产品。2019年10月，Cognoa启动了一项关键研究，评估其数字诊断的有效性，于2020年向FDA提交了前瞻性、双盲、主动比较试验的结果，并于2021年6月获批。

Cognoa的产品研发管线非常丰富，不仅仅针对孤独症谱系障碍，还针对言语和语言障碍、注意缺陷多动障碍（图1-3）。其中，孤独症辅助诊断程序已经被FDA批准，另一个进展较快的产品是孤独症数字治疗程序。当然，对于Cognoa的产品，学术界尚存在争议，需要Cognoa以更充分的临床研究提供证明。此外，EndeavorRx的开发者AKILI公司也在研发孤独症谱系障碍的数字疗法产品。

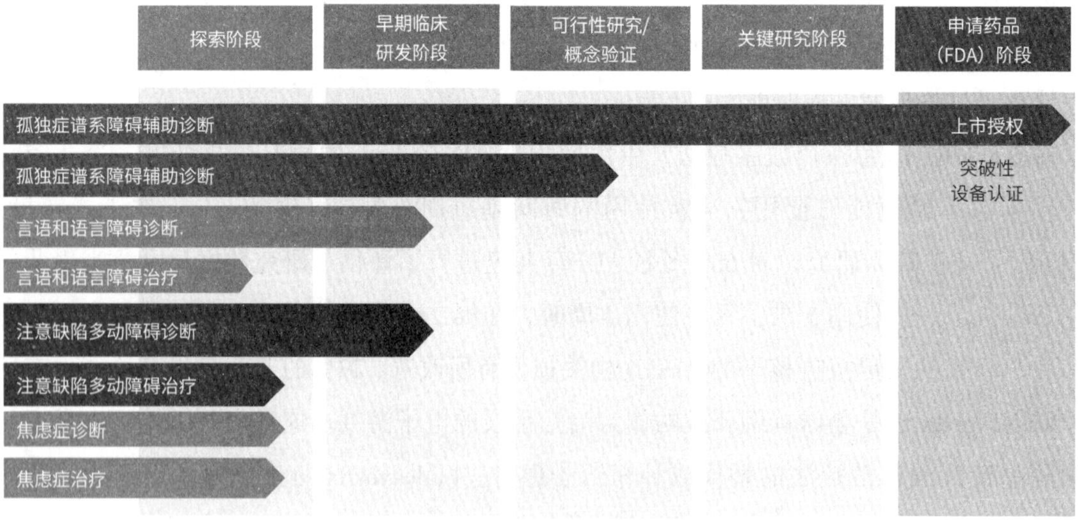

图1-3　Cognoa的产品研发进展

以较为严格的"数字疗法"定义去界定，无论是在国内还是国外，数字疗法在儿童发展障

碍领域都是刚刚萌芽，但数字技术在儿童发展障碍领域的应用已经较为广泛，如电子辅助与替代沟通系统、社交情景 APP。这些数字化程序的有效使用能为发展障碍儿童的能力带来改善，并且沿着 EndeavorRx 的步伐，我们能从下面一些案例中看到它们下一步迈向数字疗法的趋势。

1. 改善社交能力

My Play Home 是一个数字玩具屋，孩子们可以使用里面的任何东西，包括：电灯开关、水龙头、炊具等。它非常适合不同年龄的孩子探索社会环境和发展精细运动技能。孩子们通过应用程序中呈现的社会环境学习社交，并将学习到的能力迁移到现实生活中。另一个程序 Stories2Learn，为孩子创建个性化的故事，教他们相互游戏、学习规则、非语言交流以及其他社会技能等。孩子们利用它可以快速创建一个故事，说明几乎所有的社交线索，录制自己的音频，并添加自己的相关图片。

2. 情绪表达能力

不能很好地识别面部表情是阻碍孤独症孩子社会交往的重要困扰之一。Learn with Rufus 程序可以帮助孤独症孩子识别面部表情。在这个程序上，友好、活泼的机器小狗 Rufus 向孩子介绍一系列的情绪，同时让孩子练习。家长和老师可以跟踪孩子的进步，逐渐扩大情绪识别的范围，并增加难度级别。

3. 言语语言能力

Grace 是一款针对非语言儿童的交流工具。对于语言和口语沟通有特殊需要的儿童来说，它非常有用。在这个应用程序中，孩子可以创建视觉句子来传达他们的需求。如果有一个交流的伙伴（老师或其他学生）给这些图片配上口头解释，它也可以用来提高语言技能。另一款软件，What’s the Word 应用程序每次呈现四种图片，让发展障碍的孩子选择合适的词描述这四种图片。这是一种有趣的扩大词汇量的方式。这个程序非常适合患有阿斯伯格综合征的男孩。阿斯伯格综合征男孩在语言表达上有困难，在家里，他的母亲可以完全理解他的需要，充当他的翻译或调解人。但是，当他去了学校，他就没有了协助。为了与老师和同学交流，他需要自己表达，这就造成了困难。这款应用让阿斯伯格综合征儿童觉得语言交流很有趣。

4. 阅读理解能力

Super Why 程序可以帮助孩子提高阅读理解能力。游戏中有许多与单词和字母有关的活动，以及带有循环出现的可爱角色的丰富多彩的故事。要读完每个故事，孩子必须选择正确的词语，因此，这款应用对理解力欠佳的孩子非常有益。

5. 改善计算能力

Flash to Pass 是一个练习数学技能的卡片应用程序。它可以根据孩子的水平，设定不同的难度和时间，从而持续提供儿童的计算能力。它的设计比较简单，对 ASD 儿童更友好，它没有干扰和额外的感官刺激。

根据以上的例子，我们看到，事实上，已经有相当多的数字工具在儿童发展障碍领域发挥作用，并且其中的一部分数字化工具有发展向数字疗法的潜能，但是，“数字化干预”向“数字化疗法”的转变并不容易，要获取严格的循证依据，需要社会各界投入更多的耐心和支持。

三、国内儿童发展障碍数字疗法的探索

当前，国内儿童发展障碍康复行业中，患者和家庭数量庞大，而康复资源明显不足。与美国相比，美国能做孤独症诊断的儿童精神科与儿保医生，至少有 5000 人，而在孤独症儿童数量更多的中国，仅有不超过 500 人。在康复方面，能够从事孤独症康复的人才也极其缺乏。因此，国内对数字疗法的探索更加积极。

其中，北大医疗脑健康研发了数字疗法的产品——A-PKU 数字化干预系统。该系统在患者和家庭使用端由两个部分组成，包括智能硬件“嗨小保”和软件平台“嗨宝快学”。其中，“嗨小保”是家长也可以使用的教学智能硬件，通过“嗨小保”，家长可以完成家庭作业的接收、查看视频实操示范，指导孩子训练并记录数据。

北大医疗脑健康对 40 位平均月龄在 39.5 个月的儿童进行了自身配对比较研究（表 1-1、表 1-2、表 1-3）。研究结果显示，当家长在家中使用“嗨小保”与孤独症儿童进行康复训练时，家长数据记录的完成度，以及指导孩子训练时操作的正确率显著高于对照组，进而，孤独症儿童的阶段技能的 3 周掌握数量也显著高于对照组。这些都有利于儿童获得更好的康复效果。

表 1-1　家长数据记录完成情况

数据记录情况	有记录	无记录	卡方值 Fisher 精确概率	*P* 值
实验组	37（92.5%）	3	25.034	< 0.001
对照组	17（42.5%）	23		

表 1-2　家长指导孩子训练时操作正确率

家长操作正确率	平均值	样本量	标准差	*t* 值	*P* 值
实验组	71.45%	22	0.252	2.592	0.019
对照组	56.02%	22	0.293		

表 1-3　儿童 3 周阶段技能掌握情况

儿童 3 周阶段 技能掌握数量	平均值	样本量	标准差	*t* 值	*P* 值
实验组	3.72 个	32	2.643	5.543	< 0.001
对照组	1.84 个	32	1.568		

目前，北大医疗脑健康期望研发出国内首款儿童发展障碍数字疗法产品，造福更多儿童和家庭。

四、儿童发展障碍领域数字疗法的前景

在儿童发展障碍领域，数字疗法是更加值得期待的。一方面，从全球范围来看，儿童发展障碍相关疾病的药物最为缺乏，2003 年，美国推出了《儿科研究公平法》，旨在专门解决儿童缺乏可获得批准的药物治疗选择的问题。数字疗法的研发和有效性，能一定程度上弥补儿童发展障碍疾病药物的不足。另一方面，由于儿童群体的特殊性，家长们都在寻找药物之外的副作用更小的方法。数字疗法是一种绿色的非药物疗法，能够帮助儿童生长发育的过程，并避免大剂量的用药，为更多家长提供新的选择。因此，数字疗法的出现，将很大程度改善儿童医疗健康服务不平等、不充分的问题。

根据美国的数据，有 44% 的 ADHD 患儿病情无法得到有效控制，其中有 55% 的患儿家庭正寻求非药物治疗的方式。在 EndeavorRx 的早期商业化中，每张处方的单价约为 250 美元。如果国内的数据和美国是一样的，44% 患者病情未得到控制，其中 55% 在寻找非药物处方，以及每年使用 2 次同一数字疗法处方，我们以国内 2100 万 ADHD 患者为基础测算，一款类似 EndeavorRx 的数字疗法产品在国内或达每年 100 亿元的市场规模，儿童发展障碍领域数字疗法产品的市场前景将非常广阔。

（吴美琦）

第二章

行业报告

第一节 诊疗现状——医生调查

儿童发展障碍的发现、诊断通常是从首次就医开始的。目前，医学上可以实现在儿童 2 岁之前确诊孤独症，美国孤独症儿童平均诊断年龄是在 4 岁 4 个月，孤独症儿童是否能够实现早发现、早治疗是儿童预后良好的重要指标。医学界一直在致力于推动更早地发现孤独症，并对其进行干预。正如本报告前文关于研究进展的综述，已有研究致力于在儿童 1 岁以内诊断孤独症。那么我国孤独症等发展障碍儿童的诊疗现状如何呢？

在《2020 年度儿童发展障碍康复行业报告》中，我们通过调研发展障碍儿童家庭，了解到 65% 的被调查儿童是在 3 岁以前确诊发育异常。而在 2021 年的报告中，我们特别增加了对医生群体的调研，希望对我国发展障碍儿童的诊疗现状有进一步了解。

本次调查是通过在医生社群发布问卷的形式开展，共有 130 位从事儿童发展障碍相关评估、诊断和治疗的医生参与了本次调查。

一、参与调研医生的基本画像

1. 分布区域：来自全国 23 个省市 / 自治区

参与调查的医生总共来自全国 23 个省市 / 自治区。其中，有 38% 的医生来自于省会城市和直辖市，另有 62% 的医生来自地级市。参与调查的医生来自的省市 / 自治区主要包括北京市、湖北省、河南省、河北省、山东省、江苏省等（图 2–1，图 2–2）。

图 2–1 参与调研医生的区域分布

2. 近四成医生来自儿保科

参与此次调研的医生中，“儿保科”医生占比最高，达到了 39.2%，其次是“儿科”，占比 17.7%，而“儿童精神科 / 心理科”“神经科”与“其他”的三个选项分别为 13.8%、0.8% 和 28.5%。“其他”选项中的大部分医生来自儿童康复科。本次调研中，儿保科医生占

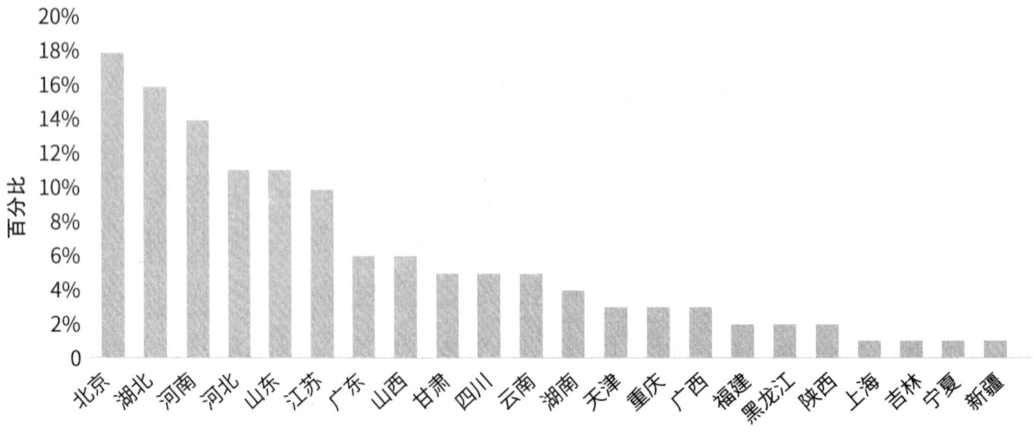

图 2-2　参与调研医生的省市 / 自治区分布

大多数，一方面原因是相比于儿童精神 / 心理科的医生，儿保科医生的基数大；另一方面也说明，儿保科医生是最容易接触到此类患儿的医生群体（图 2-3）。

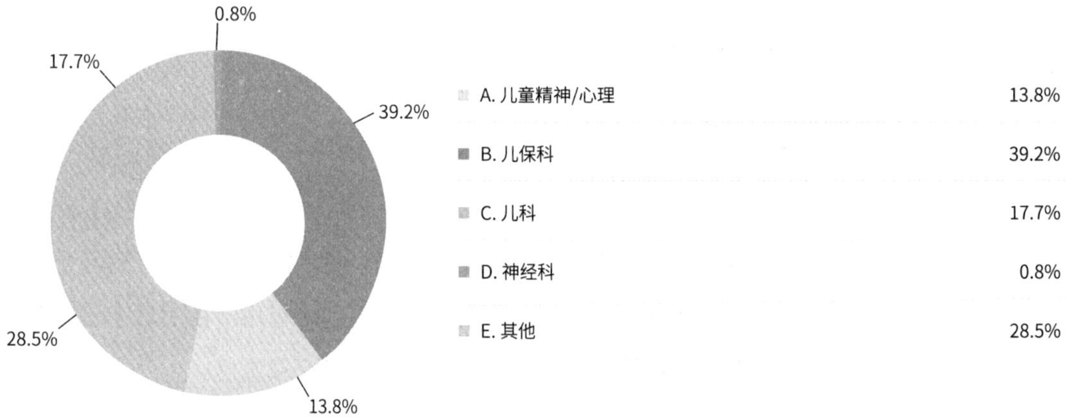

图 2-3　参与调研的医生所在科室分布

同时，共有 8% 高级职称医师，18% 副高级职称医师，40% 中级职称医师，29% 初级职称医师，以及 5% 的儿童医疗相关从业人员参与了本次调研（图 2-4）。

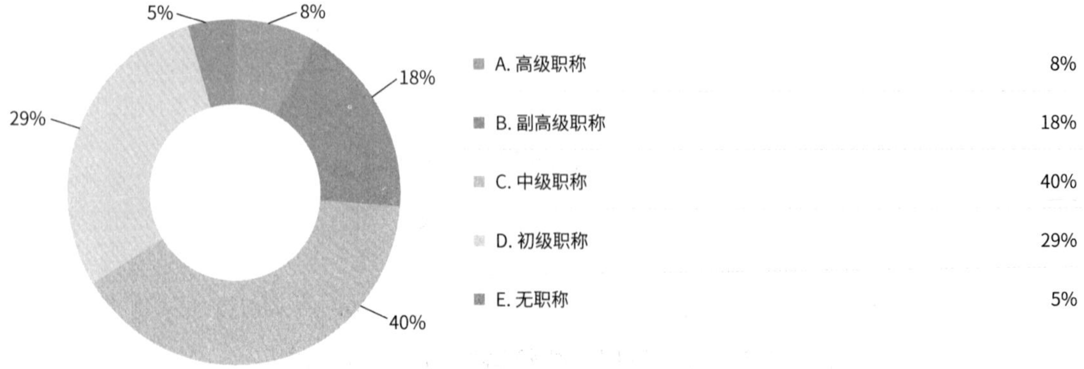

图 2-4　参与调研的医生职称分布

二、儿童发展障碍诊疗情况

1. 患者年龄：集中在 4~6 岁

此次参与调研的医生中，其患者年龄最多的分布在 4~6 岁。其次“2~3 岁”年龄的患者占比和“4~6 岁”年龄的不相上下，“4~6 岁”占比 41%，“2~3 岁”占比 38%，“0~1 岁”占比 13%，“7~13 岁及以上”共占比 8%。可见，2~6 岁是我国儿童发展障碍的高发、高检出的年龄段（图 2–5）。

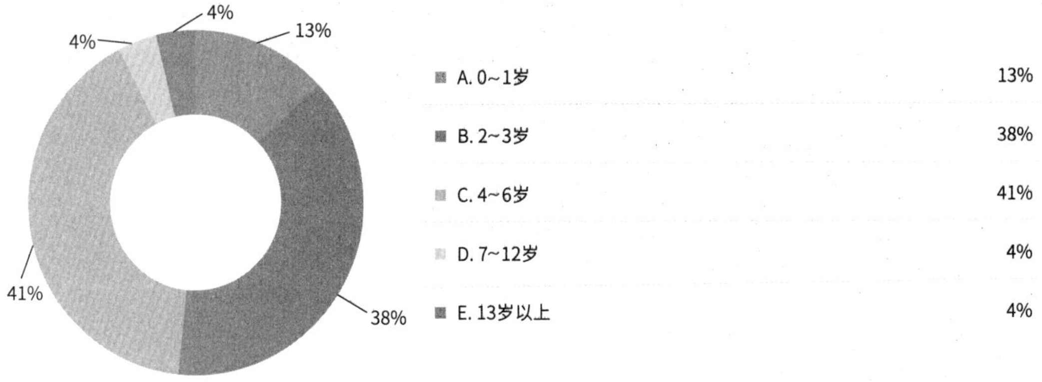

图 2–5　参与调研医生的患者年龄分布

分科室来看，儿科的患者集中在 2~3 岁和 4~6 岁，儿保科的患者集中在 2~3 岁，儿童精神 / 心理科患者集中在 4~6 岁，其他相关科室患者集中在 4~6 岁（图 2–6）。

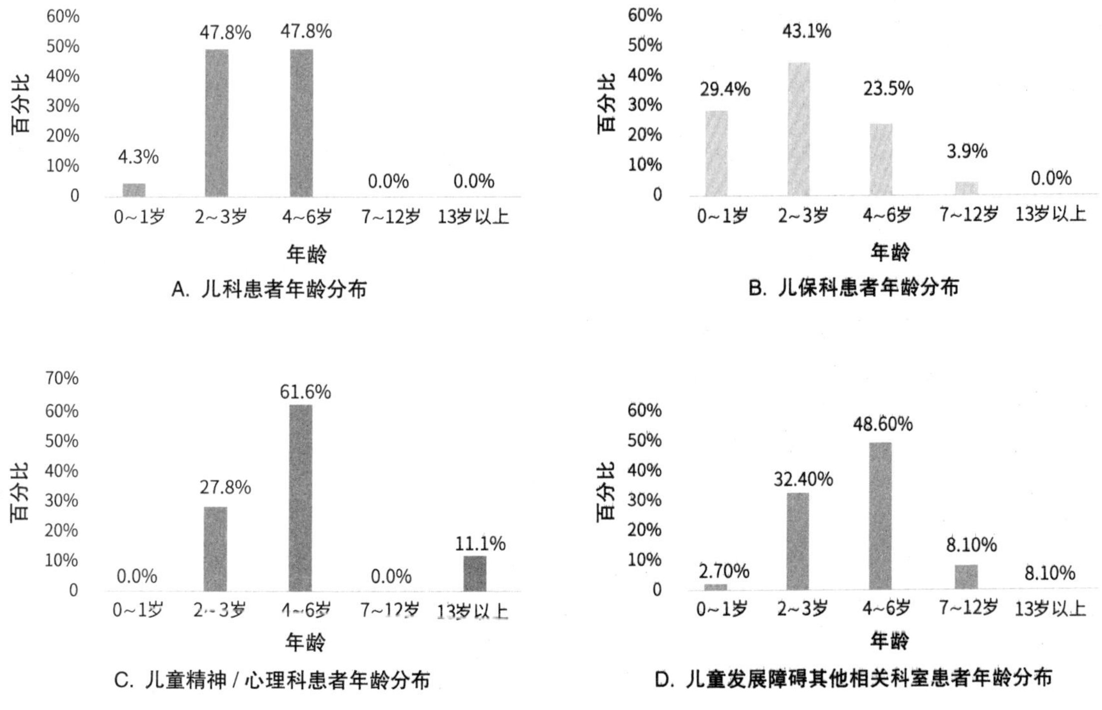

图 2–6　分科室患者的年龄分布

2. 诊疗患者：发育迟缓儿童占比最多

当被问及哪一类儿童发展障碍的患者占比最多时，回答“发育迟缓患者最多”的医生占比 43%，“孤独症患者最多”的医生占比 37%，“多动症患者最多”占 12%。而“智力障碍”和“其他”分别占 3% 和 5%（图 2–7）。其中发育迟缓与孤独症的患者比例远超其他病症。一方面，家长对于幼儿的发育迟缓与孤独症的各项预警指征有了更多的了解，越来越多家庭能够做到及时就医问诊。另一方面，对于相关病症的诊断需求也十分巨大。

分科室来看，儿保科发育迟缓的患者占比最多，为 68.6%；其次是孤独症患者，占比 17.6%；再次是多动症患者，占比 9.8%。儿科发育迟缓的患者占比最多，为 43.5%；其次是孤独症患者，也占有相当比例，为 30.4%；多动症患者占比 21.7%；儿童精神 / 心理科医生，孤独症患者占比最多，为 88.9%，其次是多动症患者，占比为 5.6%。

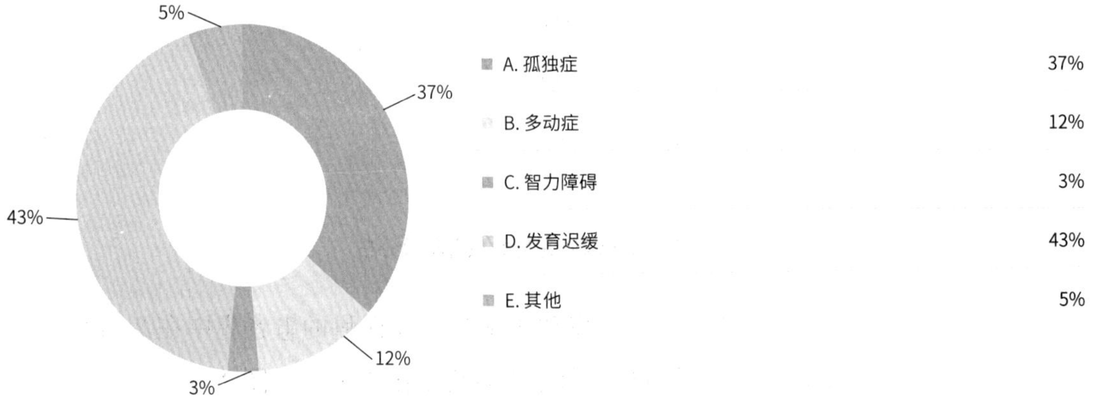

图 2–7　调研医生接诊各类发展障碍最多的比例

3. 医生诊疗能力：发展不充分、不均衡

有 8% 的医生每周要接诊 61 人次以上的儿童发展障碍患者，9% 的医生每周接诊 31~60 人次，34% 的医生每周接诊 10~30 人次，49% 的医生每周接诊少于 10 人次（图 2–8）。针对我国儿童发展障碍诊断的医生群体，存在能力断层现象，超过半数患者问诊需求，仅由 16.92% 的医生承接。分科室医生每周接诊发展障碍患者人数占比见图 2–9。

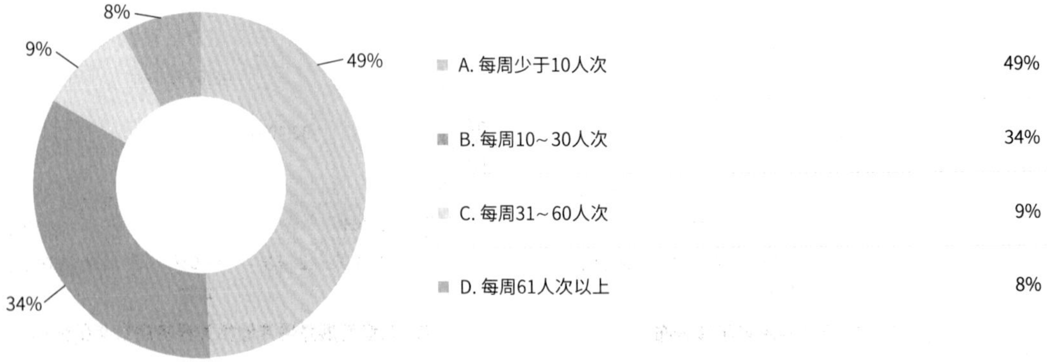

图 2–8　参与调研的医生每周接诊儿童发展障碍患者人次情况

孤独症、注意缺陷多动障碍等通常被划为精神类疾病，但同时也是儿童早期神经发育障碍。此类发展障碍由哪些医生来发现，是否能够给予及时诊断非常重要。要提升孤独症等儿童发展障碍的早期诊断率、干预率，相关诊断工作已经不能仅仅限于儿童精神科，由于发展障碍是在儿童早期生长发育的过程中发生的，因此，发展障碍的发现和诊断需要大量依赖于基层儿保医生、儿科及发育行为儿科医生。

本次调研发现，虽然儿保科医生群体的基数大，同时也是最容易接触发展障碍儿童的医生群体，但对于发展障碍儿童的承接能力、诊疗能力是有限的，现阶段，国内大部分发展障碍儿童的承接和诊疗是基于儿童精神科 / 心理科。因此，儿科与儿保科医生的发展障碍儿童的诊疗能力还有很大提升空间。对于基层儿科、儿保科医生的儿童发展障碍疾病诊疗的培训势在必行。

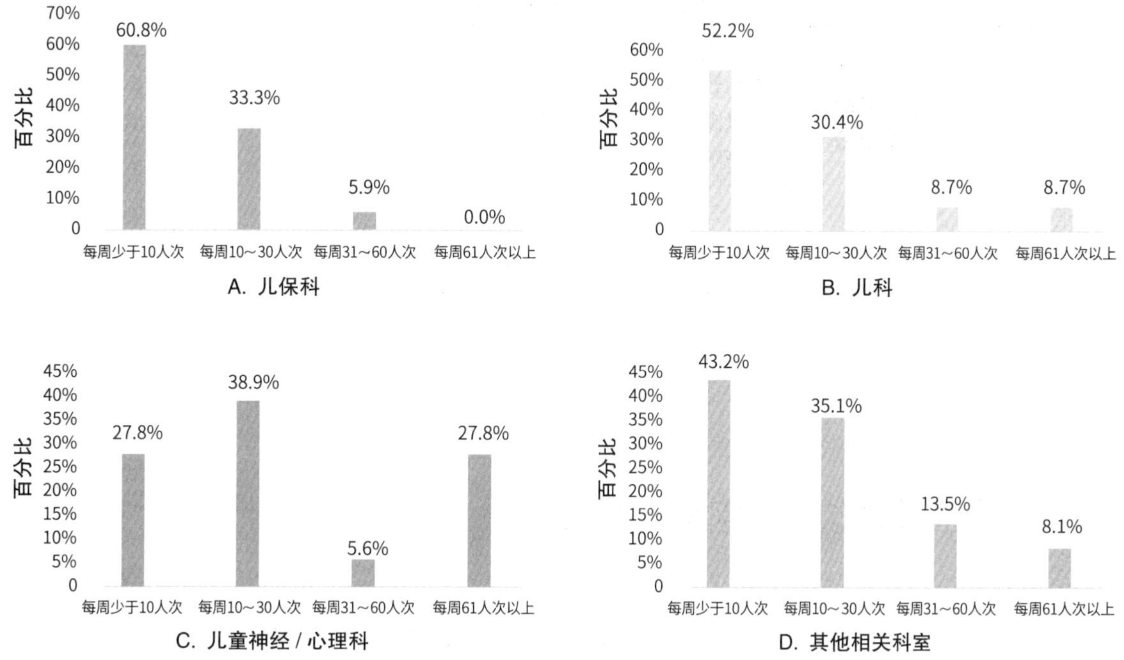

图 2-9 分科室医生每周接诊发展障碍患者人数情况

4. 医生普遍认为当地缺乏满足患者需求的康复教育服务

有 53.85% 的医生表示，其所在地区的康复机构中“优质资源有限”，26.92% 的医生认为“本地区的资源基本可以满足家长的需求”，10% 的医生表示“本地康复教育资源质量较差”，2.31% 的医生认为本地区“没有合适的康复教育资源”。而仅有 6.92% 的医生认为本地区拥有丰富的康复教育资源。同时，无论是直辖市、省会城市，还是地级市的医生都认为本地区优质的教育康复资源有限，见图 2-10，表 2-1。

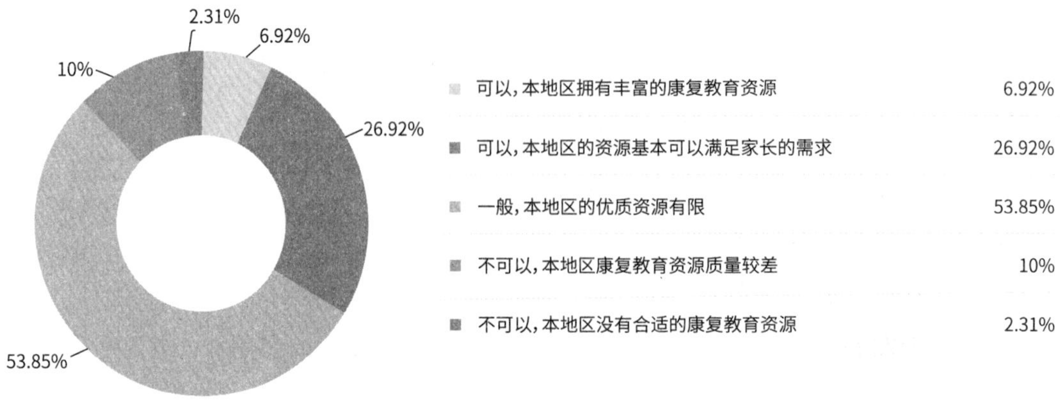

图 2-10 患者是否可以接触到优质资源（康复教育 / 行为干预 / 非药物治疗）情况

表 2-1 分区域患者是否可以接触到优质康复教育资源

	A. 可以，本地区拥有丰富的康复教育资源	B. 可以，本地区的资源基本可以满足家长的需求	C. 一般，本地区的优质资源有限	D. 不可以，本地区康复教育资源质量较差	E. 不可以，本地区没有合适的康复教育资源
直辖市	16.7%	29.2%	45.8%	4.2%	4.2%
省会城市	16.0%	28.0%	56.0%	0.0%	0.0%
地级市	1.3%	26.6%	55.7%	13.9%	2.5%
总计	7.0%	27.3%	53.9%	9.4%	2.3%

三、儿童发展障碍诊疗的困难和需求

1. 医生的需求：从诊断转向行为问题干预

有21.4%的医生表示“缺少儿童问题行为处理技术”，20%的医生“缺少讲解给家长的干预计划”。有13.26%的医生“缺少诊断经验”。缺少“诊断工具”“发育评估工具”以及“筛查工具”的医生分别有11.4%、11.63%和8.14%。另外还有2.79%的医生选择了“其他”，见图2-11。可见，虽然仍有不少医生缺乏诊断经验，但是，更多医生已经开始关心干预，在儿童问题行为处理技术方面的欠缺是医生面临的最多问题。

同时，值得注意的是，针对发育迟缓与孤独症患者的临床诊断治疗中，有44.07%的医生对于相关病症的筛查、评估、诊断经验尚缺乏相关能力。而对于孤独症与发育迟缓儿童来说，能否在“黄金干预期”内得到有效诊断尤为重要。

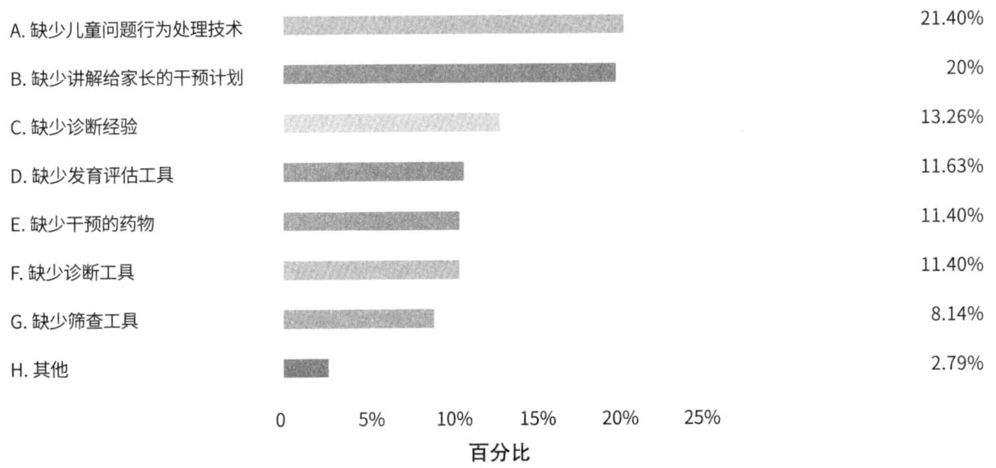

图 2-11　医生在临床诊断治疗过程中遇到不同问题的情况

其中缺乏“儿童问题行为处理技术”与“讲解给家长的干预计划”是接受调研的医生选择的最高比例两类选项，发育迟缓与孤独症儿童患者在确诊之后，通常需要在专业康复机构接受定制化的康复训练与融合教育才能够得到有效的帮助。然而，仅有 33.84% 的医生认为其患者能够接触到“可以满足家长需求甚至较丰富的康复教育资源”。由此可见，在提升医生关于发展障碍儿童诊断康复技术能力的同时，儿童康复机构专业能力的提高也刻不容缓。

2. 孤独症是最难诊断的儿童发展障碍疾病

有 50% 的医生在诊断孤独症过程中需要更多协助，25% 的医生在诊断多动症的过程中需要更多协助，14% 的医生在诊断发育迟缓过程中需要更多的协助。还有 9% 的医生在诊断其他疾病方面需要更多的协助（图 2-12）。

因此，对于孤独症诊断需要帮助的比例最高，其次则为多动症。虽然发育迟缓的患者人数比例高，但仅有 14% 的医生针对此类疾病需要诊断上的协助。由此可见，对于儿童孤独症和多动症，目前仍存在专业诊断资源的巨大缺口，相关科室医生的诊断能力亟待提高，唯有专业医生及时有效诊断，才能保障相关患儿能够在黄金干预期得到康复的机会（图 2-13）。

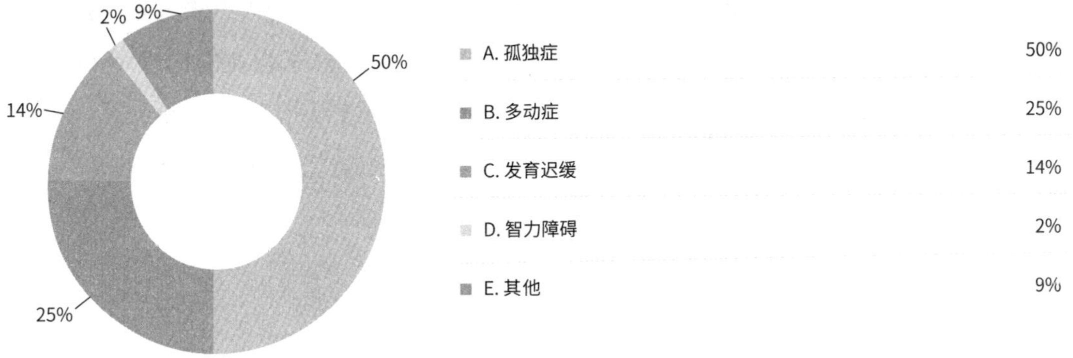

图 2-12　医生在诊断不同疾病过程中需要更多协助的情况

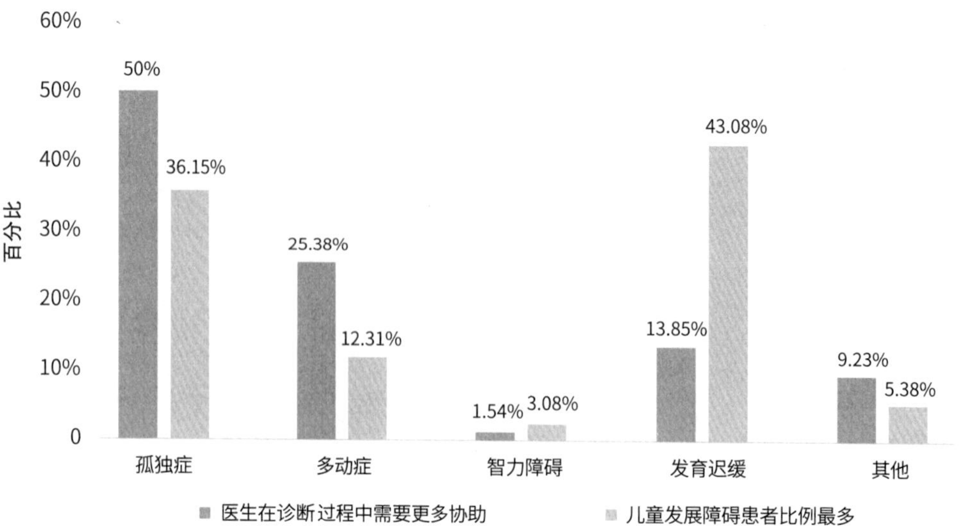

图 2-13 患者比例与医生需要的协助

3. 医生希望提升非药物干预 / 康复技术、家长指导等临床能力

在“临床实践能力提升”方面，有36.83%的医生希望在此方面获得更多支持。有22.16%和21.26%的医生分别选择了希望在“临床研究能力的提升”以及“继续教育的项目”方面获得支持。18.86%的医生希望能够在论文发表方面获得支持。另有0.90%位医生选择了其他（图2-14）。

有27.05%的医生表示喜欢看“非药物干预 / 康复教育的技术”相关报道，有18.49%及17.81%的医生喜欢看“临床家长指导策略”以及“个案分析”相关报道，有10.27%的医生选择了“基础研究进展”，7.88%的医生选择了“门诊家长提问指导问答”，6.16%的医生选择了“政策解读”，5.82%的医生选择了“临床药物研究相关”，4.11%的医生选择了“国外著作文献翻译”。另有2.4%的医生选择了“其他”，其中包含健康宣教以及其他病案分析等需求（图2-15）。

临床实践与临床研究能力的提升是接受调研医生中普遍存在的需求。综合医生们平日爱看的文章与报道，发展障碍儿童的非药物干预 / 康复教育技术、家长指导策略以及个案分析对于医生来说尤为重要。发展障碍儿童的症状各不相同，医生们只有积累大量的临床案例，掌握了科学高效的研究方法，才能给予患者有效、精确的诊断。家长在门诊已不满足于仅仅知道孩子具体患了何种疾病，从调研结果上来看，医生能否给到有效的干预指导，相关需求也不容忽视。儿科医生们只有接受临床诊断指导与干预结合的综合能力提升培训，才能有效满足相关患者家庭的需求。

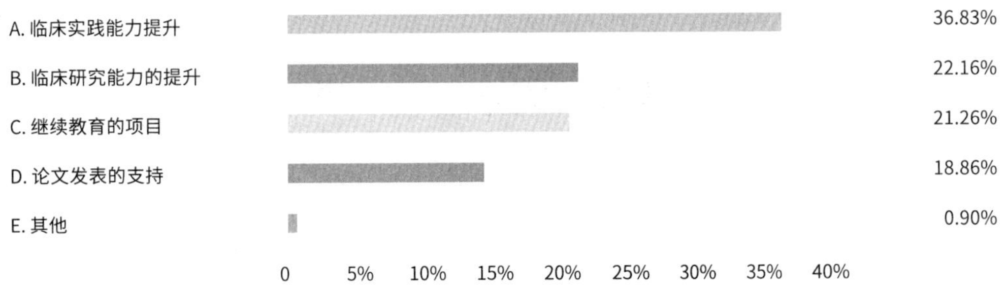

图 2–14　参与调研的医生希望在各方面获得更多支持的情况

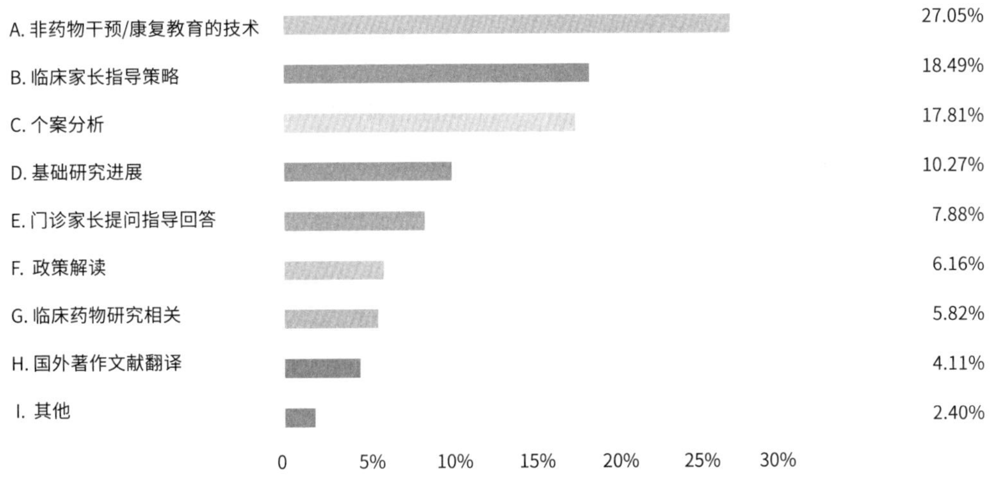

图 2–15　参与调研的医生平时喜欢看各方面文章 / 报道的情况

综上，本次调研我们调查了来自全国 23 个省市的 130 位提供发展障碍儿童诊疗服务的医生，我们发现，来自儿科、儿保科的医生是儿童相关疾病诊疗最主要的群体。但是，目前这部分群体对于儿童发展障碍类疾病的诊疗能力参差不齐，且整体水平有待提高。同时，医生们表示，孤独症是在诊断过程中需要最多协助的疾病。随着孤独症等发展障碍疾病诊断工具的普及，更多医生开始关注如何为儿童提供有效的干预。虽然我们看到，目前无论是医疗诊断体系内，还是区域康复教育机构，对于发展障碍儿童的干预措施仍然有限，但已经有很多医生在学习和提升，相信中国的基层医生关于儿童发展障碍的诊疗能力会很快有大的提升。同时，更多的儿童发展障碍诊疗知识需要下沉到地方儿科、儿保科，让更多儿童能够得到及早的诊断和干预。

（陈环宇）

第二节　成长与需求——从业者调查

本研究中，“从业人员”主要指直接从事儿童发展障碍康复服务的人员，包括：一线康复师（教师）、康复（教学）组长、康复（教学）主管、督导等，不包括仅承担管理任务的机构管理人员。本次调研，共收集了 812 份有效调研问卷。

一、从业人员的基本情况

1. 女性远超男性

在调查的康复师中，男女比例悬殊，其中，女性占比 90%，男性占比 10%。女性从业人员远远多于男性。这一结果，和 2020 年的调查结果基本一致。同时，本次调研中，女性从业人员的平均年龄是 31 岁，男性从业人员的平均年龄是 29 岁。

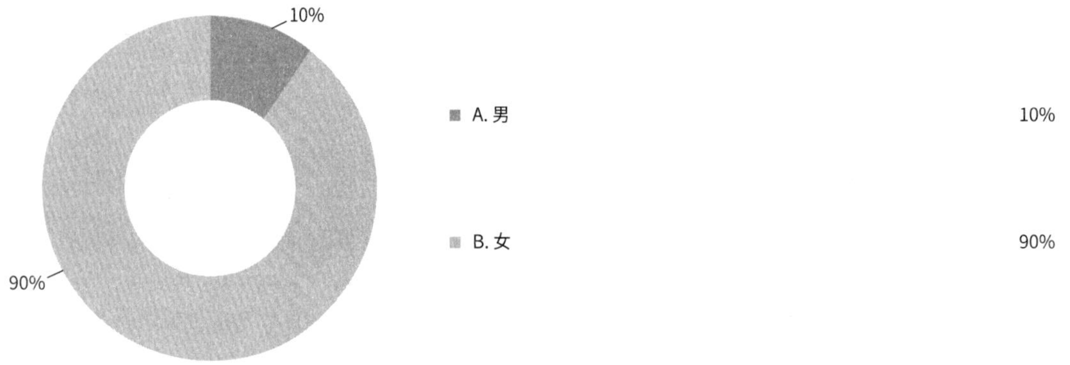

图 2–16　从业人员的性别

但是男性康复师比例从去年的 9% 增加到今年的 10%。在年轻女性占据绝大多数的同时，男性开始更多地进入儿童康复行业。

2. 近 5 成从业人员为本科及以上学历

46.2% 的从业人员是本科学历，占比最高，其次是大专学历（43%）、高中 / 中专学历（8.8%）、硕士研究生学历（1.9%）、博士研究生学历（0.1%）。从学历结构上看，从业人员普遍学历较高，但尚缺乏高学历人才。据了解，在欧美地区，研究生学历背景康复师是儿童康复行业的主要从业人群之一。国内儿童康复行业中从业者的培养还有很大空间。

3. 教育类专业毕业的从业人员占比最多

根据从业人员的教育背景，39.2% 的从业者来自于教育类专业，占比最高，其次是康复类专业（28.3%），医疗类专业和心理类专业也占一定比例，分别是 8.9% 和 3.9%。与其他康复类行业不同，儿童发展障碍康复教育行业的特点是康教融合，从业者既是治疗师，又是儿童的教师。因此，教育类专业背景人员和康复类专业背景人员共同组成了该行业的主要从业者群体。

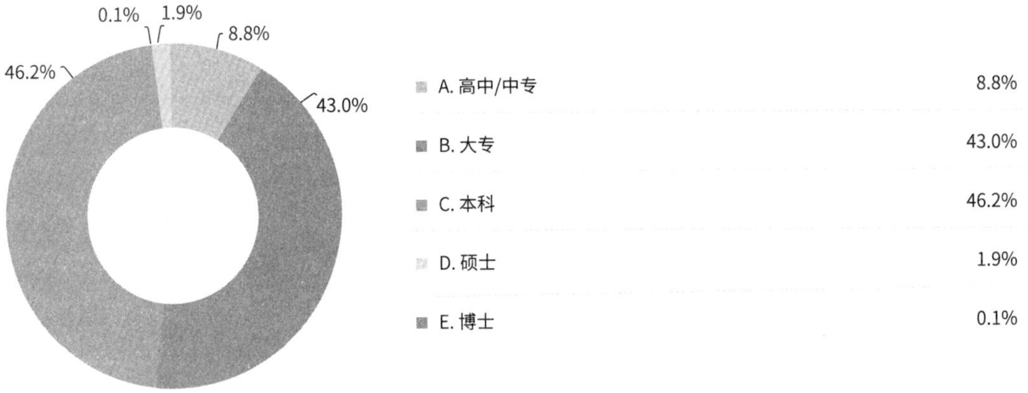

图 2-17 从业人员的学历

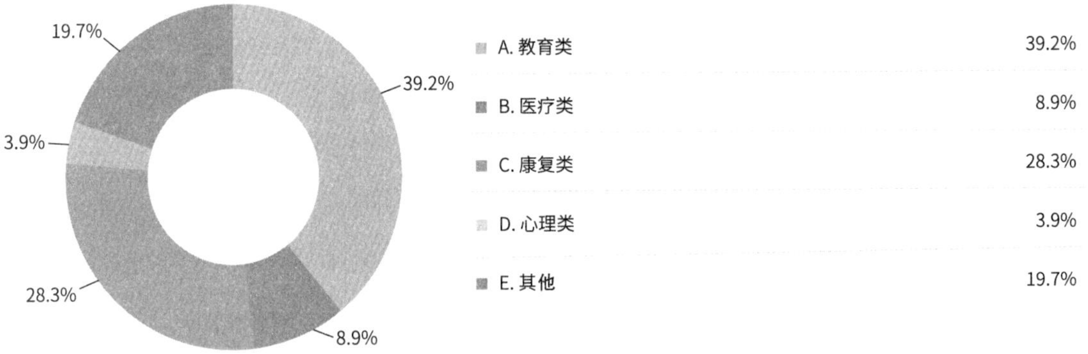

图 2-18 从业人员的教育背景

二、从业人员的就业情况

1. 近六成就职于康复机构

57.2% 的从业人员就职于康复机构，包括，残联定点康复机构以及非残联定点康复机构。22% 的从业人员就职于医院，6.6% 的从业人员就职于特教学校，4.6% 就职于教育培训机构，3.3% 的从业人员就职于早教 & 幼儿园，还有 2.9% 经营个人工作室。由此可见，儿童发展障碍康复教育行业从业人员的就业选择比较多元，既可以选择体制内的医院、特殊教育学校，又可以选择体制外的康复机构、早教中心等，还可以自己创业。

2021 年年底，国家颁布了《“十四五”特殊教育发展行动计划》，鼓励发展障碍等特殊儿童普校就读，并鼓励普校建立孤独症儿童的助教陪读制度。随着“十四五”特殊教育政策的推动，儿童康复教育从业者的就业面会更加宽泛，更多普校的特殊教育就业岗位将向相关从业者敞开大门。

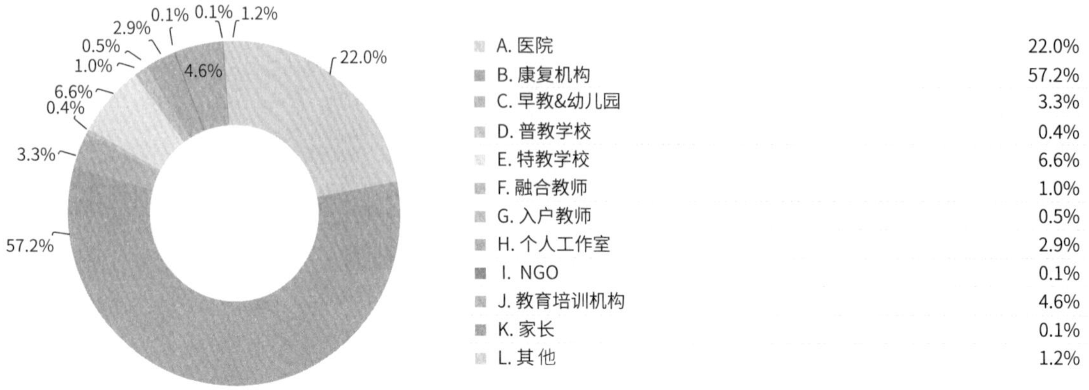

图 2-19　从业人员就职单位

2. 职务：主要担任言语治疗师、特教教师、认知训练师

从业人员担任的职务排名前五位的是言语治疗师（19.36%）、特教教师（17.52%）、认知训练师（15.5%），感统治疗师（12.76%），行为训练师（10.41%）。儿童发展障碍康复教育行业从业人员的岗位是非常细分的，但在小规模机构，“一人多岗”是常见现象，一位从业者很可能既担任言语治疗师，又担任行为训练师，以及认知训练师等，这就对从业者的知识结构提出了比较高的要求。同时，在一些小型机构，资深的康复师既从事一线教学，也兼任教学主管、教学督导等职位。

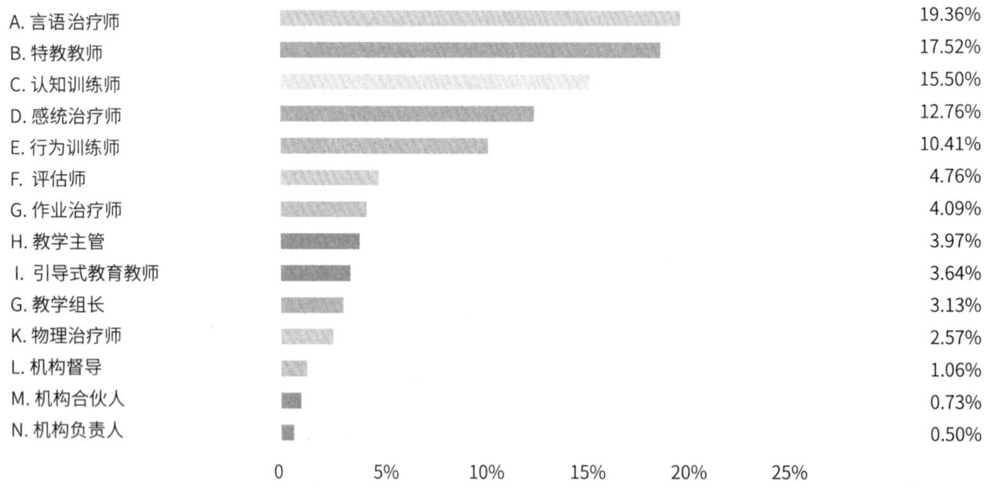

图 2-20　从业人员的职务 / 职级

3. 就职原因：喜欢孩子，喜欢助人

很多人选择职业会考虑“前景”或者“钱景”，但对于儿童发展障碍康复从业人员来说，更多是出于爱。根据本次调研结果，仅有0.97%的人是因为薪酬进入这个行业的，超过80%的康复师，都是因为想要帮助这些有特殊需要的孩子而进入这个行业，并坚持走下去的。

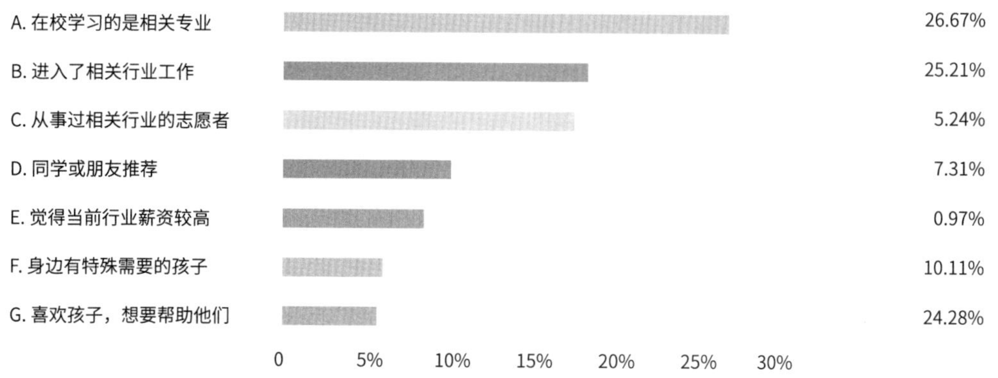

图 2-21　从业人员进入儿童康复教育行业的原因

三、从业人员的工作情况

1. 主要干预对象：孤独症谱系障碍儿童最多

在本次调研中，对从业人员服务的儿童类型进行了更细致的分类调研，其中人数最多的类型依然是孤独症谱系障碍儿童，占比 21.3%；其次是语言发育迟缓儿童，占 16.8%，还包括 12.6% 的智力障碍儿童及 11% 的注意缺陷多动障碍儿童。大部分从业人员都需要服务不止一种发展障碍的儿童，这也给康复教师的专业能力带来了巨大的考验。

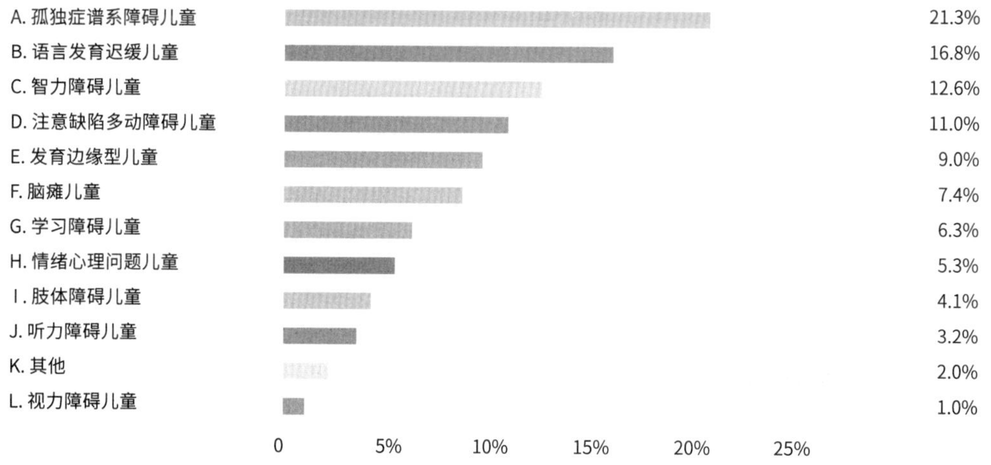

图 2-22　从业人员主要服务的儿童类型

2. 主要干预年龄：向早期和大龄两端延伸

与 2020 年的调研数据相比，2021 年康复师服务的主要年龄段有一定的变化，在 2020 年的调研数据中，83.2% 的康复师集中于服务 3~6 岁的儿童，但是在 2021 年的调研中，3~6 岁年龄段的儿童比例有所减少（72.35%）。越来越多的康复师进入 0~2 岁的超早期干预领域，从 2020 年的占比 4.1% 上升为 2021 年的占比 13.42%。值得开心的，越来越多的康复师也开始关注大龄发展障碍儿童。2021 年的调研中，有 2.53% 的康复师在从事 13 岁以上儿童的康复干预工作，较 2020 年的 1.70% 有增多。

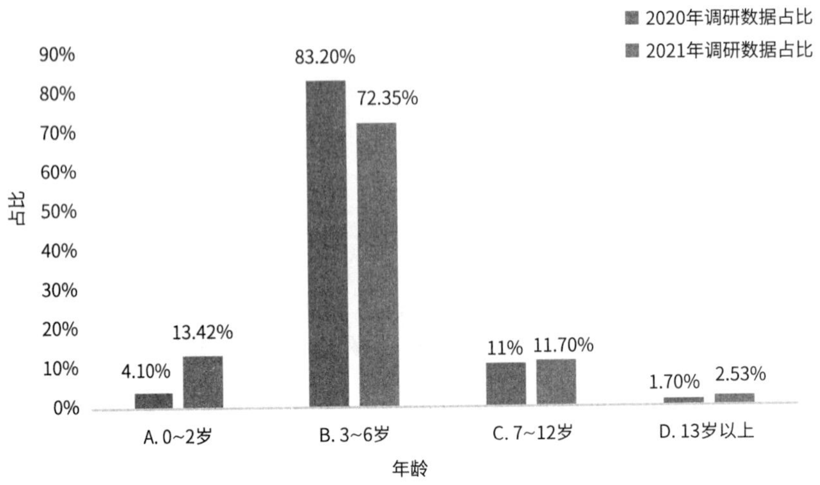

图 2–23　从业人员主要服务的年龄段

3. 主要干预方法：应用行为分析、言语语言治疗、感觉统合训练占主流

在专业工作中，从业人员会使用到一种或多种治疗方法，在儿童康复从业人员的调查中，使用最多的三种治疗方法为：ABA 应用行为分析、ST 言语语言治疗与 SI 感觉统合训练。这与我国发展障碍儿童干预中最迫切需要解决的挑战性行为，包括言语语言障碍与感觉处理障碍的需求是相符合的。

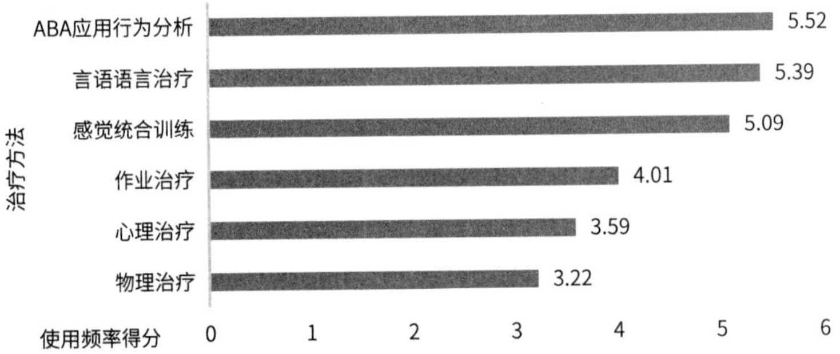

图 2–24　从业人员使用的治疗方法

4. 工作强度：每天平均 6~8 h 直接服务

根据调研数据，38% 的从业者每天需要上 8 节课及以上，按每节课 45 min 计算，每天有 6 h 的时间在完成直接的课堂教学。但是在整个康复教育服务过程中，从业者不仅要制定甚至执行每个孩子的个别化教育计划，还要与多个家庭的家长进行针对性的沟通，负担和压力比较大。

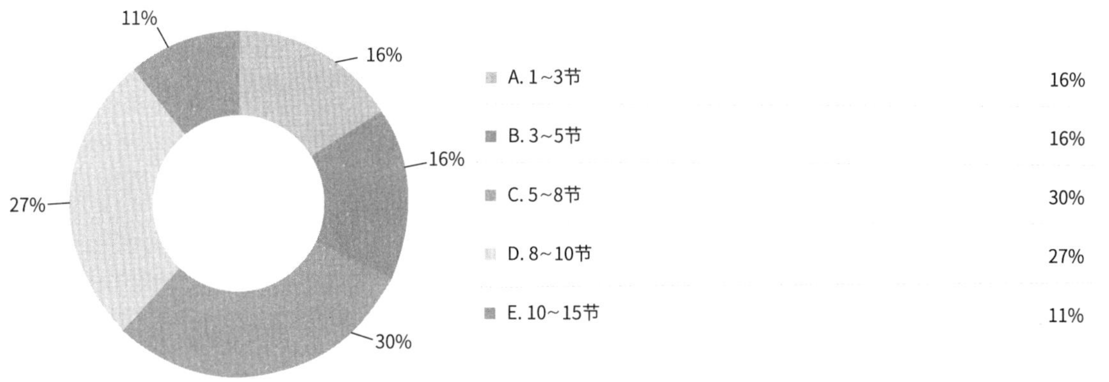

图 2-25　从业人员平均每天上课数量占比

5. 呼吁开发帮助康复师“减负”的数字化产品

“数字医疗”是 2021 的年度热词，在康复师群体中，我们也进行了对数字化产品的需求调研。其中，86.43% 的康复师表示了对数字化产品的期待。在日常工作中，康复师需求最多的产品功能是实操指导与训练计划制定。康复师们期待一款真正适用于康复场景的数字化产品，希望通过实用的功能来帮助减轻工作压力并进行自我提升。

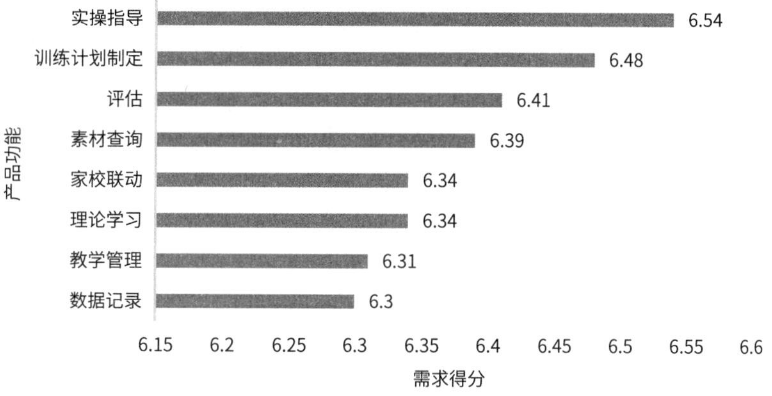

图 2-26　从业人员对数字化产品的需求评分

四、从业人员的薪资情况

1. 整体薪资水平有待提高

在面临高工作负荷情况下，65.41% 的从业者税后月收入在 5000 元以下，行业薪酬待遇亟待提升。5.37% 的从业者达到了月入过万的“小目标”，1.47% 的从业者达到了 1.5 万元以上的月薪，这也是行业内基层康复师的努力目标。

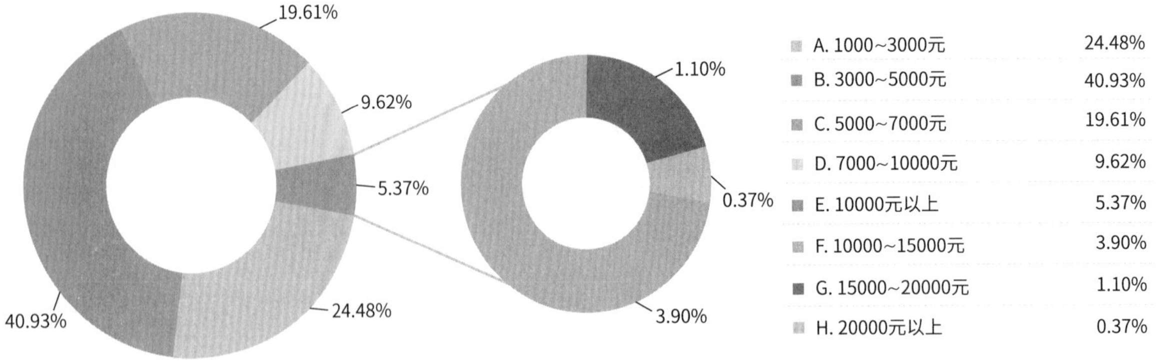

图 2-27　从业人员的月度收入水平（税后）占比

调研结果显示，越来越多的从业者已经开始培养自主驱动力了。从图 2-28 中可以看出，每年培训花费越多的康复师，相对应收入也越多。康复师们只有自己不断地主动提升成长，变得更专业，才会收获到更多，比如更多的收入、更多的社会支持。

根据调研的培训需求数据以及残联官网和卫健委系统的康复人员数据，我们预计各类康复相关培训（或职业教育）费用或将超过 10 亿元 / 年。

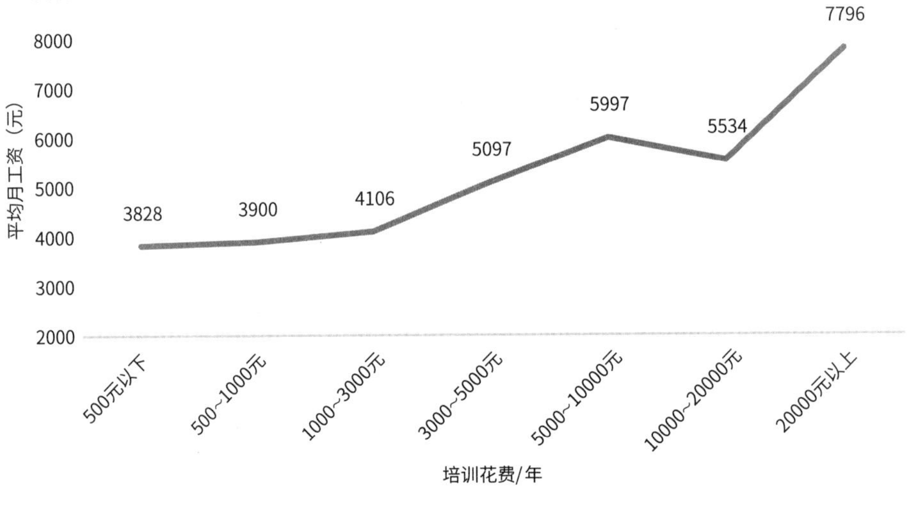

图 2-28　工资与参加培训的关系

2. 一线城市[1]从业人员的薪酬较乐观

一线城市从业人员的月度收入集中在税后 7000~10000 元（39.4%）和 10000~15000 元（24.2%）。2020 年，北京西城区、上海黄浦区的人均可支配收入（人均可支配收入指去掉五险一金以及个人所得税之后的收入，与本次调研的税后收入可以比较）分别达到 90286 元（7523 元 / 月）、88280 元（7346 元 / 月），排名一线城市各区的人均可支配收入第一和第二位（21 世

1. 一线城市包括，北京、上海、深圳、广州；新一线城市包括，成都、杭州、重庆、西安、苏州、武汉、南京、天津、郑州、长沙、东莞、佛山、宁波、青岛和沈阳。

纪经济报，2021）。2021 年上半年，上海全市居民人均可支配收入达到 40357 元（3363 元 / 月），北京居民人均可支配收入 38138 元（3178 元 / 月），深圳居民人均可支配收入 37026 元（3085 元 / 月）。可见，在一线城市中，儿童康复教育行业的从业者薪资水平并不低，显著高于上海市、北京市等居民人均可支配收入，甚至与全国人均可支配收入最高的区域不相上下。

3. 从业人员的收入随着工作年限的增加而上升

工作 1 年和 2~5 年的康复师每月平均收入分别为 3422 元（税后）、4860 元（税后），工作 6~10 年的康复师每月平均收入为 5790 元（税后），工作 10 年以上的康复师每月平均收入为 6681 元（税后）。因此，随着工作年限的增加，从业人员的收入水平有所上升。同时，通过方差分析可知，不同工作年限的从业人员，收入水平有显著差异。

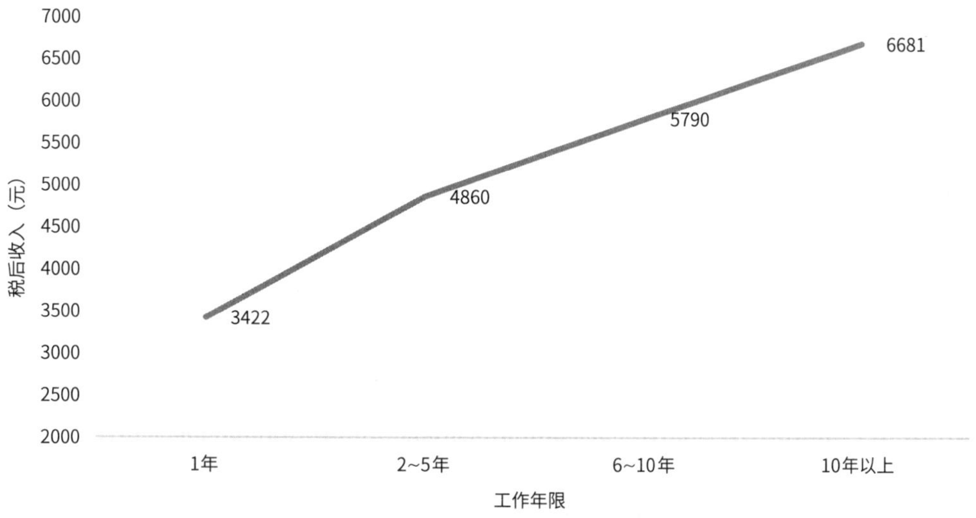

图 2-29　工资与工作年限的关系

4. 从业人员的收入随着学历的提升而增加

大专、本科学历康复师的每月平均税后收入分别为 4415 元、5294 元，硕士及以上学历康复师的每月平均税后收入为 8588 元。随着学历水平的提高，从业人员的收入有所增加。同时，通过方差分析可知，不同学历水平的从业人员，收入水平有显著差异。

五、从业人员的职业期待

在对当前职业状态的调查中，从业人员反映最多的是收入少，与付出不成正比，这也与此前收入水平和工作负荷的调研结果相匹配，也足见康复行业从业人员薪资待遇亟待提升，康复工作应更被重视和尊重。

另外，管理制度混乱和晋升路线模糊也是让从业人员焦虑的两大因素，也就是说，康复机构迫切需要一套清晰的人才管理制度，同时也需要给康复从业人员描绘清晰的职业路径，让从业人员能看到自己的职业前景，体会到自我实现和工作成就感。

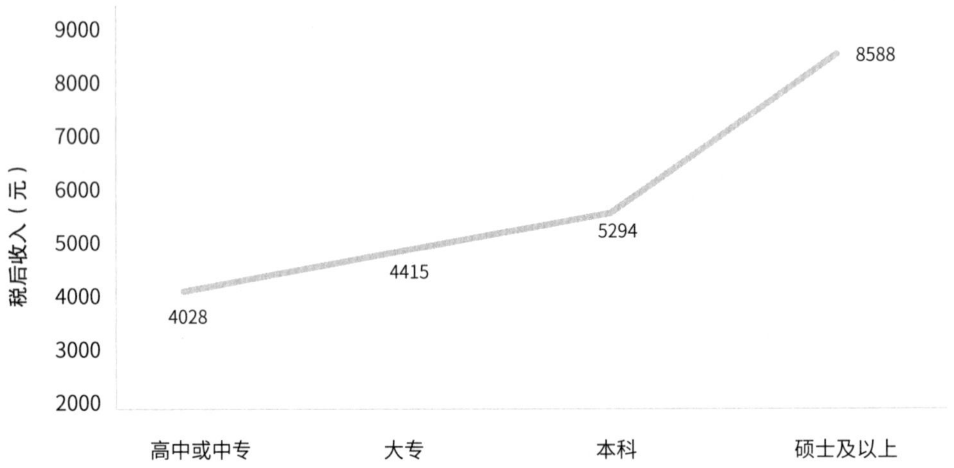

图 2-30　工资与学历的关系

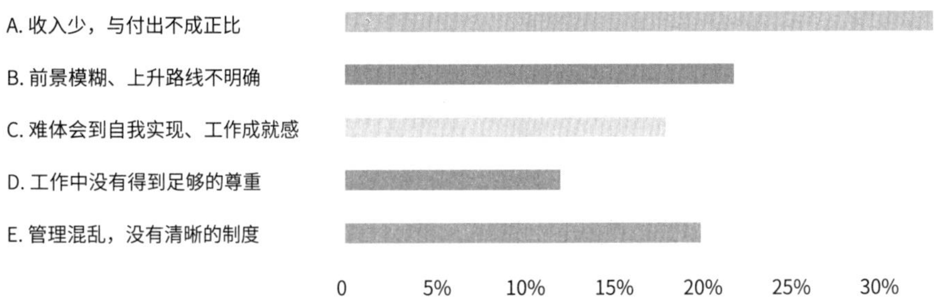

图 2-31　从业者的压力 / 焦虑感来源

在未来规划上，45.43% 的从业者还在探索期，这与从业者要接诊多种障碍类型的儿童，并熟悉多种治疗方法是相关的。37.52% 的从业者已经清晰地找到了自己的发展方向，而 14.01% 的从业者还在迷茫期，这与从业者压力和焦虑感有极大的相关。也建议从业人员的工作单位组织一些相关的培训，完善管理制度，让更多优秀的康复师找到未来方向，为更多发展障碍的儿童服务。

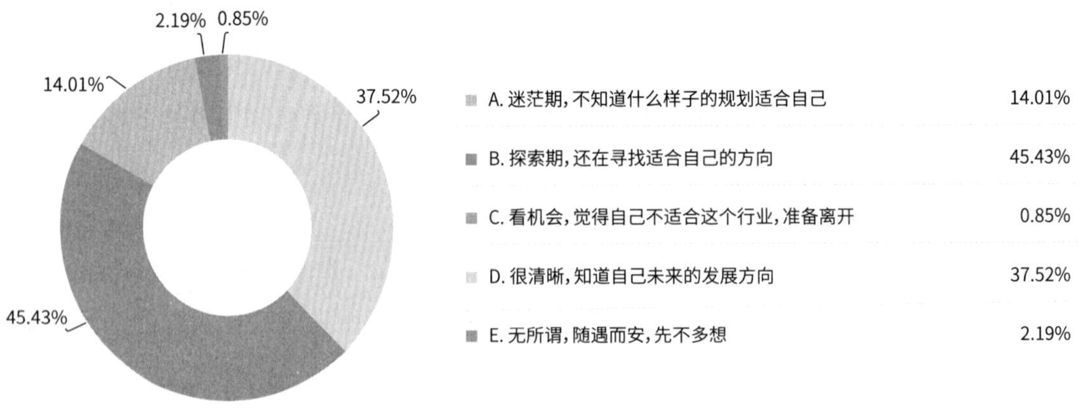

图 2-32　从业者的未来规划

（黄　逸　祁梦真）

第三节　发展趋势——机构调查

一、2021 年儿童康复机构的基本情况

孤独症儿童康复机构总数持续上升，占全国各类康复机构的比重上涨。截至 2020 年底，根据中国残疾人联合会的相关数据，全国孤独症儿童康复机构数量达到 2681 家，与 2019 年相比，增加了 443 家。截至 2020 年，全国有残疾人康复机构 10440 个。

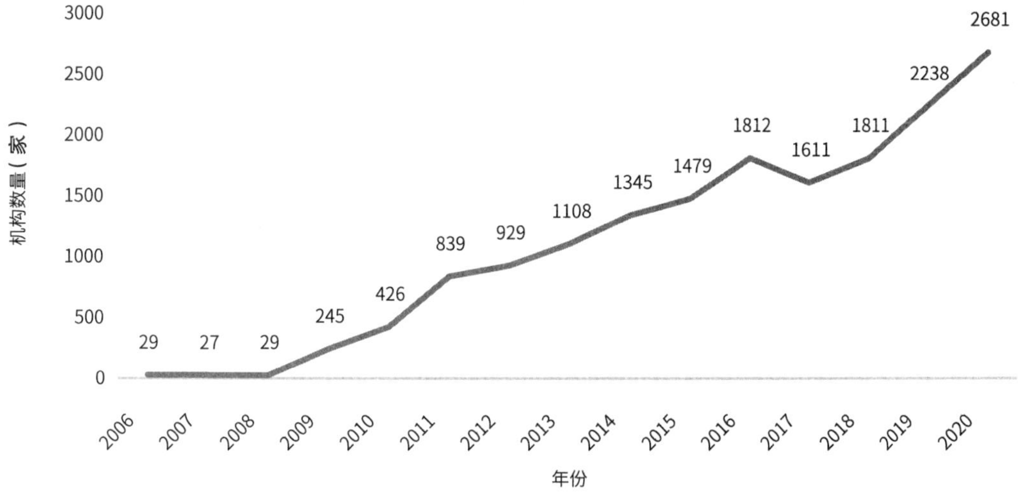

图 2-33　2006—2020 年全国孤独症儿童康复机构数量

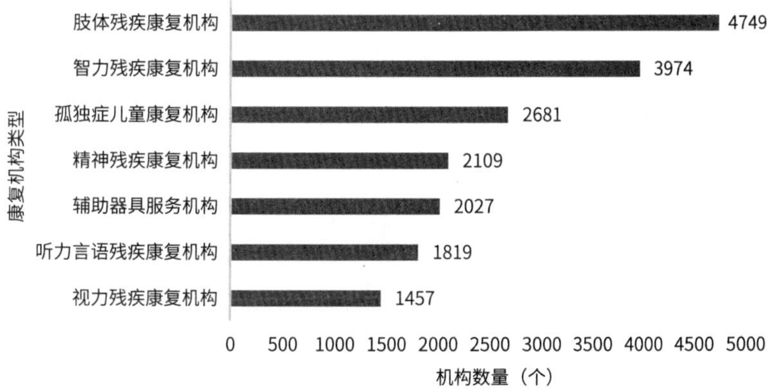

图 2-34　2020 年，全国各类康复机构数量

本次调研，共有 256 家机构参与了调研，详细数据分析如下：

1. 机构属性：残联定点机构、民办机构居多

从机构属性看：机构数量最多的是残联定点机构 103 家，占比 43.28%；其次是非残联定点康复机构，占比 33.19%；再次是卫健体系机构，占比 10.08%；教育体系机构，占比 6.3%。

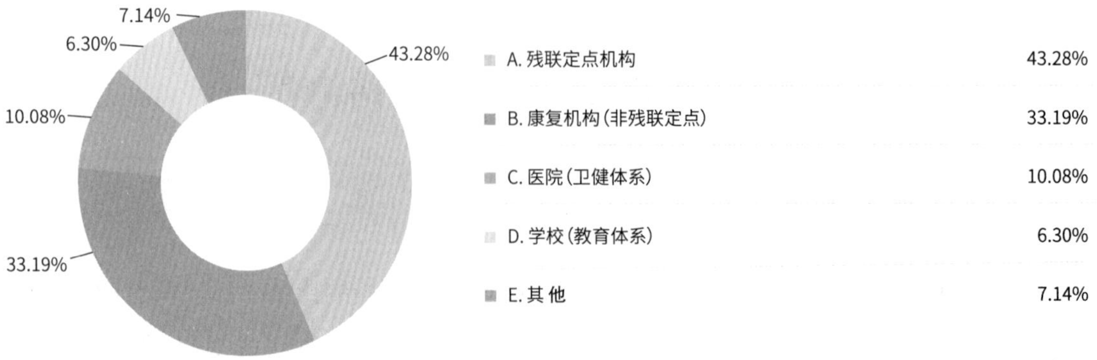

图 2–35 儿童康复机构属性

2. 机构规模：中小型机构密集，大型机构较少

从机构规模看：单店是主要的规模，占比 66.39%；其次是多店连锁，占比 26.05%；同时有 7.56% 的个人工作室补充。

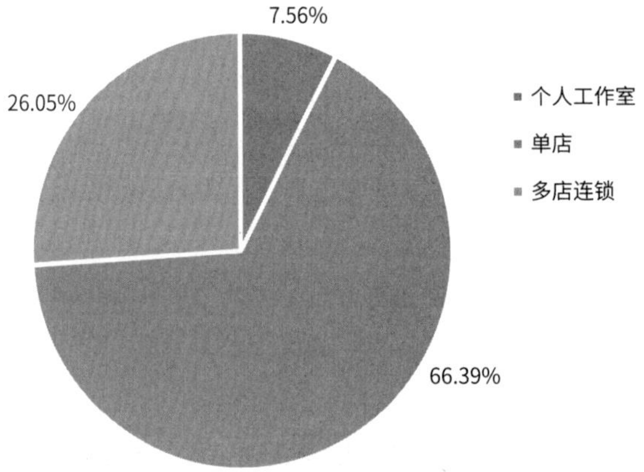

图 2–36 儿童康复机构类型

相比 2020 年，机构的规模化运营趋势愈发明显。机构多店连锁经营中，以 2~3 家连锁中心为主，占比 76.62%；4~5 家连锁中心，占比 11.69%；6 家以上连锁中心，占比 11.69%。

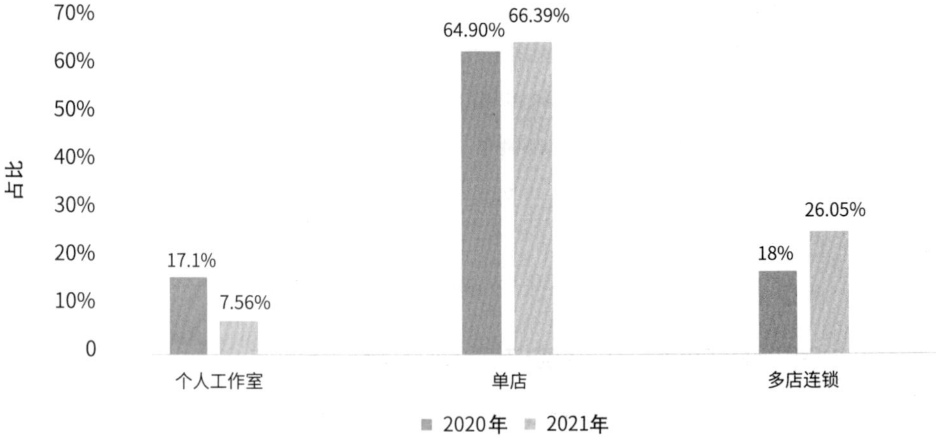

图 2–37 2020—2021 年，儿童康复机构规模的变化

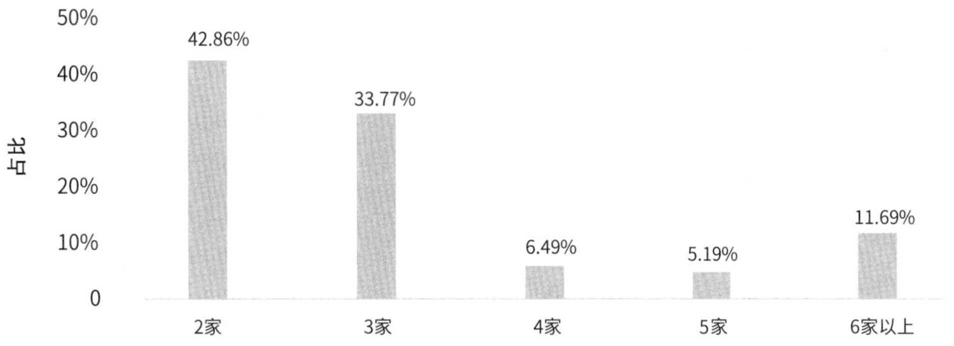

图 2–38 连锁机构店面数量占比

单个机构平均在职员工数为 32 人，其中康复师 28 人，占比 85.86%。单个机构平均服务儿童 50 人，平均 1 名康复师服务 1.79 名儿童。

3. 服务类型：线下机构训练为主，家庭训练场景迅速发展

儿童康复行业仍然以线下机构训练服务为主要服务类型，除了对孩子进行干预训练外，也对儿童家长组织家长课堂等内容进行服务。值得关注的是，受疫情影响，线下机构停课，催生出很多其他的新的教学形式，线上课程和家庭康复迅速发展，入户服务也有相应提升。

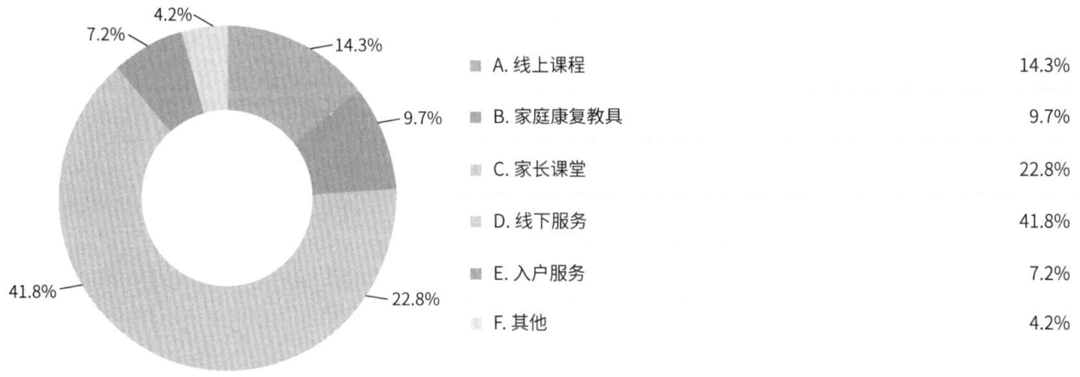

图 2–39 儿童康复机构的服务类型

4. 康复领域：应用行为分析 ABA、感统、言语齐头并进

2021 年儿童康复机构的主要康复领域仍旧是基于 ABA 的各类孤独症干预，占比第一，达 24%；其次是感觉统合训练，占比 23.9%；再次是言语语言治疗领域，占比达 23.6%。

2021 年儿童康复机构开展的服务内容主要是针对 2~8 岁小龄的儿童，占比达 34.6%。其次是针对家长的家长教育，占比 22%。再次是针对学龄期儿童入园入学的融合，占比 17.7%。最后是针对 9~14 岁大龄儿童康复教育，占比 17.1%。大龄儿童职业教育和其他占比较少，分别是 3.3% 和 5.5%。

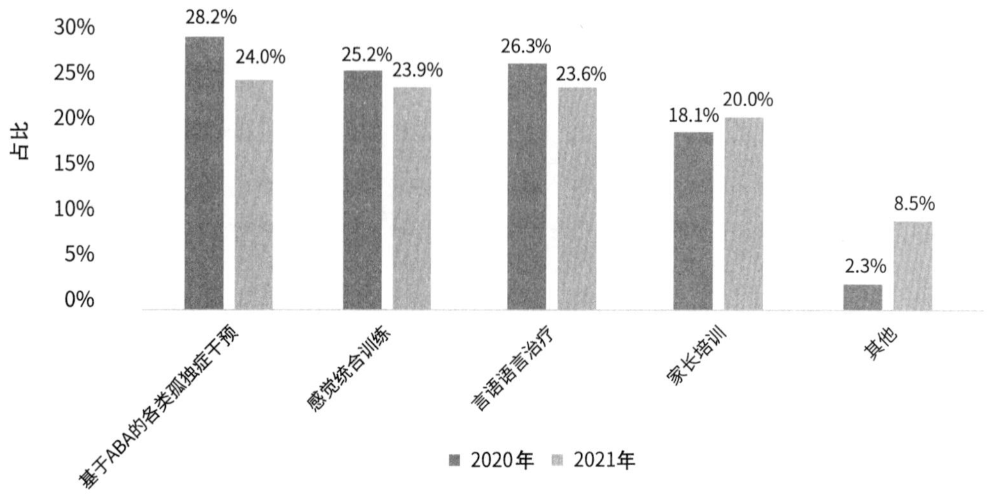

图 2-40　儿童康复机构涉及的康复领域

值得关注的是，与 2020 年相比，融合入园服务以及针对大龄儿童的康复教育在增加。

图 2-41　儿童康复机构开展的服务内容

二、儿童康复机构的发展困境

1. 疫情影响：短暂停学，机构运营压力常态化

2021 年，受疫情常态化影响，超 7 成的机构都面临停课问题。以停课 1~2 个月的机构为主，占比 46.3%；停课 3 个月及 3 个月以上的机构，占比 25.2%；没有停课的机构，占比 28.6%。

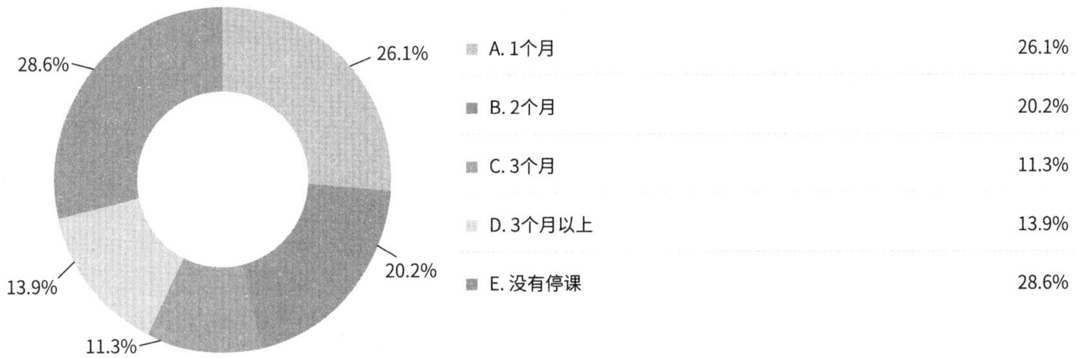

图 2-42　2021 年度机构停课情况

受停课影响，诸多机构面临收入减少、房租、员工薪资压力、资金周转困难等问题影响。在多个影响中，影响最大的是机构收入减少，占比 25.3%；其次是员工工资保险压力、学员复课后出勤率低、场地门店租金压力、员工工资保险压力，分别占比 16.9%、16.4%、16.2%、16.9%；最后是机构资金周转困难和员工离职，占 12.0% 和 9.6%。一年中，平均一家机构有 4 个康复师发生离职变动。

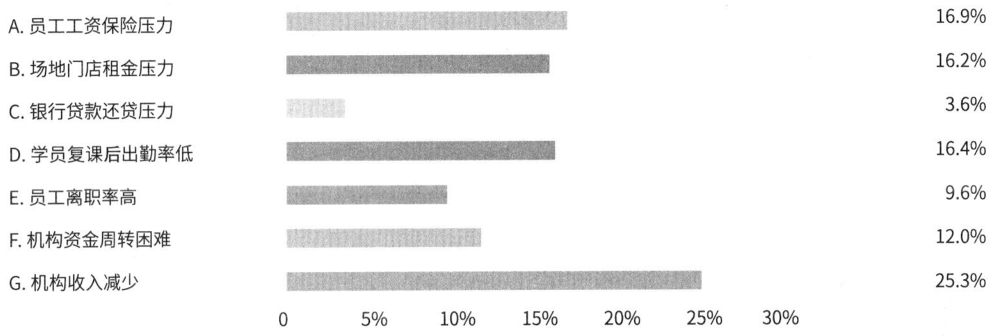

图 2-43　疫情对机构造成的具体影响

对于 2021 年疫情对机构造成的总体影响，大部分机构已经从应对疫情突发转换到常态化运营。其中“一般，尚可运转”的机构为主，占比 40.3%；“困难，面临较大压力”的机构为次，占比 35.7%；“严峻，生存压力巨大”的机构，占比 18.1%；表示未受到疫情影响的机构，占比 5.9%。

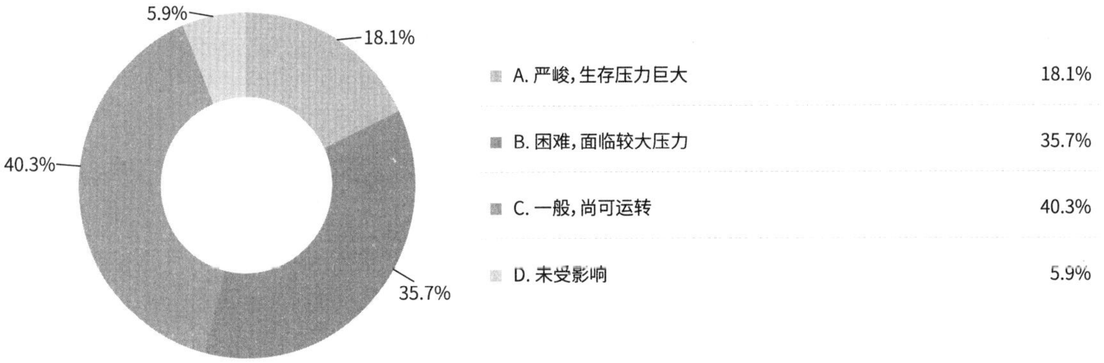

图 2-44　疫情对机构造成的总体影响

2. 运营困境：人才储备阶段性不足，机构运营短板凸显

相比2020年，2021年收入减少的机构，占比44.1%；收入持平，占34.9%；收入增加，占21%。

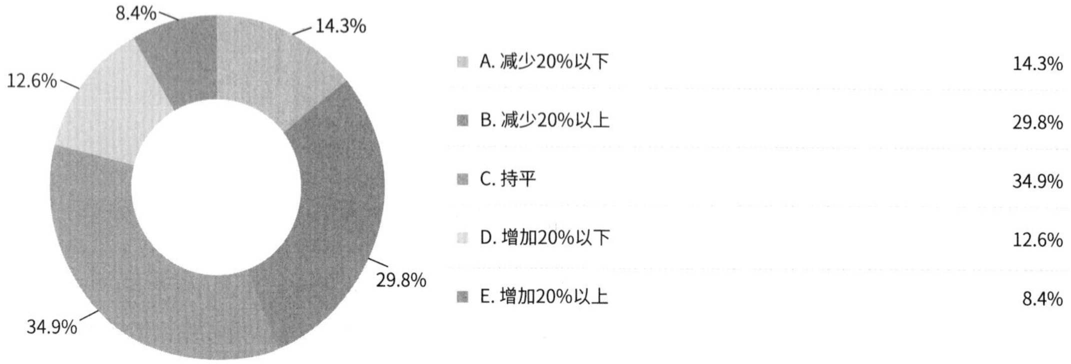

图2-45　与2020年相比，机构收入情况

可以看出，机构收入下滑是大部分机构目前的发展境遇。其中，排在首位的是新入园儿童数量减少，占比37.1%；其次，停课时间长，占比30.3%；在园儿童流失，占比21.3%；最后，机构内部管理不善，占比11.3%。

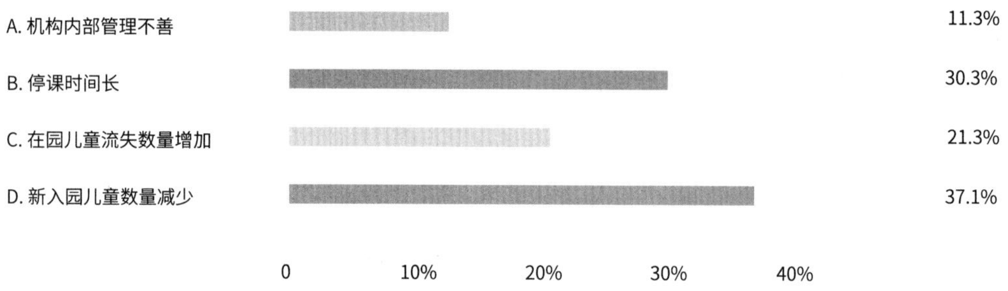

图2-46　2021年导致机构收入变化的原因

3. 招生困境：生源来源多样，重点依靠口碑建设

机构学员来源途径排在首位的是客户推荐，占比23.6%；其次是实体店自然到访，占比15.6%；再次是医院和残联输出，占比14.3%和14.0%；公众号、朋友圈、自媒体、学校、社区等占比较少。机构也利用新媒体方式进行推广，但普遍反映推广效果欠佳。

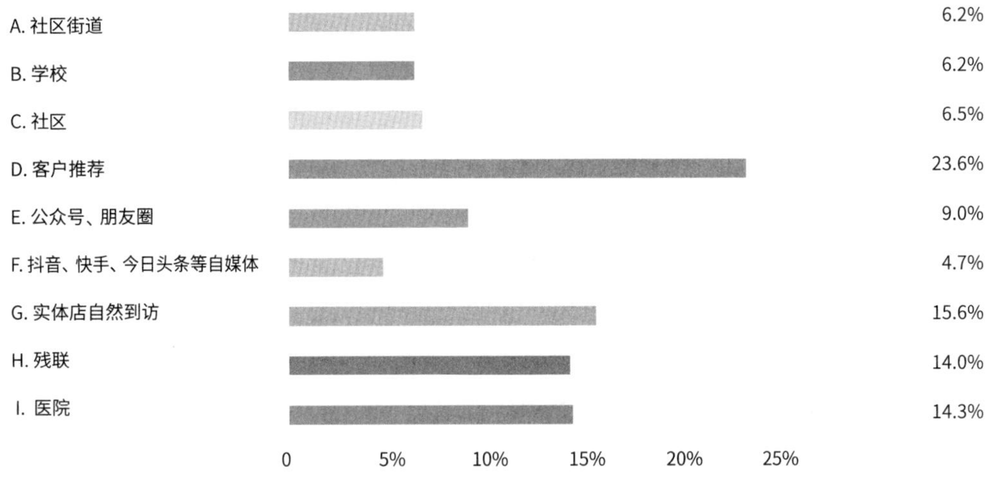

图 2-47　2021 年机构学员来源的途径

在以上这些渠道中，对机构帮助最大的两个是：客户推荐、医院及残联输出。由此可见，家长的口碑建设是机构招生的重中之重。

三、儿童康复机构未来运营模式与发展趋势

1. 乐观的运营心态：机构找准自身定位

随着 2021 年疫情常态化，机构一定要找准自我定位，寻求突破。参加外部培训、引进新的项目、增加生源渠道是机构在运营上采取的重要发展措施。

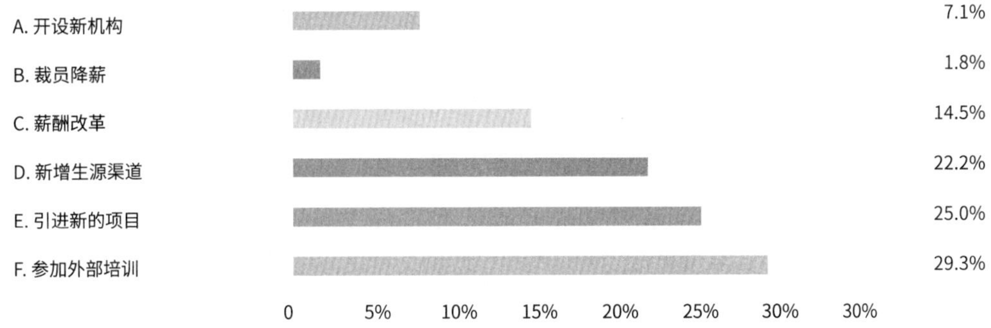

图 2-48　2021 年机构在经营上采取的重要措施

教师培训、现有课程升级、引进数字化机构管理教学系统，是机构对未来 2022 年发展的需求支持点。

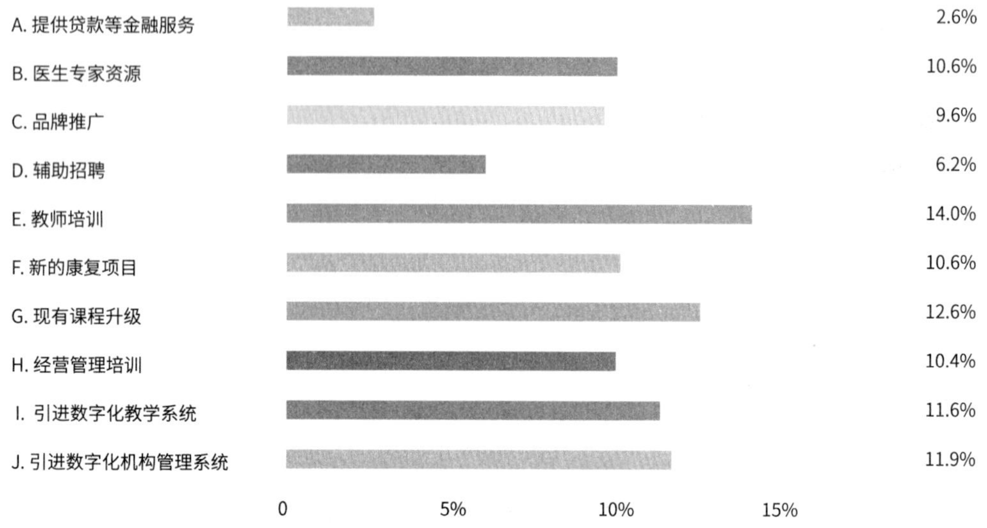

图 2–49　机构希望获得哪些帮助和支持

2. 健康的经营模式：机构运转良性，运营正循环

机构教学管理的困境前五名分别是：教师能力提升、新教师培训、教学体系搭建、教学质量提升、教师数量不足。教学专业化人才欠缺、机构课程体系不完善、新老教师培训、康复技术提升是困扰机构教学的主要难点。

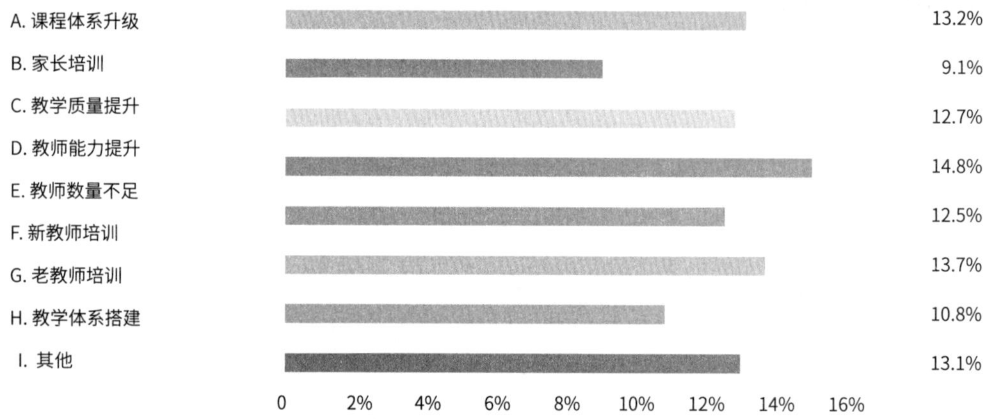

图 2–50　机构在教学方面面临的问题

机构经营管理的困境前五名分别是：渠道生源、品牌建立、数据信息化运营能力欠缺、人员管理、利润管理。职业化经营管理人才欠缺，机构运维一人的现象屡见不鲜。如何建立人才管理梯队，做好权力下放，是机构能够内部运维的关键。渠道铺设，增强转化，是众多机构面临的外部运维难点。把握好机构内外两方面的可持续发展，才能打造机构良性运营的正向循环。

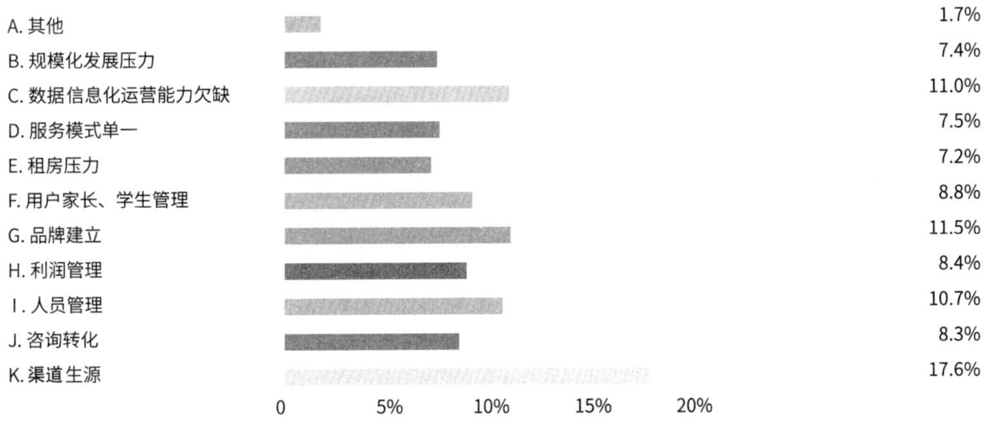

图 2-51 机构在经营管理方面面临的问题

3. 数字化转型：向标准化、平台化、智能化方向发展

根据抽样调研显示，71% 的儿童康复机构听说过或者关注到数字化转型的趋势。其中，已经在推动机构数字化转型的占比 37.4%，集中在人员管理数字化、康复训练数字化两方面。已经上线的数字化产品，机构应用的以单一数字化产品为主，如评估系统。

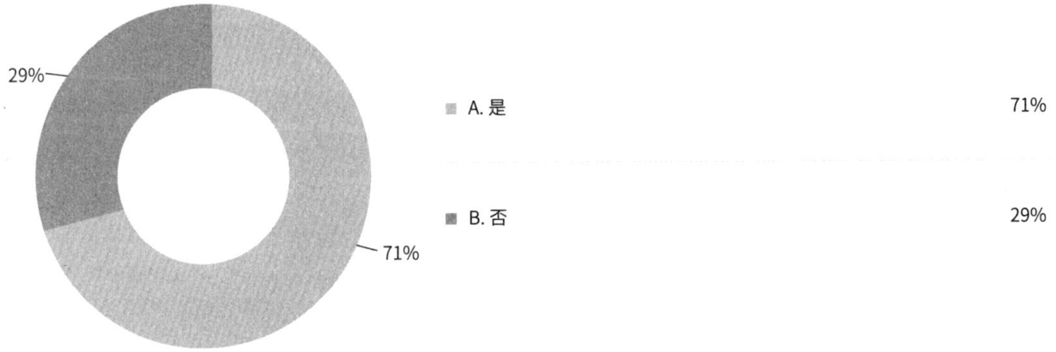

图 2-52 机构是否关注过数字化转型

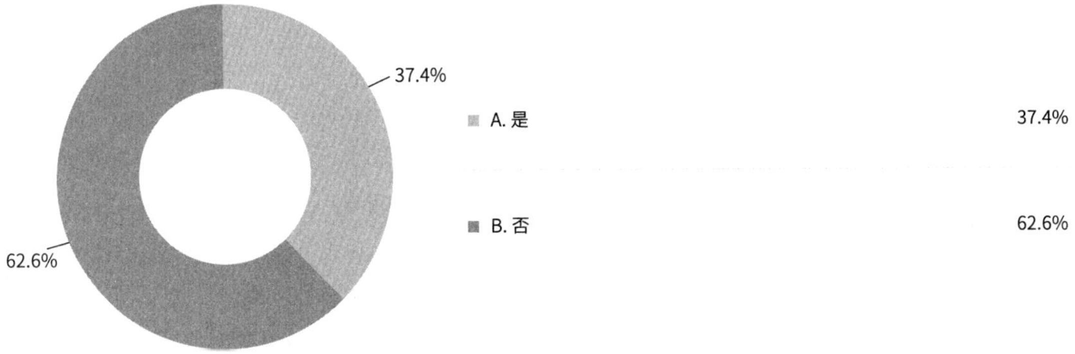

图 2-53 机构是否已经在推动数字化转型

（刘青华 王 涛）

第四节 康复、教育和经济需求——家长调查

在《2020 年度儿童发展障碍康复行业报告》中，我们关注了发展障碍儿童的家庭负担，儿童接受康复的情况，以及家长的担心和需求。2021 年，在延续以上问题的基础上，我们又新增了对发展障碍儿童就读幼儿园情况、就读小学情况的了解，希望在《"十四五"特殊教育发展行动计划》的方针指导下，为进一步改善发展障碍儿童的受教育情况提供现实依据。

本次调研共调查了 781 位患有孤独症、多动症、言语语言障碍等儿童发展障碍的孩子的家长。问卷主要是通过线上发展障碍儿童家长社群发放。2021 年参与调查的家长与 2020 年大部分不是一组人群。

一、发展障碍儿童 / 家长的基本画像

本次参与调查的家长来自于全国 28 个省市 / 自治区，其中来自北京、广东、山东、河北、江苏以及河南的家长占比较多。我们认为，大部分家长来自以上区域可能基于两点原因，一方面是人口基数，另一方面是科学育儿的意识。

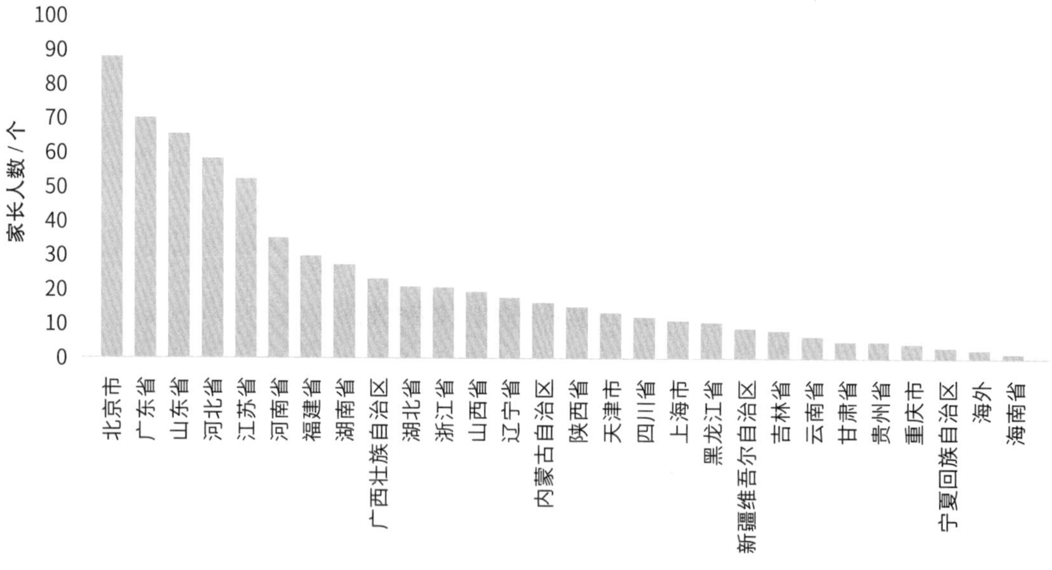

图 2-54 参与调查的家长所在省份分布

本次调查中，57.73% 的儿童患有孤独症谱系障碍，23.19% 的儿童患有发育迟缓，6.32% 的儿童患有智力障碍，5.62% 的儿童患有注意缺陷和多动障碍。患有孤独症谱系障碍的儿童在本次调查中占比最高。

同时，本次调查中，19% 是共患病儿童，其中，同时患有两种发展障碍的有 120 人，占比 15.4%，患有 3 种及以上发展障碍的有 28 人，占比 3.6%。

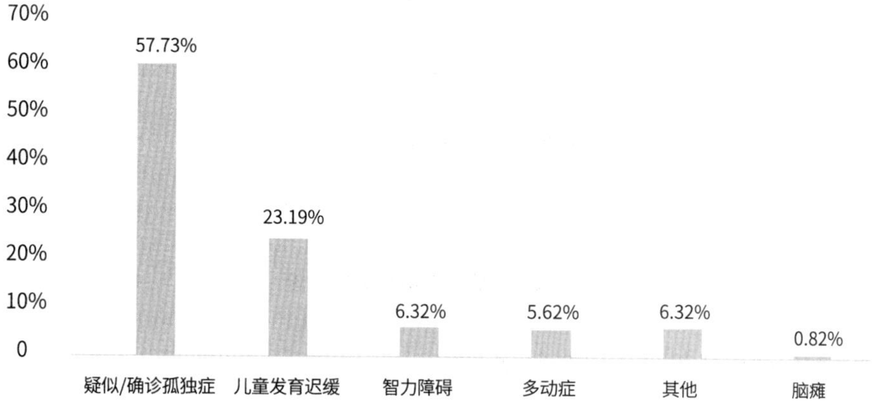

图 2–55　发展障碍儿童的类型

1. 发展障碍儿童中，男孩是女孩的 4 倍

调查结果显示，79.4% 被调查家长的孩子是男孩，20.6% 被调查家长的孩子是女孩。所调查的发展障碍儿童中，男孩的数量接近女孩的 4 倍。这与去年的性别比例数据也非常一致。已有研究表明，患孤独症的儿童中，男孩是女孩的 4 倍。本次针对发展障碍儿童，包括孤独症儿童、多动症儿童、全面发育迟缓儿童等的调查结果显示，男孩与女孩的比例也是 4 ∶ 1。

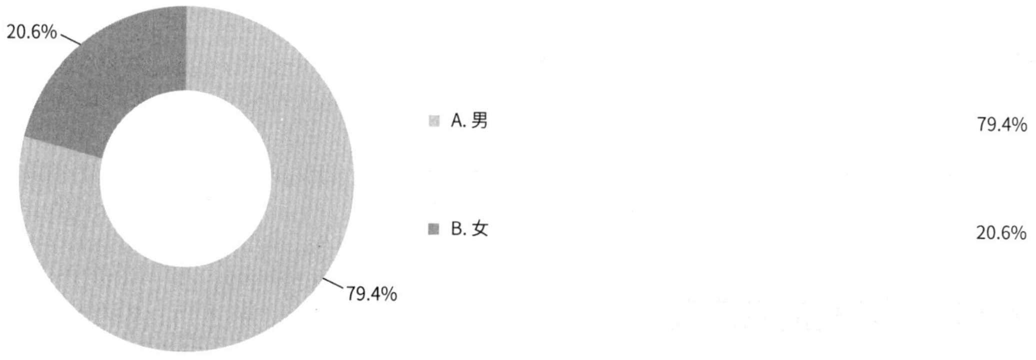

图 2–56　发展障碍儿童的性别

2. 近四成发展障碍儿童分布在 4~6 岁

在调研的发展障碍儿童中，37% 的儿童处于 4~6 岁；其次是处于 2~3 岁，占比 30.5%；6 岁以上儿童占比 29.3%；2 岁以下儿童占比 3.2%。与去年相比，我们调查了更多 4~6 岁、6 岁以上以及 2 岁以下的儿童。

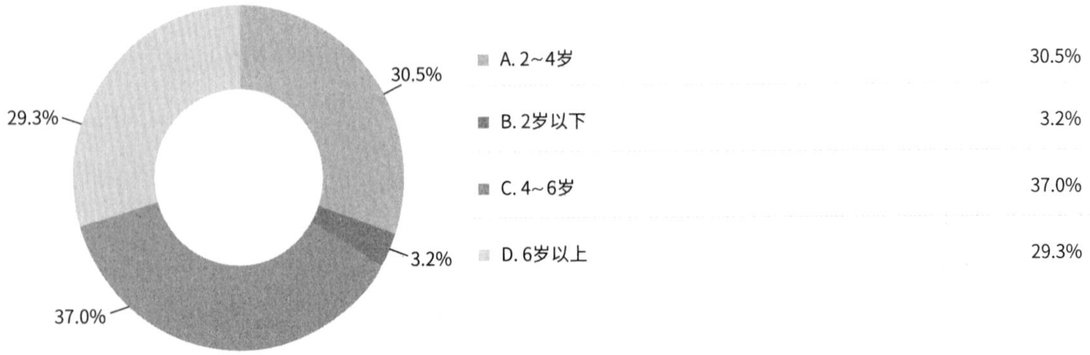

图 2-57　发展障碍儿童的年龄

3. 发展障碍儿童母亲的学历水平较为均衡

大专、本科、高中及以下学历的母亲分别占比约 1/3。32.9% 的母亲是大专学历，31.1% 的母亲是本科学历，29.4% 的母亲是高中及以下学历。已有研究表明，孤独症谱系障碍的发病并不“挑家庭”，无论家庭的经济条件如何，父母教育水平如何，孩子患孤独症的概率没有显著差别。本调研的数据一定程度上也反映了这一结论。

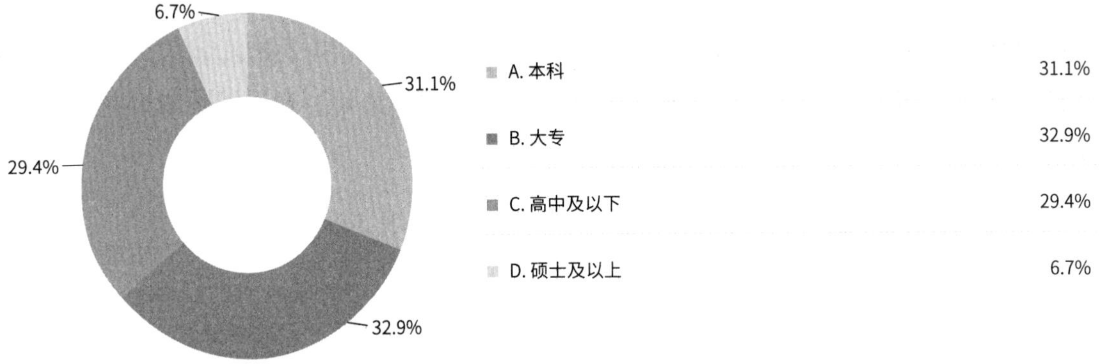

图 2-58　发展障碍儿童母亲的学历

二、发展障碍家庭的疾病负担

1. 母亲是患儿的主要带养者

母亲是发展障碍儿童的主要带养者，其中，65.4% 的发展障碍儿童由妈妈带养，24.8% 的发展障碍儿童由祖（外祖）父母带养，6% 的发展障碍儿童由爸爸带养，3.7% 的发展障碍儿童由其他家庭成员带养。发展障碍儿童的照顾、教养等负担主要由家庭中的母亲负责。这一结果与 2020 年的结果保持一致，2020 年的结果也显示，母亲是发展障碍儿童的主要带养者，占比 73%。由于调查是基于线上社区开展，这些线上社区的参与者大部分是母亲，因此，调研结果中，母亲带养的比例可能偏高，如果同时开展线下机构调查，祖（外祖）父母带养的比例可能增加一些。

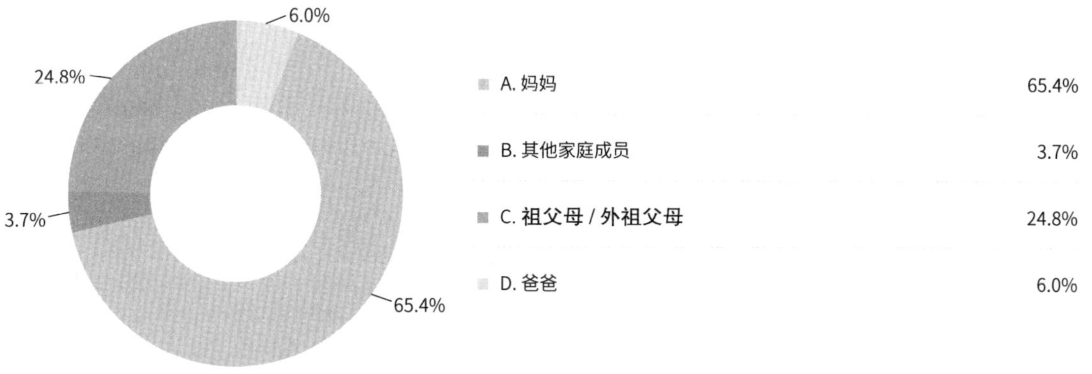

图 2-59　发展障碍儿童的主要带养者

2. 六成的父母全职带娃

当父母作为孩子的主要带养者时，59% 的父亲或母亲是全职照顾孩子。而兼职 / 自由职业，以及全职工作的父母占比较少，分别是 20%、21%。这与 2020 年的结果保持一致，2020 年的结果显示，66% 的父亲或母亲全职照顾孩子。由此，我们可以推断，在我国发展障碍儿童家庭中，60% 的家庭父母一方是不工作的，这将对一个家庭产生比较大的经济压力。

发展障碍儿童在认知、行为、情绪等方面都表现出明显的落后，相较于普通儿童，发展障碍儿童的抚养和教育压力是更重的。由祖父母或外祖父母带养孩子的模式已经远远不能满足发展障碍儿童。对于一个家庭来说，要更多占用一个劳动力去弥补。

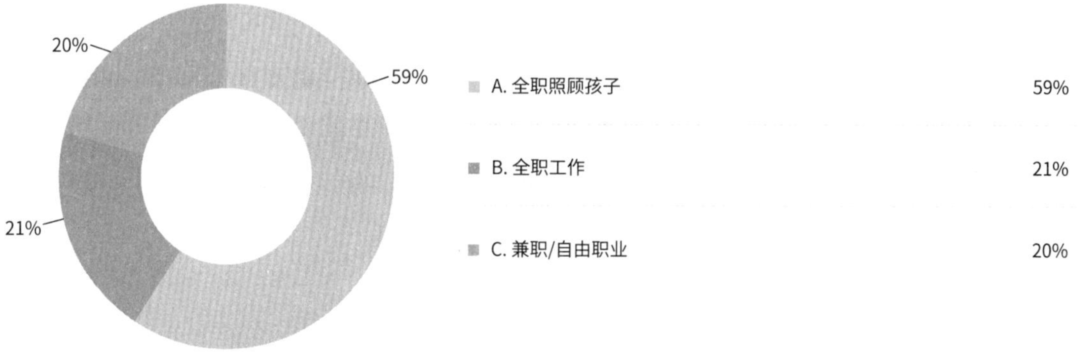

图 2-60　发展障碍儿童家庭主要带养者的工作状态

当母亲作为主要带养者时，60.3% 的母亲辞掉工作，全职照顾孩子。这一比例高于父亲作为主要带养者全职带娃的比例。同时，只有不到 20% 的母亲全职工作。

当父亲作为主要带养者时，46.8% 的父亲辞掉工作，全职照顾孩子；27.7% 的父亲全职工作，25.5% 的父亲兼职或自由工作。不难看出，当家庭出现孤独症等发展障碍儿童时，一半以上家庭直接面临家庭收入的减半。

3. 1/4 的家庭每月康复支出大于家庭收入

调研发现，一方面超过一半的家庭，夫妻一方全职带娃，大大影响家庭月收入；另一方面，家庭为孩子的康复支出也很大。约 1/4 家庭的月收入难以支撑康复开支。

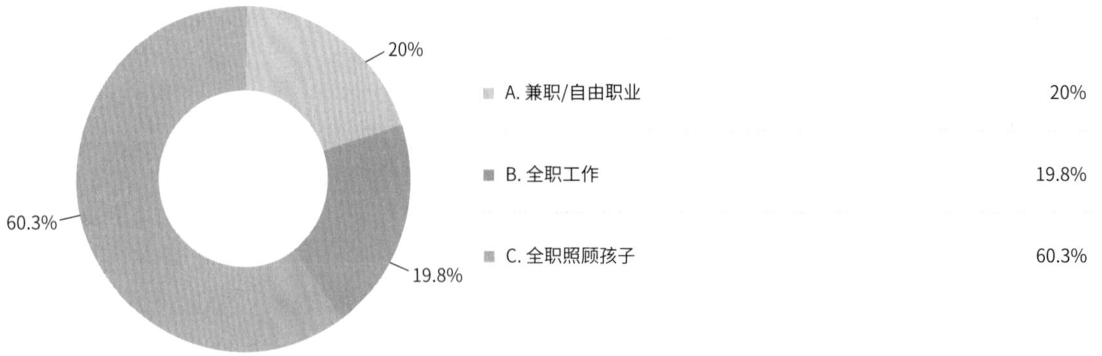

图 2-61　妈妈作为主要带养者的工作状态

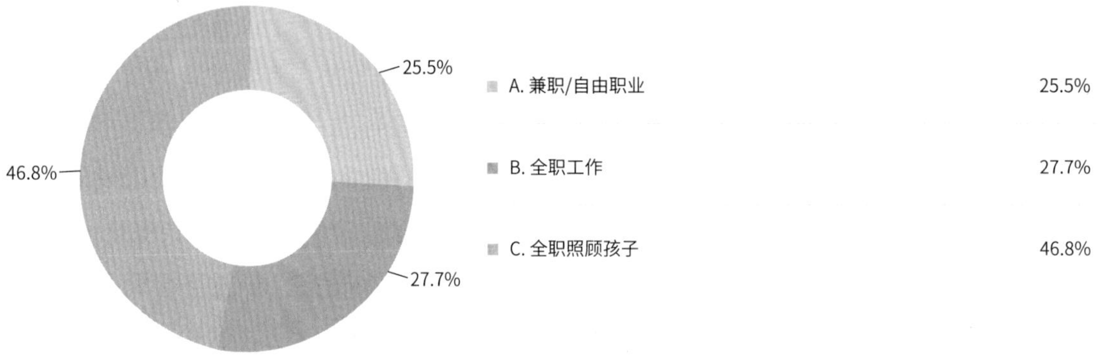

图 2-62　爸爸作为主要带养者的工作状态

发展障碍儿童家庭的月收入平均较低，近 7 成的家庭月收入（指可支配收入）不足 1 万元。其中，2021 年 38% 的家庭月收入在 5000~10000 元，31.7% 的家庭月收入在 5000 元以下，19.9% 的家庭月收入在 1 万 ~2 万元，6.3% 的家庭月收入在 2 万 ~3 万元，4.1% 的家庭月收入在 3 万元以上。家庭收入分布与去年的结果也有一致性。从两年的数据可以看到，70% 的家庭收入不到 1 万元。

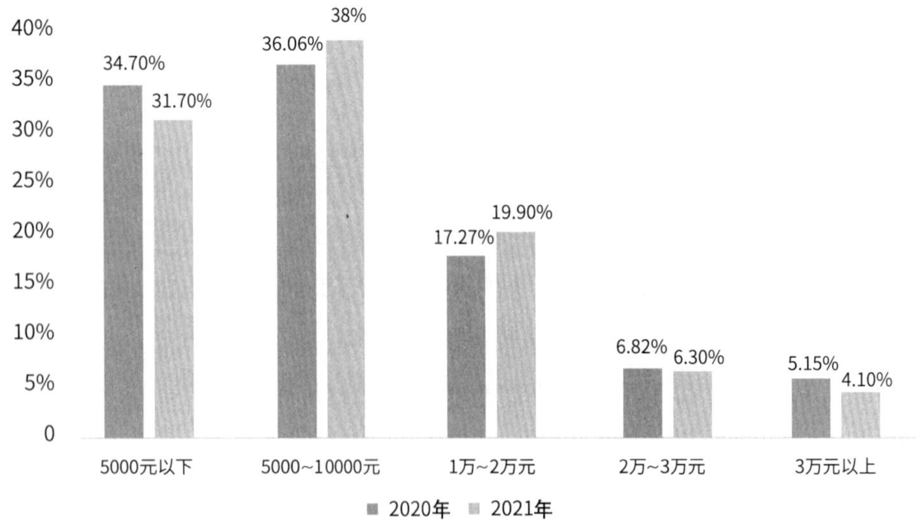

图 2-63　2020 年、2021 年发展障碍儿童家庭收入情况

同时，发展障碍儿童的康复支出较大，近 2/3 的家庭每月康复支出大于 3000 元。其中，38.3% 的家庭每月花费在孩子康复上的费用是 3000~6000 元，12.2% 的家庭每月花费在孩子康复上的费用是 6000~9000 元，7.3% 的家庭每月花费在孩子康复上的费用是 9000~12000 元，8.5% 的家庭每月花费在孩子康复上的费用是 12000 元以上。

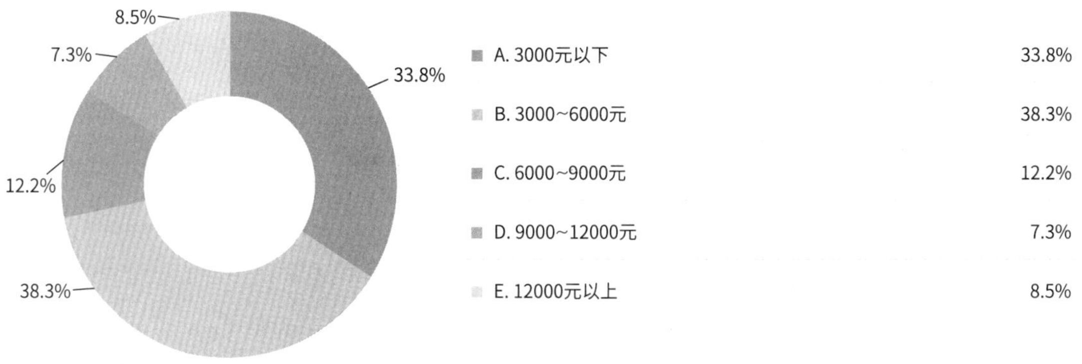

图 2-64　每月花费在孩子康复上的费用

通过家庭月收入与孩子康复支出的交叉分析，可以看到，家庭月收入 5000 元以下的群体中，超过 50% 的家庭每月在孩子康复费用上的支出超过 3000 元，支出占家庭总收入的 60% 以上，同时，约 25% 的家庭，每月的康复费用支出高于家庭月收入，再加上家庭其他开支，面临严重的入不敷出的现状。这些结果都与 2020 年的结果一致，一定程度上反映了发展障碍家庭的现实问题。

表 2-2　家庭月收入不同人群，每月花在孩子康复费用上的占比

每月康复费用支出	3000 元以下	3000~6000 元	6000~9000 元	9000~12000 元	12000 元以上
收入 5000 元以下	48.1%	36.3%	10.3%	2.3%	3.1%
收入 5000~10000 元	32.6%	47.4%	11.0%	6.2%	2.7%
收入 1 万 ~2 万元	18.4%	36.1%	19.0%	10.9%	15.6%
收入 2 万 ~3 万元	26.6%	16.3%	7.0%	25.6%	25.6%
收入 3 万元以上	13.2%	15.8%	13.2%	15.8%	42.1%

三、发展障碍儿童的受教育情况

1. 4~6 岁发展障碍儿童学前教育（幼儿园）情况

（1）1/4 的适龄发展障碍儿童未上幼儿园

调研中，有 280 位是 4~6 岁的发展障碍儿童。一般而言，儿童在 3 岁的时候开始上幼儿园。本次调研结果显示，1/4 的适龄发展障碍儿童没有上幼儿园。同时，大部分（46%）入园的适龄发展障碍儿童进入了普通幼儿园，这与国家政策要求是一致的。值得关注的是，上了幼儿园的发展障碍儿童中，44% 有转园的经历。其中 14% 有 2 次及以上转园经历。

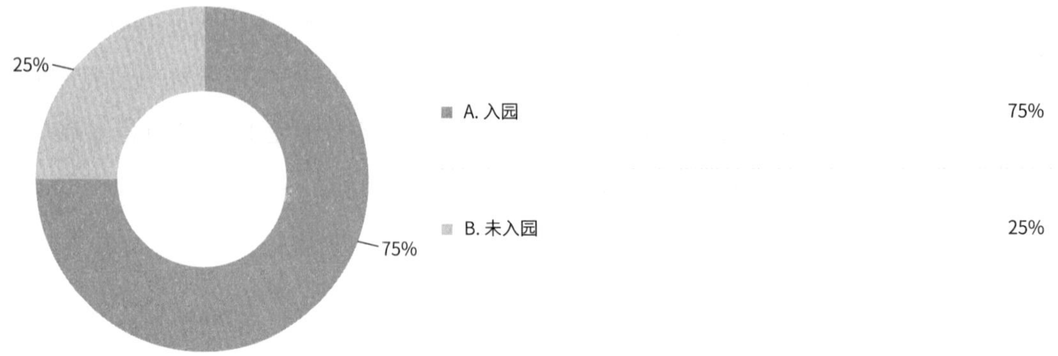

图 2-65 4~6 岁发展障碍儿童入园情况

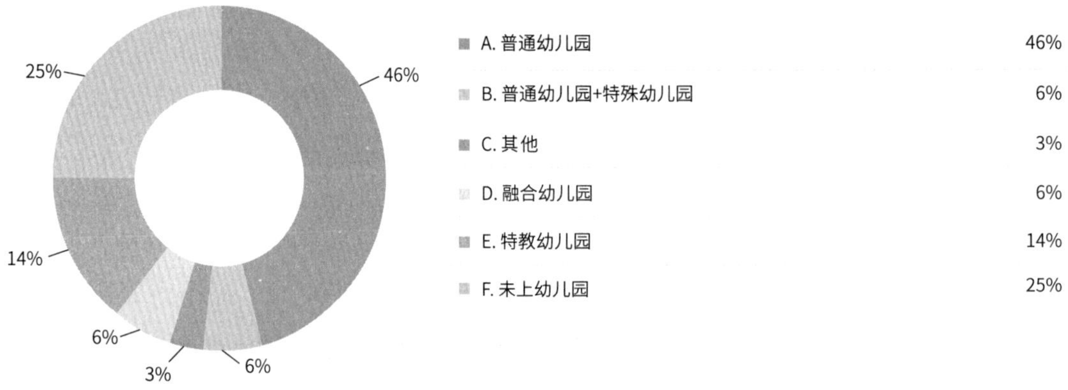

图 2-66 4~6 岁儿童就读幼儿园的类型

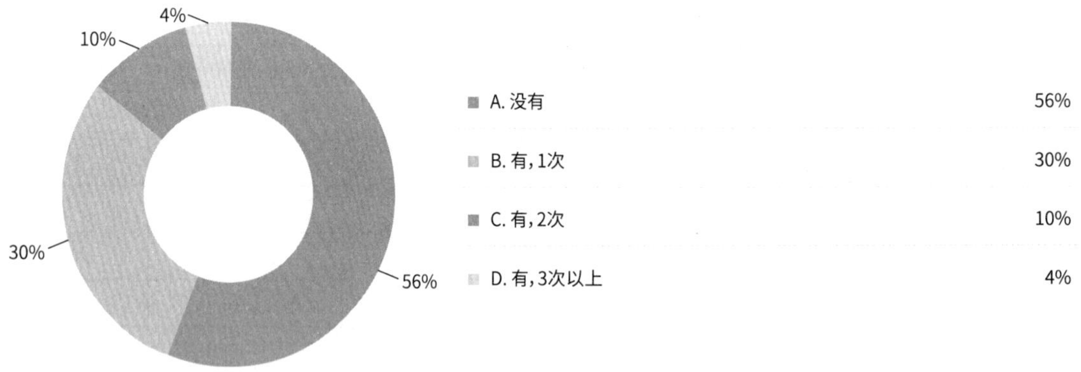

图 2-67 4~6 岁上幼儿园儿童是否有转园

（2）发展障碍儿童在幼儿园的社交互动情况

在上了幼儿园的发展障碍儿童中，62% 的儿童“愿意”上幼儿园。其中，35% 的儿童“总是愿意”去幼儿园，27% 的儿童“经常愿意”去幼儿园。但是，发展障碍儿童与老师的关系较为一般，37% 的家长表示，孩子与老师的关系一般，占比最高。同时，50% 的孩子只是喜欢自己一个人玩，在同伴关系中，表现得比较孤独。

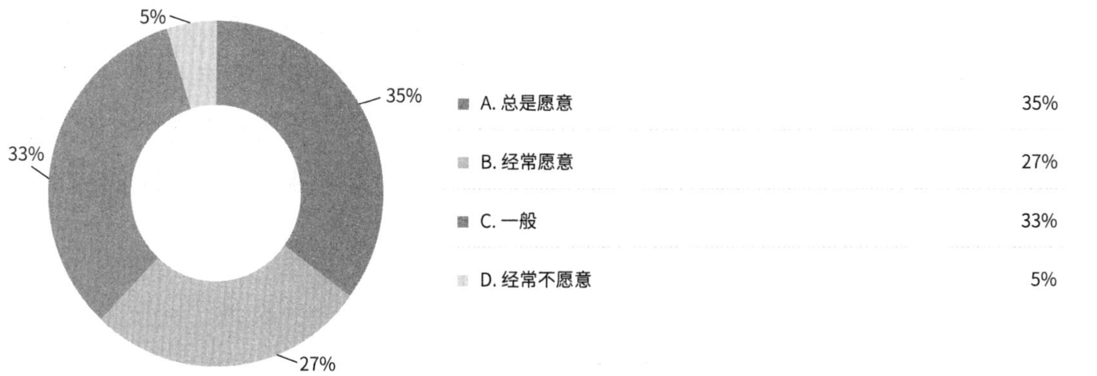

图 2-68　是否愿意上幼儿园

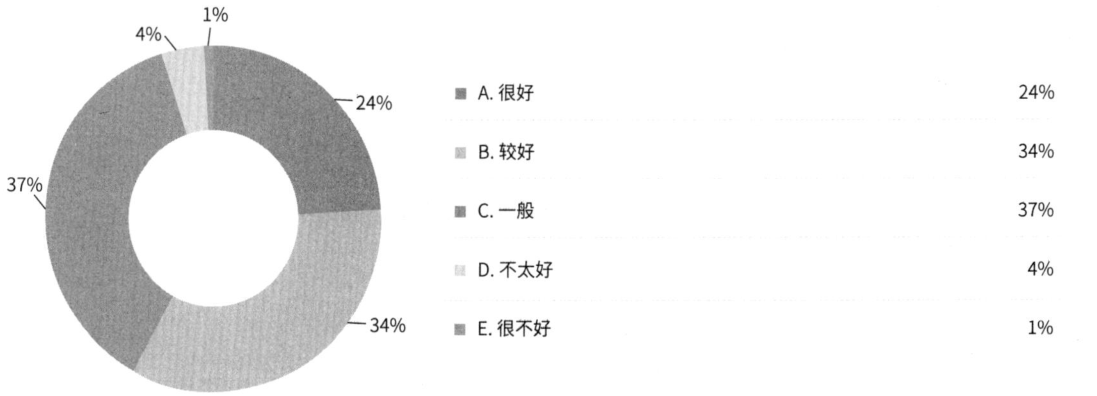

图 2-69　儿童与大部分教师的关系

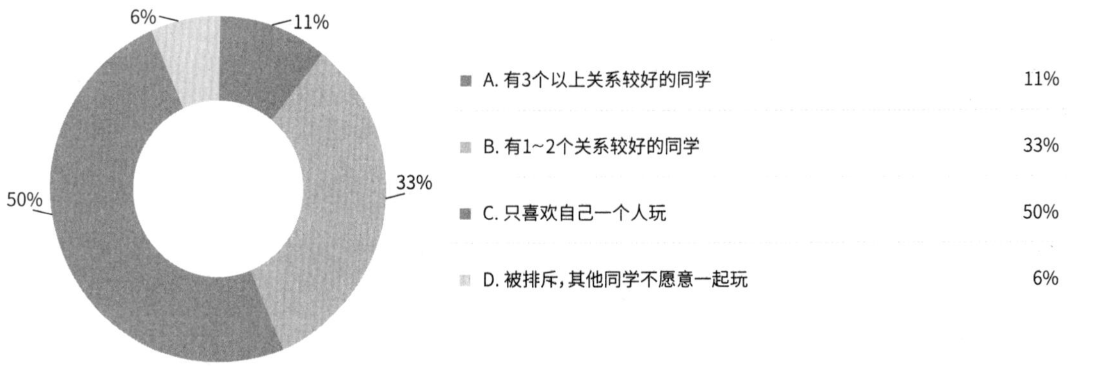

图 2-70　儿童与班级同学的关系

2. 6 岁以上发展障碍儿童的义务教育情况

（1）约 15% 的适龄发展障碍儿童未上学

调研中，有 221 位是 6 岁以上的发展障碍儿童。本调研结果显示，约 15% 的发展障碍儿童没有上小学。同时，大部分（49%）入学的适龄发展障碍儿童进入了普通小学。但入学了的儿童中，有 47% 的儿童有转学经历。其中，25% 的儿童有 2 次及以上转学经历。这个比例高于发展障碍儿童在幼儿园阶段转学的比例。

国家2021年底出台的《“十四五”特殊教育发展提升行动计划》指出，要将全体儿童的入学率提高到97%。然而，本调研结果显示，15%的适龄发障碍儿童没有上学。这表明，国家对发展障碍儿童这一群体的的教育措施仍不完善，仍需要研究专门提高这一群体义务教育入学率、留存率的制度和办法。因此，国家要达成义务教育普及率的目标，发展障碍儿童这一群体要受到特别的关注。

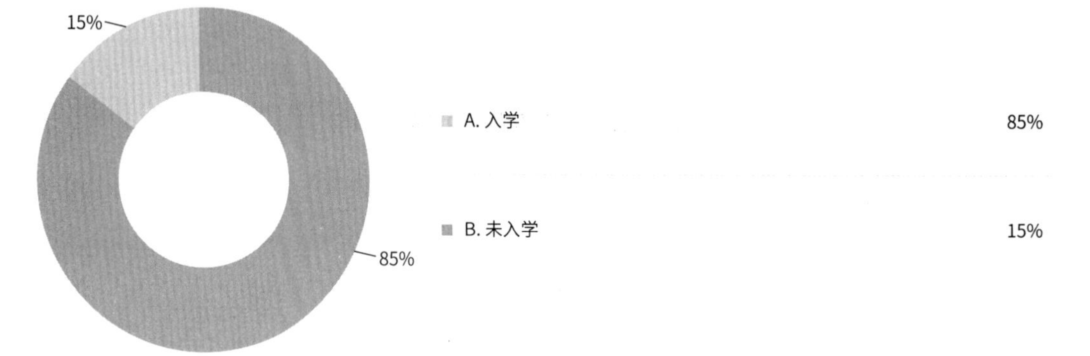

图 2–71　6岁以上发展障碍儿童入学情况

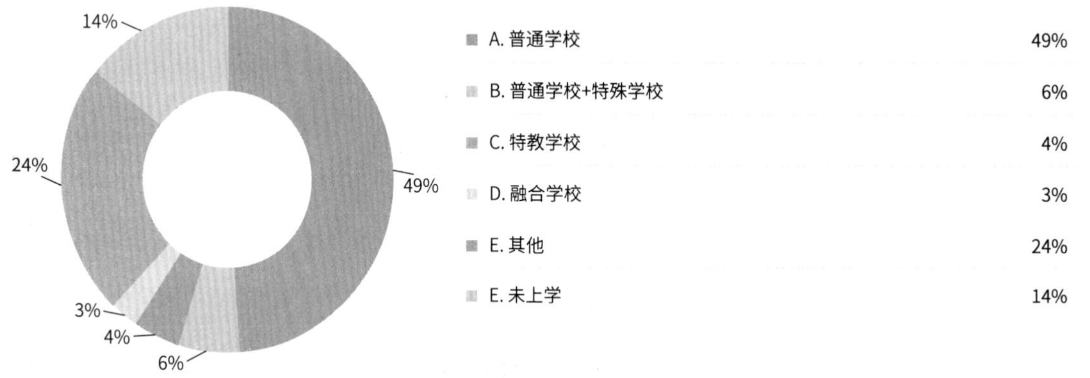

图 2–72　6岁以上发展障碍儿童就读学校的类型

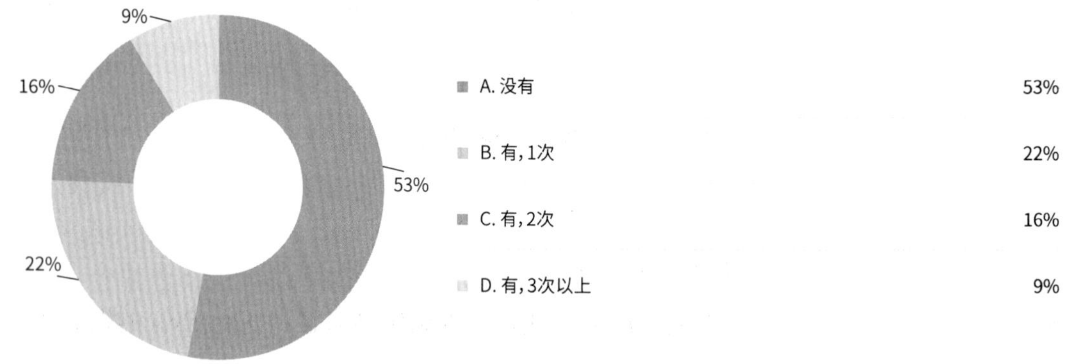

图 2–73　6岁以上发展障碍儿童是否有转学经历

（2）发展障碍儿童在学校的社交互动情况

在已经上学的 6 岁以上发展障碍儿童中，65% 的孩子“愿意”上学。其中，约 37% 的孩子“总是愿意”去上学，28% 的孩子“经常愿意”去上学。同时，6 岁以上发展障碍儿童与学校老师的关系比较好，其中，约 32% 的家长表示，孩子与老师的关系“比较好”，31% 的家长表示，孩子与老师的关系“很好”。但是，与幼儿园阶段类似的是，大部分发展障碍儿童也是喜欢自己一个人玩，占比 41%。被排斥的比例高于幼儿园阶段。因此，小学阶段，发展障碍儿童的融合问题更值得关注。

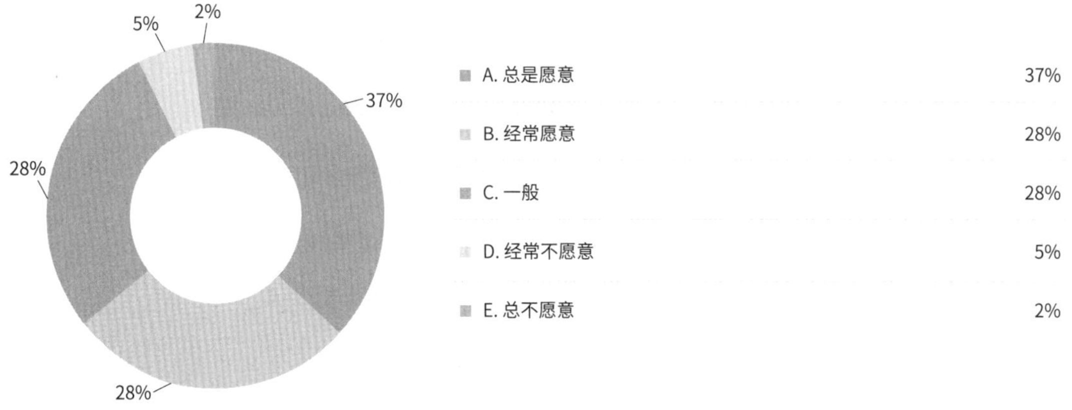

图 2–74　儿童是否愿意上学

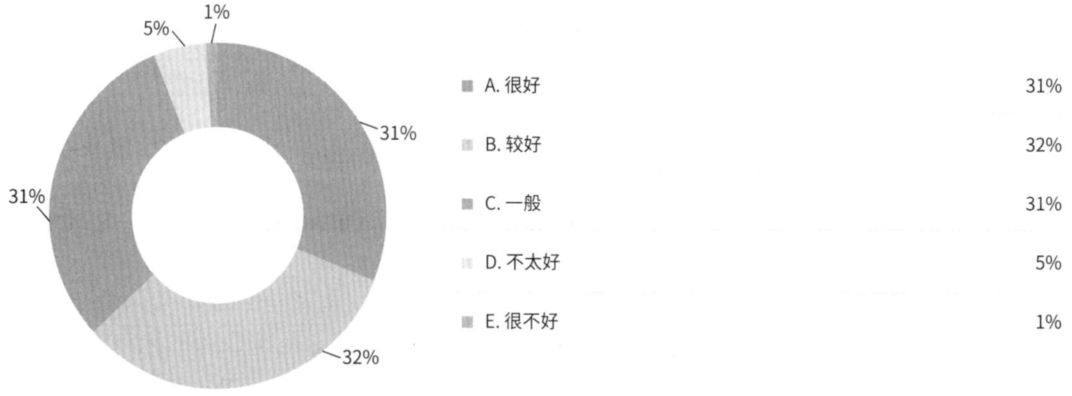

图 2–75　儿童与大部分教师的关系

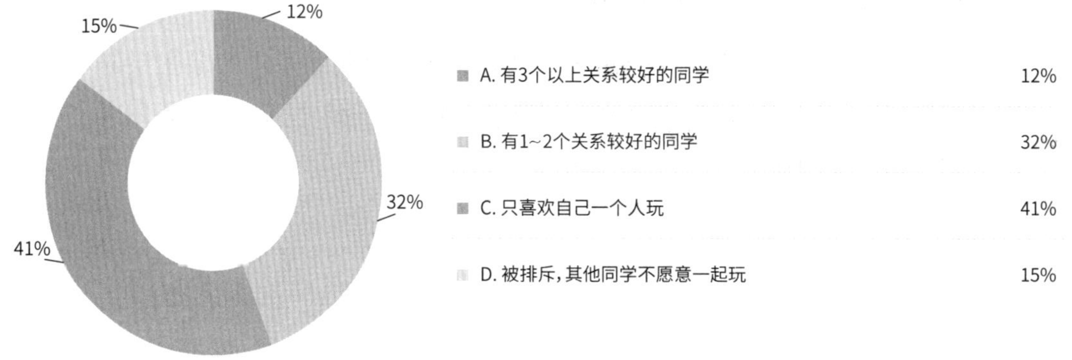

图 2–76　儿童与班级同学的关系

3. 家长不希望学校知晓孩子的疾病情况

调研结果显示，在4~6岁的幼儿园孩子中，39%的学校不知晓孩子有发展障碍问题，在6岁以上的小学孩子中，29%的学校不知晓孩子患有发展障碍问题。相当一部分家长仍担心孩子的情况让学校和老师知道后影响孩子的学业。然而，学校和老师不了解孩子的情况，就无法更好地帮助孩子。该结果一定程度反映出，当前中小学校环境的包容度和融合性还需要进一步建设和提升。

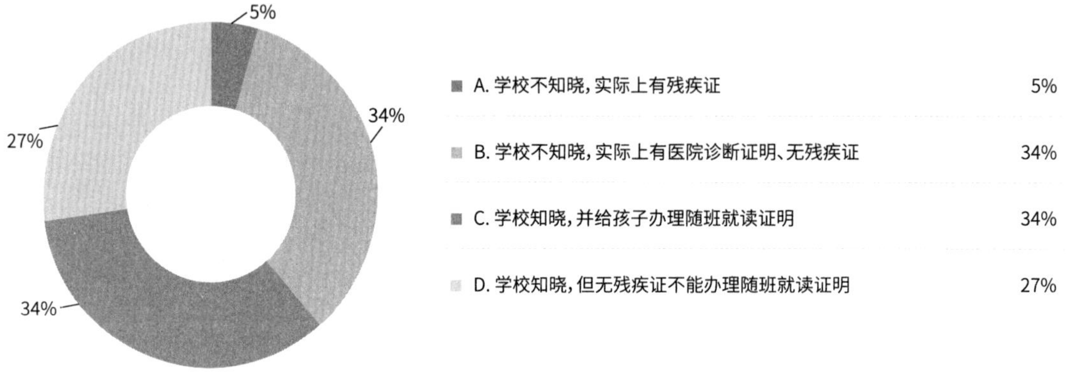

图2–77 4~6岁儿童入园后，学校的知晓情况

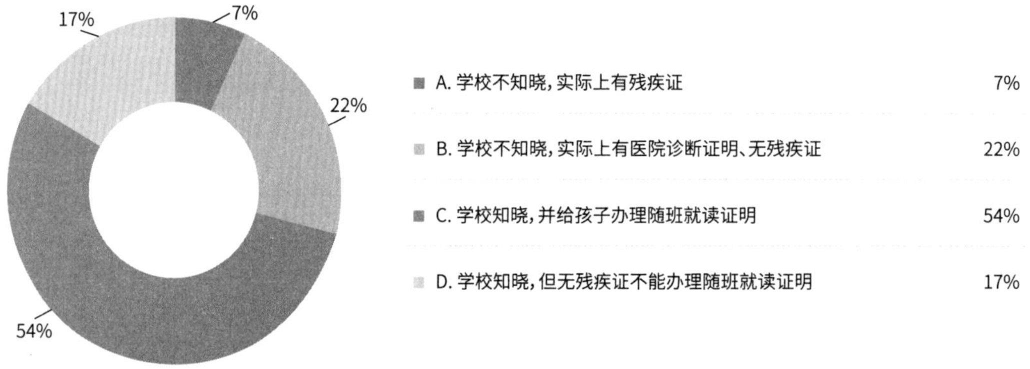

图2–78 6岁以上儿童入学后，学校的知晓情况

四、发展障碍儿童的康复干预现状

“半天机构 + 半天幼儿园 / 小学”的模式是目前发展障碍儿童采用的最主要的干预模式，同时，发展障碍儿童采用的干预模式也比较多元化，包括全天幼儿园 / 小学 + 周末机构干预、半天幼儿园 / 小学 + 入户干预、全天家庭干预等。

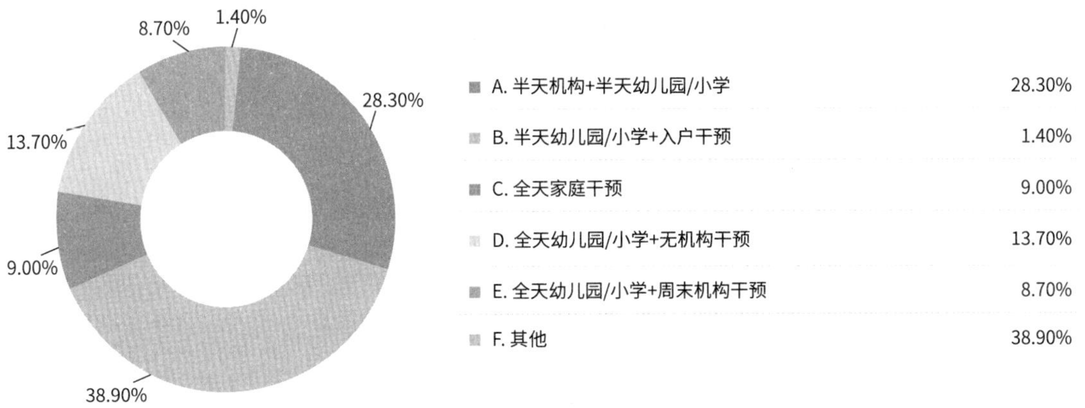

图 2–79　儿童目前的干预现状

已有研究表明，发展障碍儿童需要在早期接受每周至少 40 h 的干预，包括机构干预和家庭干预，并且持续干预 2~3 年，才能有比较好的康复效果。本次调研结果显示，24% 的发展障碍儿童每天接受机构干预的时长 3 h 以上，占比最多。其次是每天接受 30 min 至 1 h 的机构干预，占比 21%。但同时，也可以看到，孩子接受干预的时间段分布比较均匀。

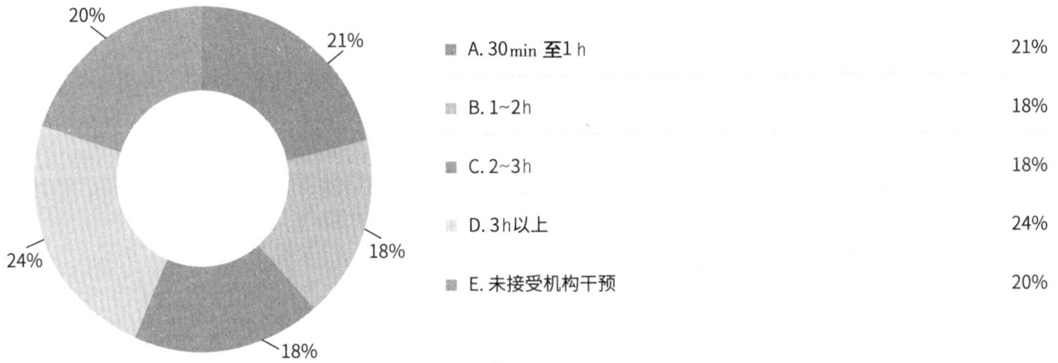

图 2–80　儿童每天接受机构干预的时长

家庭干预方面，38.8% 的孩子每天接受 30 min 至 1 h 的家庭干预，27.30% 的孩子每天接受 30 min 以下的家庭干预。仅有 15.10% 的孩子每天接受 2 h 以上的干预。可见，66% 的家庭，发展障碍儿童每天接受家庭干预的时间不足 1 h。

综合来看，从时间上，大部分发展障碍儿童每周接受的干预不足 20 h，离理想的干预时间还有不小差距。而从质量上，大部分家长也只是了解一些家庭干预方法，勉强完成机构老师的作业。家庭干预的有效率远远无法和机构相比，这进一步削弱了孩子的康复效果。而要达到最佳的干预效果，家长的培训还要大力加强，有效的家庭干预必须与机构配合，才能取得更好的效果。

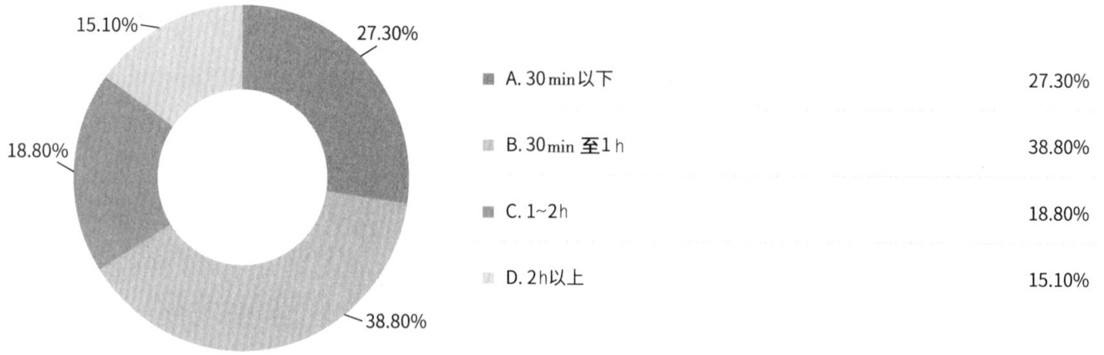

图 2-81　儿童每天接受家庭干预的时长

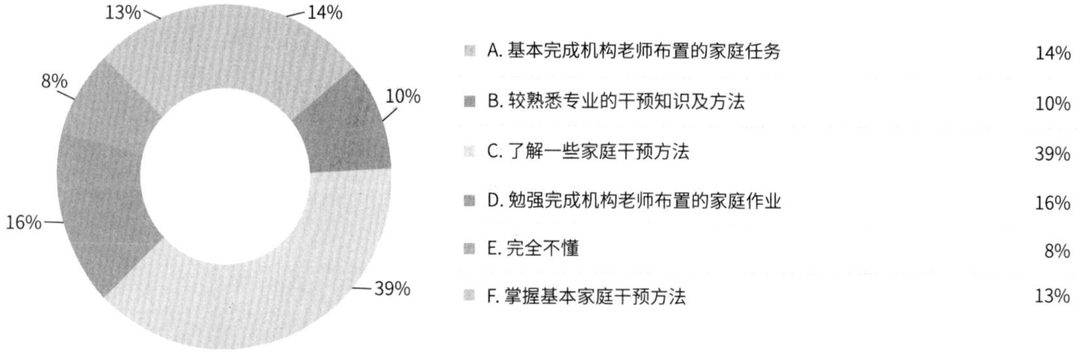

图 2-82　家长对专业知识的了解

五、发展障碍儿童家庭的需求

1. 发展障碍儿童家庭呼唤更完善的社会保障

社会保障（包括政策、费用补贴等）、社会环境建设（融合学校、托养安置中心）以及优秀的康复教育资源是排名前3位的家长最需要的支持。虽然国家已经对发展障碍儿童及家庭给予了一定程度的支持，但是相对于发展障碍儿童庞大的养育负担而言，如前文所说的，近6成父母全职带娃，1/4家庭入不敷出等，社会保障依然是发展障碍儿童家庭最关注、最期待的。同时，与去年相比，家长对社会保障的需求相对增加，对社会环境建设的需求相对减少，说明随着“随班就读”等制度的推进，我国社会环境建设有了不小的进步，但基本的“兜底”和“保障”可能还不足，父母基础的经济需求没有改变。因此，政府需要持续提升对发展障碍儿童家庭经济负担的关注，尽可能提高对家庭的帮扶标准。

2. 发展障碍儿童家庭期待有效的数字疗法产品

52%的家长认为，数字化产品对孩子的康复有帮助。但41%的家长也认为，目前数字化产品对孩子帮助较少。数字化产品还有很大提升空间。家长最希望数字化产品能够为家长提

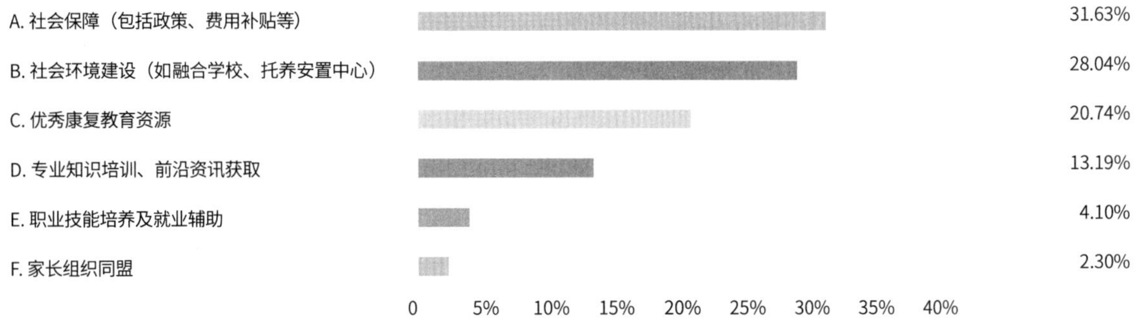

图 2–83　家长需要的支持

供个性化家庭干预指导，以及提供实操示范视频，并且期待数字化产品提高家庭干预效果，降低康复成本。同时，对于人机互动游戏，家长希望符合孩子能力的数字化产品应该由孩子操作为主，家长提供少量辅助；在孩子学习完后，最重要的是相关技能能够应用到生活中，提高孩子的社交能力和语言能力。

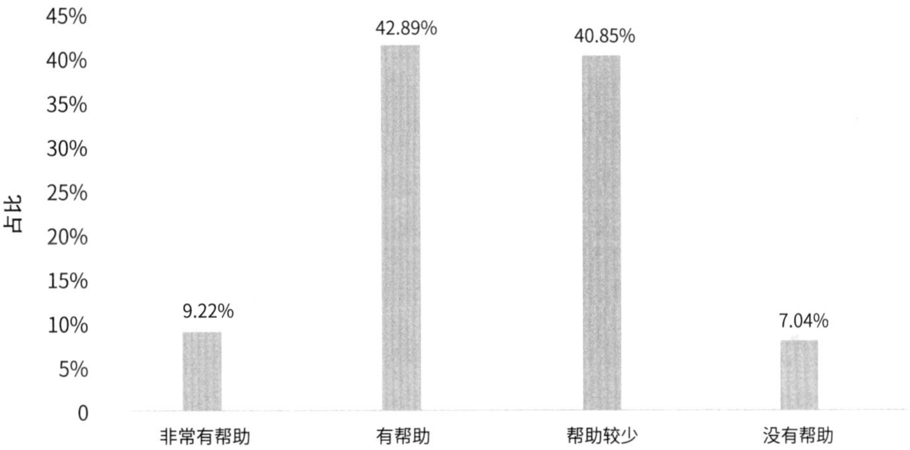

图 2–84　数字化产品对孩子康复是否有帮助

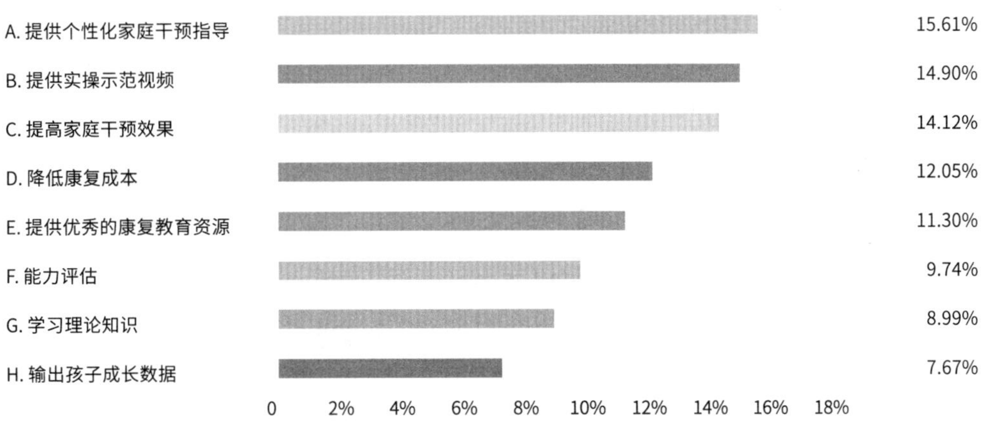

图 2–85　家长希望数字化产品解决哪些问题

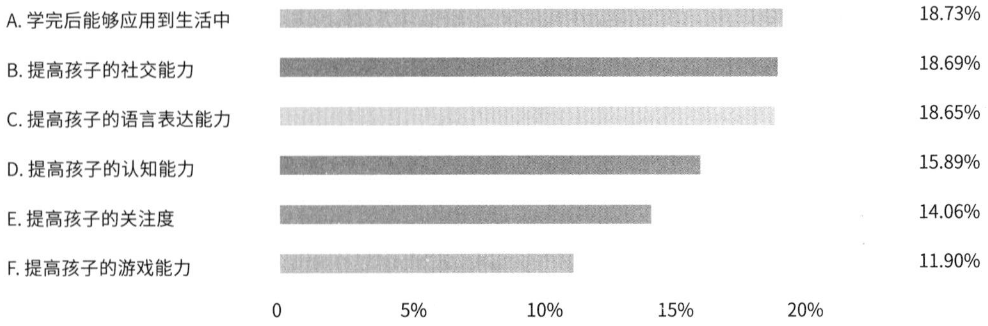

图 2–86 家长看中人机互动游戏的哪些方面

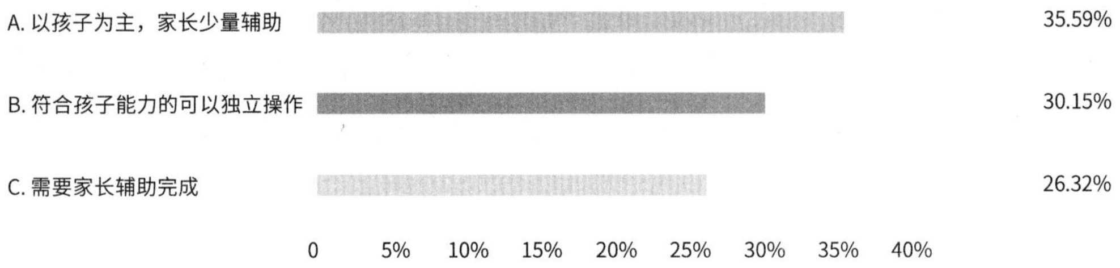

图 2–87 人机互动游戏是否可以由孩子独立操作

3. 发展障碍儿童家长对学校教育的需求

当家长被问到对于儿童接受教育起到关键作用的学校因素时，12.87% 的家长认为，“遇到与我孩子相关的突发事件时，学校 / 幼儿园处理方式得当”是非常重要的因素，占比最高。其次是“学校 / 幼儿园能够向教师提供融合教育培训”“校长和学校领导做出过重视融合教育的举措”以及“学校 / 幼儿园主动建立积极家校关系”。

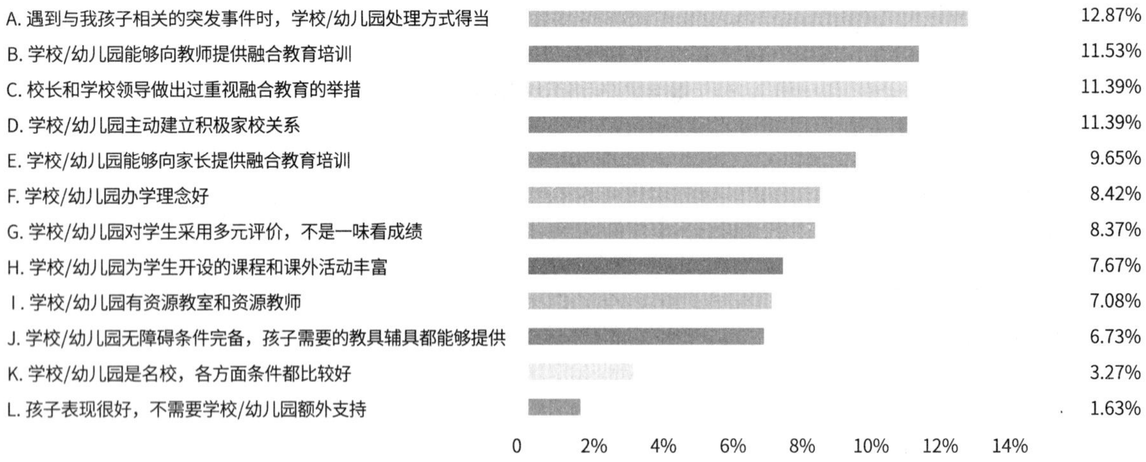

图 2–88 对于儿童接受教育起到关键作用的学校因素

当家长被问到对于儿童接受教育起到关键作用的教师因素时，21.94% 的家长认为，“有特殊教育专业背景的教师”是非常重要的因素，占比最高。其次是“班主任不放弃我的孩子，对孩子有积极的期待”“班主任教师态度好，遇到事情努力找解决办法”。

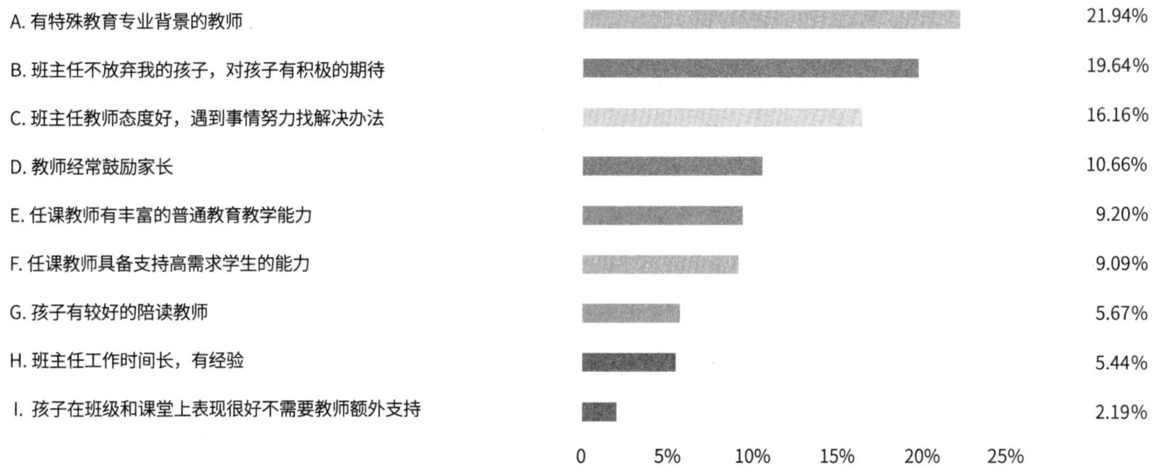

图 2–89　对于儿童接受教育起到关键作用的教师因素

可以看到，发展障碍儿童家长非常看重学校和班主任在遇到突发事件时的处理态度和能力。同时，希望孩子的老师是具有特殊教育背景的老师，以及学校能够给老师提供融合教育的培训等一系列促进融合教育的举措。

综上，针对于发展障碍儿童和家长的需求，我们建议，政府层面，应继续重视对发展障碍儿童家庭的经济帮扶，提高发展障碍儿童利用康复服务的补贴额度，探讨将儿童康复纳入医保等制度；同时，学校层面，加强对教师群体，尤其班主任的特殊教育和融合教育培训，建设包容、接纳的教学环境。此外，康复机构要积极拥抱数字化转型，为提供更高效、更优质的康复服务而努力。

（吴美琦　吴丹丹）

第五节　生存现状——大龄孤独症患者调查

孤独症群体数量庞大，然而社会关注度有限。更多时候，社会的目光聚焦于小龄孤独症儿童，甚至一部分人会误认为孤独症是一种独属于儿童的疾病。事实上，随着时间的推移，与普通孩子一样，罹患孤独症的孩子也会一天天长大，和大多数普通人一样面临人生的不同阶段：入学、青春期、职业发展、工作、养老等。人生的每一个阶段，孤独症的孩子都会比健康同龄人走得更加艰辛，也需要更多的支持。甚至有调查显示，比起小龄时期，孤独症患者在进入青春期和成年期后，会面临更难以克服的问题。对孤独症谱系障碍人士的支持也被世界卫生组织（WHO）界定为需要大众关注的公共卫生问题。然而，对于大龄孤独症患者全生命周期的发展，究竟需要哪些类型的支持以及何种模式的支持，目前仍未有定论。本文的大龄孤独症患者指 15 岁及以上的孤独症患者。

为更加详细地了解大龄孤独症群体的生存现状，提供更具针对性的支持服务，我们发起了“大龄孤独症现状调查”。本次调研，首次从大龄孤独症群体的个人健康状况、就业情况、社交现状、家庭支持以及外界支持等多个角度，全面收集和分析了这一群体的发展现状。在此次调研当中，共收集问卷 161 份，剔除无效问卷 17 份，有效问卷共为 144 份。

一、人口学统计结果

参与调研的大龄孤独症谱系障碍的年龄分布：平均年龄为 22 岁，最大年龄 38 岁，最小年龄 15 岁，成年占比为 94%。

完成问卷调研的男女比例约为 4∶1，这与孤独症在人群中的患病性别比例相符合。

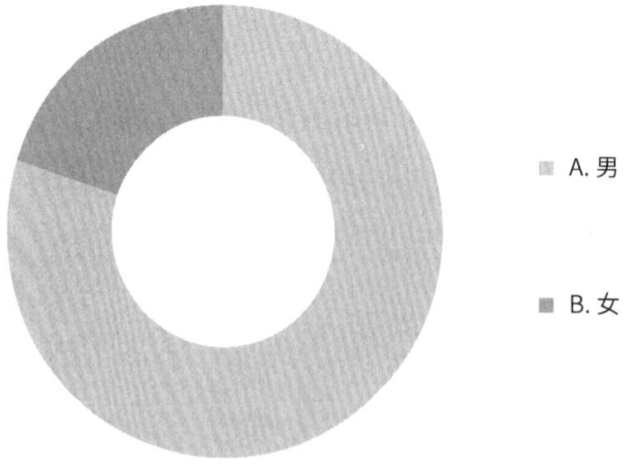

图 2–90　参与调研的大龄孤独症谱系障碍性别分布

调研群体居住地分布：

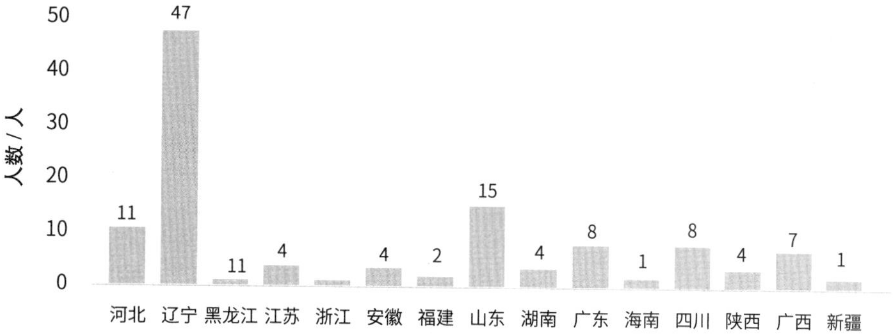

图 2-91　被调查个体省份分布

二、大龄孤独症谱系障碍个体健康状况

1. 整体满意度

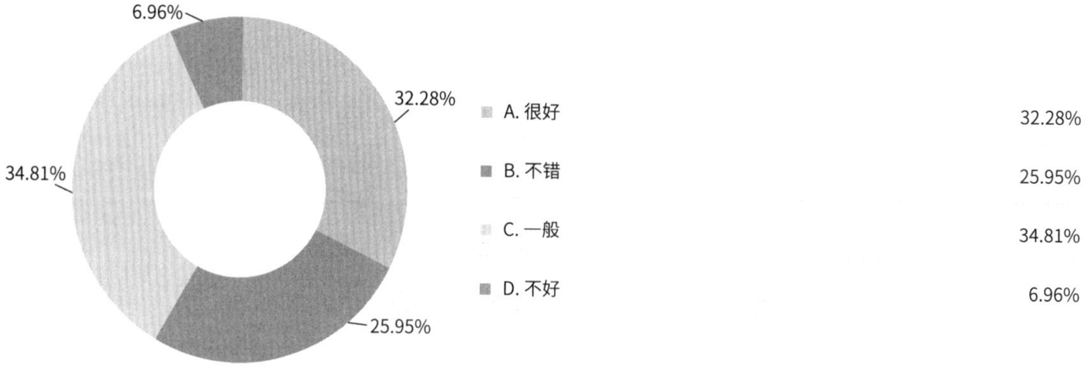

图 2-92　大龄孤独症谱系障碍对本人健康状况满意度

超过半数的填写人认为自身的健康状况还不错，但也有 34.81% 的群体觉得自己目前身体一般，6.96% 的人群觉得自己目前身体不太好。

2. 精神健康状况

虽然大部分群体认为自身身体状况尚可，但在心理健康状况上，则没有那么乐观。从统计结果看，36% 的个体存在不同种类的心理或精神障碍，更有 11% 的个体患有超过 2 种精神疾病。而横向比较来看，孤独症谱系障碍在心理疾病上的发病率也远高于普通人群。如下图 2-94 所示：根据国家卫健委于 2020 年公布的国民心理健康状况统计结果，焦虑障碍在人群中的患病率为 4.98%，而这一数字在孤独症谱系障碍群体中则达到了 16%。抑郁障碍人群中患病率为 2.1%，孤独症谱系障碍中则高达 7%。

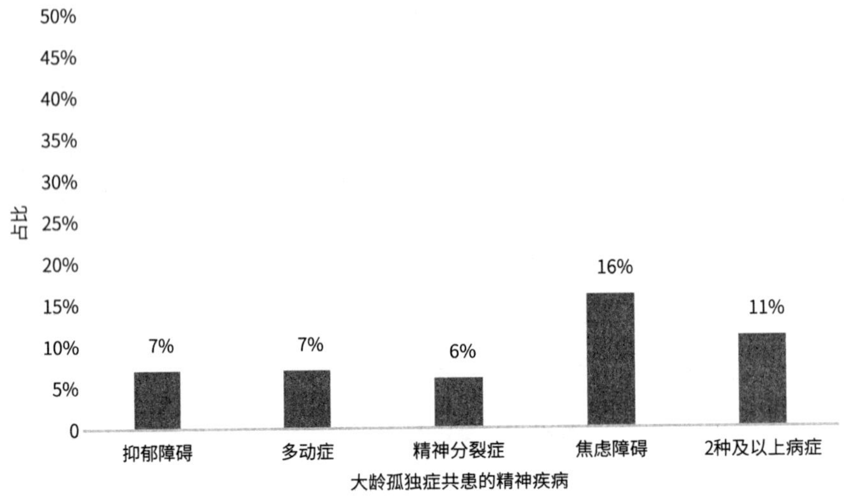

图 2-93　大龄孤独症群体精神健康状况

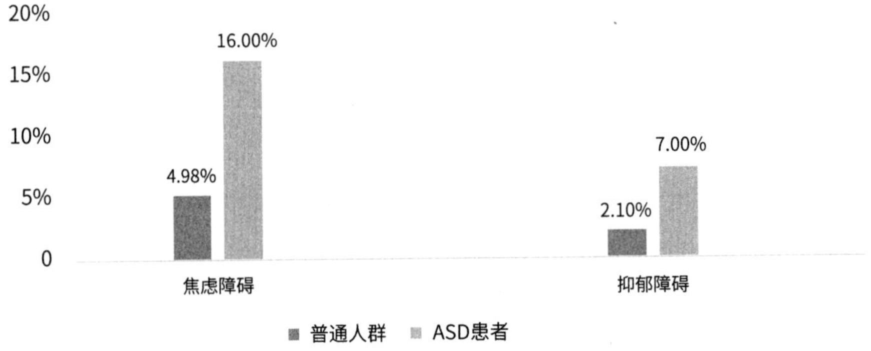

图 2-94　不同人群精神及心理障碍罹患比率

3. 躯体疾病

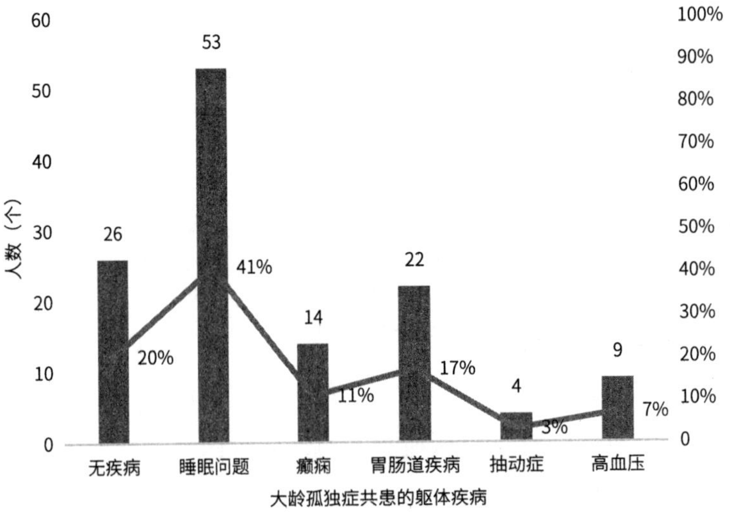

图 2-95　大龄孤独症群体身体健康状况

根据被调查群体的反馈，大龄孤独症群体中约有 80% 的个体患有不同程度的躯体疾病。其中三种最为常见的包含：睡眠问题、胃肠道疾病及癫痫。约有 11% 的个体伴有共患病 – 癫痫，胃肠道疾病的患病率高达 17%，41% 的个体有睡眠问题的困扰。

三、大龄孤独症谱系障碍个体居住情况

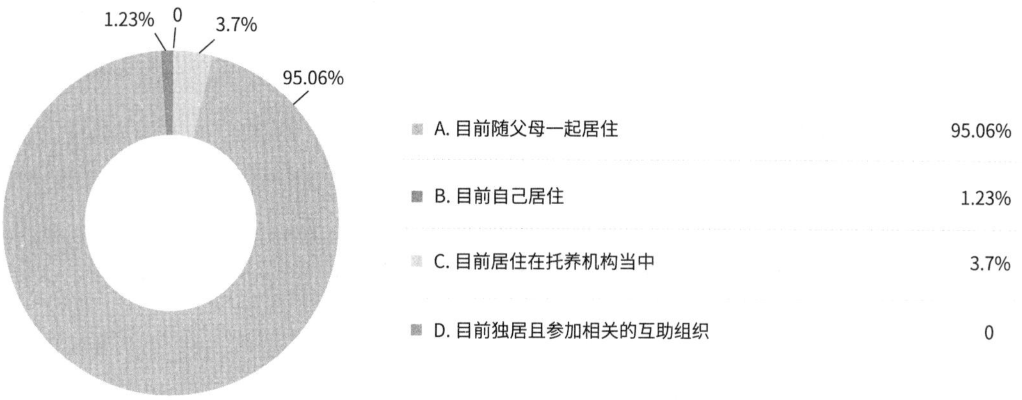

图 2–96 大龄孤独症谱系障碍个体居住情况

结果显示，目前绝大部分个体都与父母居住在一起，极少有可以在托养机构或者独立居住的情况。少数群体选择在托养机构中居住。

1. 婚姻状况

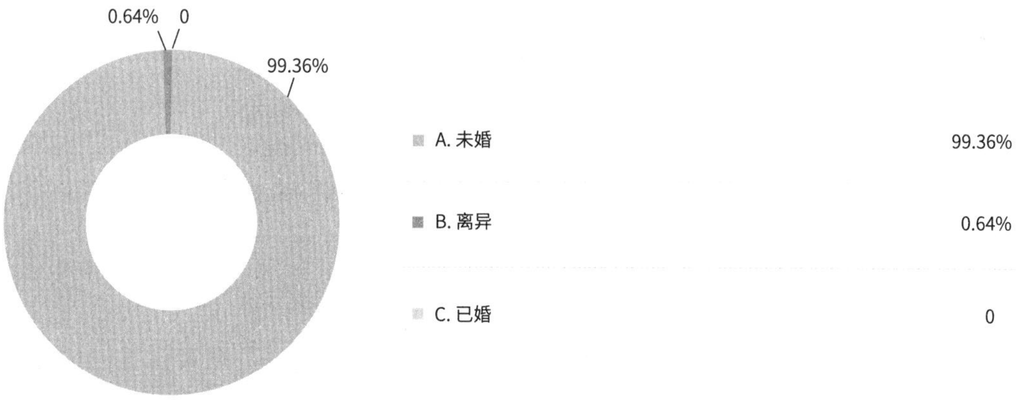

图 2–97 婚姻状况

以适婚年龄为准，目前孤独症谱系障碍个体几乎 100% 未婚。反映了该群体难以找到终身伴侣。这样的结果也印证了家长们所担忧的事情，在自己年老甚至过世之后，孩子会面临无人照顾的情况。

2. 干预历史

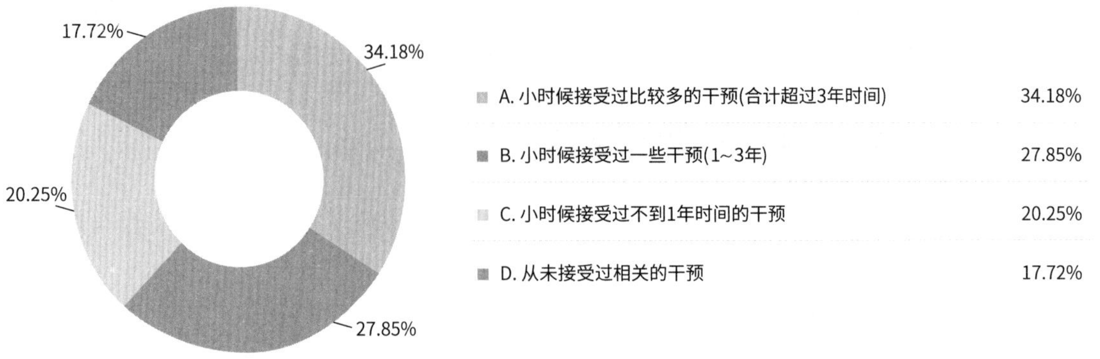

图 2–98　干预历史

追溯大龄孤独症群体的干预历史，不难得出大部分人在幼龄时期接受过干预，且超过半数的群体接受过较长时间的稳定干预。

四、大龄孤独症谱系障碍个体家庭状况

1. 家长工作状况

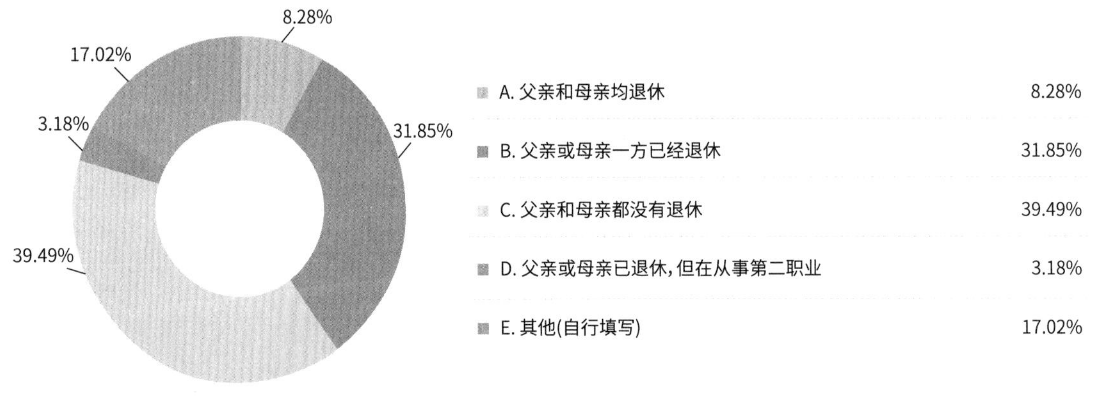

图 2–99　家长工作状况

由于目前我国大龄孤独症群体依旧以父母抚养为主要方式，因此家庭工作情况及收入来源对整体生活质量也有着很大的影响。在被调查者中，39.49% 的父亲和母亲都没有退休，31.85% 的父亲或母亲一方退休，8.28% 的父亲和母亲均退休。

2. 家庭生活整体满意度

对于生活满意度来说，3.21% 的家长对于家庭生活非常满意，23.08% 的家长对于家庭生活比较满意，33.33% 的家长对于家庭生活满意，28.21% 的家长对家庭生活比较不满意，12.18% 的家长对家庭生活非常不满意。

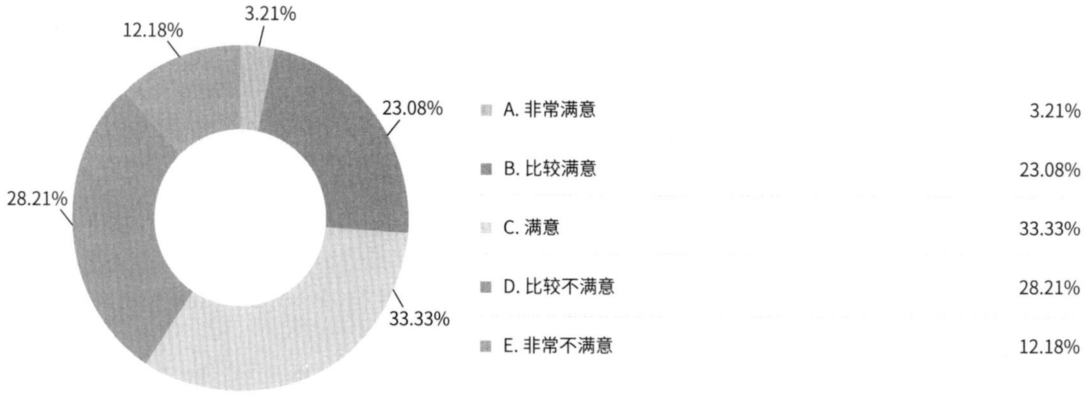

图 2–100　家庭生活整体满意度

3. 家庭收入

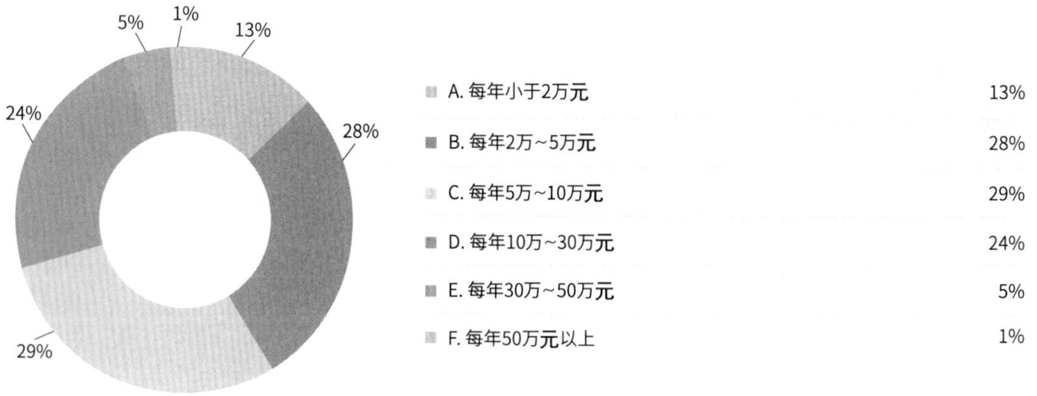

图 2–101　家庭收入情况

在罹患孤独症的家庭当中，70% 家庭的收入不足 10 万。并且，不少家庭表示，由于需要照顾孤独症个体，夫妻一方会辞退工作专职照看孩子，这样也对家庭收入和整个家庭生活质量造成了一定程度的影响。

4. 家庭对于前景的担忧

在参与调查的家庭当中，大部分家庭最为担心的问题集中在孩子未来的就业、养老和生活三个方面。其中，68% 家庭对于孩子未来的养老问题感到担忧；在就业问题上，被调查者中 65% 家庭表示担心。还有少部分家长担心未来孩子的婚恋问题。

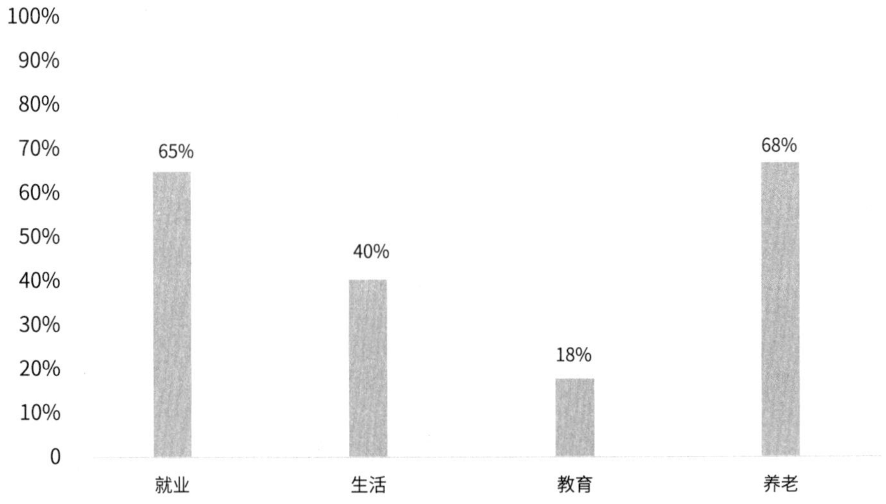

图 2–102　对大龄孤独症群体的担忧

五、大龄孤独症谱系障碍个体教育及就业情况

这一模块主要调研了大龄孤独症群体的教育历史、学历情况、接受过的就业培训以及目前的就业情况。通过这一部分的内容，得出目前这一群体整体受教育情况和就业水平。

1. 受教育情况

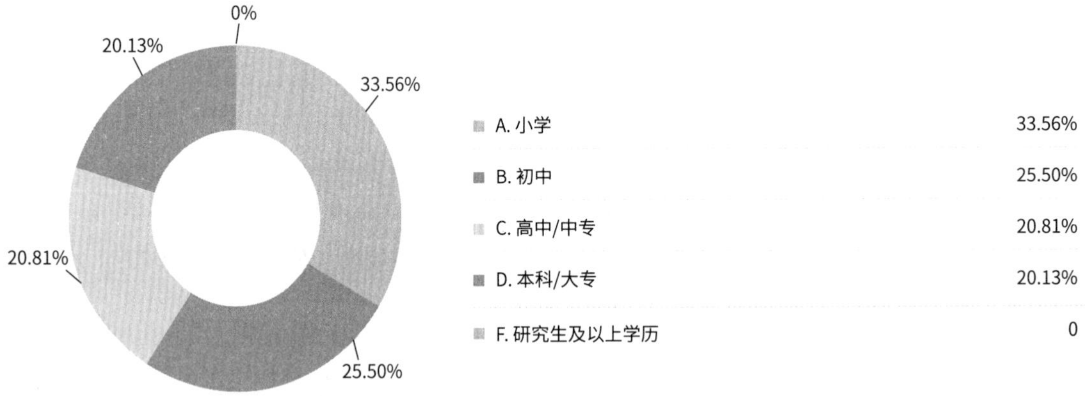

图 2–103　受教育情况

整体而言，孤独症谱系障碍群体目前受教育水平约有 59.06% 为小学和初中水平。而研究生及以上水平则为 0 人。

2. 职业教育培训状况

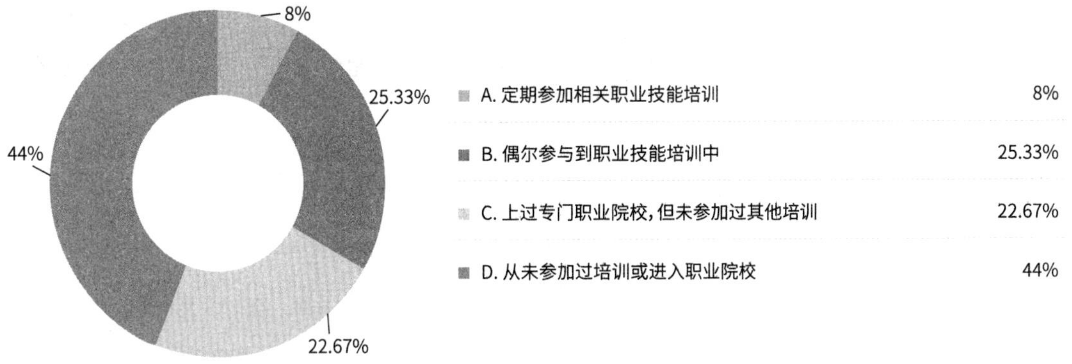

图 2-104　职业教育培训状况

从调研结果来看，仅有 56% 的大龄患者参与过职业教育培训，且绝大部分并没有接受过与职业相关的定期培训，这样的结果也可能一定程度影响到目前群体的就业情况。

3. 工作情况

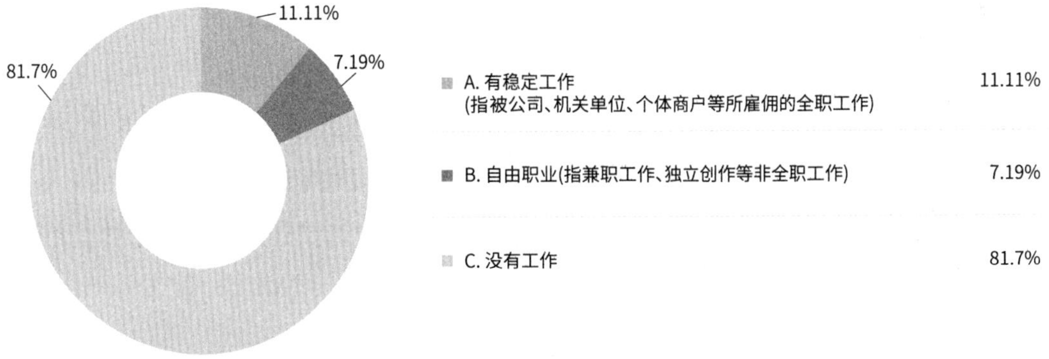

图 2-105　工作情况

在参与调研的群体中，被全职雇佣有稳定工作的群体仅占 11.11%。还有一小部分的群体（7.19%）处于自由职业，而主流群体是没有工作的。

4. 对于工作的担忧

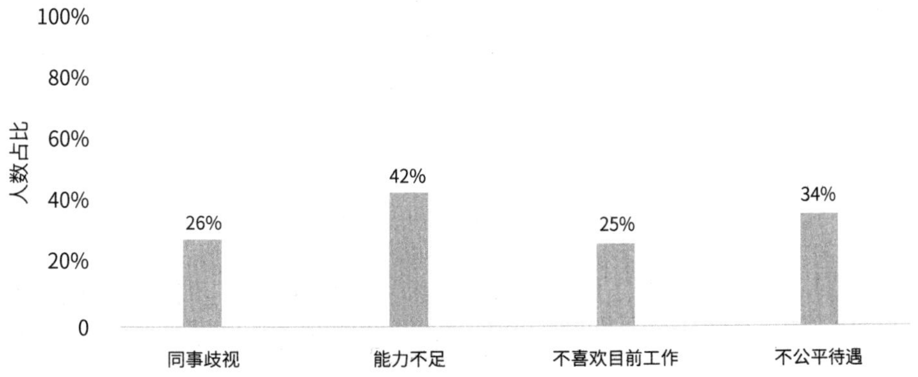

图 2-106　大龄群体对工作的担忧

在调研中，仅有18%的个体是有一定收入来源的。而这一部分群体当中，对于工作比较满意的也仅占很小一部分。大部分个体的家长都对孩子的工作存在不同程度的担忧，特别是集中于未来可能遭受到的歧视压力，孩子自己的能力无法胜任工作以及受到不公平待遇等。

六、大龄孤独症谱系障碍个体社交状况

1. 交友情况

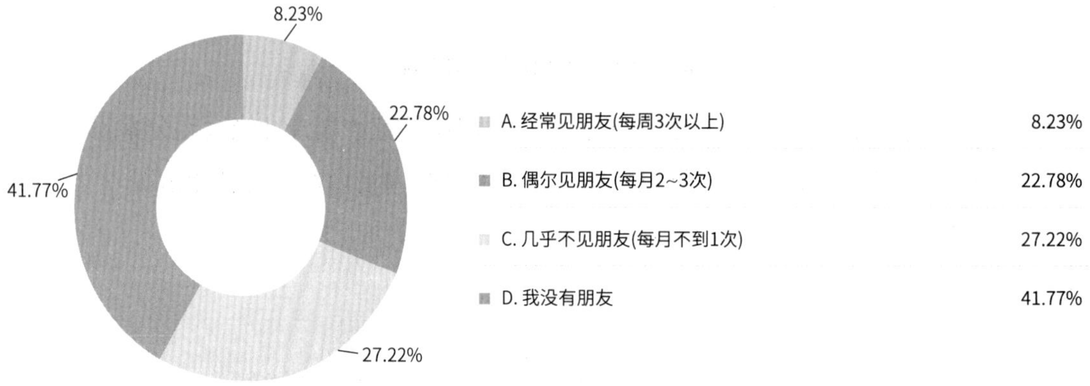

图2–107　交友情况

调查结果显示，41.77%的大龄孤独症患者表示没有朋友，仅有8.23%的个体能够较为频繁地与朋友接触。

2. 线上交友沟通

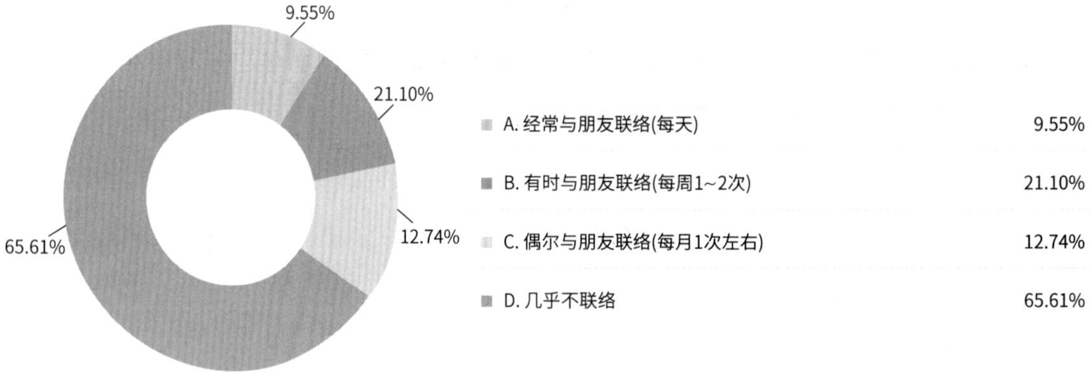

图2–108　线上交友沟通情况

除了与朋友见面情况的调查，我们也调研了孤独症群体线上与朋友联络的频率。调查结果显示，大部分个体几乎不与朋友通过线上形式联系。仅有9.55%的人会每天与朋友联络。

3. 活动受邀情况

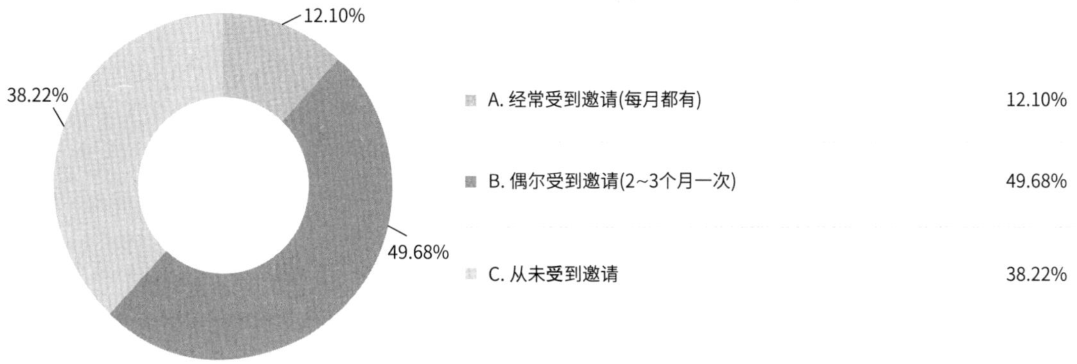

图 2-109　活动受邀情况

日常被邀请参与一些社交的活动是大部分人生活的重要组成部分，比如和朋友聚餐、去亲戚家中做客等。而这样看似日常的活动，大部分的大龄孤独症人士却很少享受到，调研结果显示仅仅有 12.10% 的人是每个月都有机会参与这样的活动，也就是说绝大部分人没有与除了家人之外的外界群体社交的机会。并且，很多研究调查也表明，与其他精神障碍相比，孤独症谱系障碍患者最容易遇到被社交隔离的情况。

4. 社交满意度

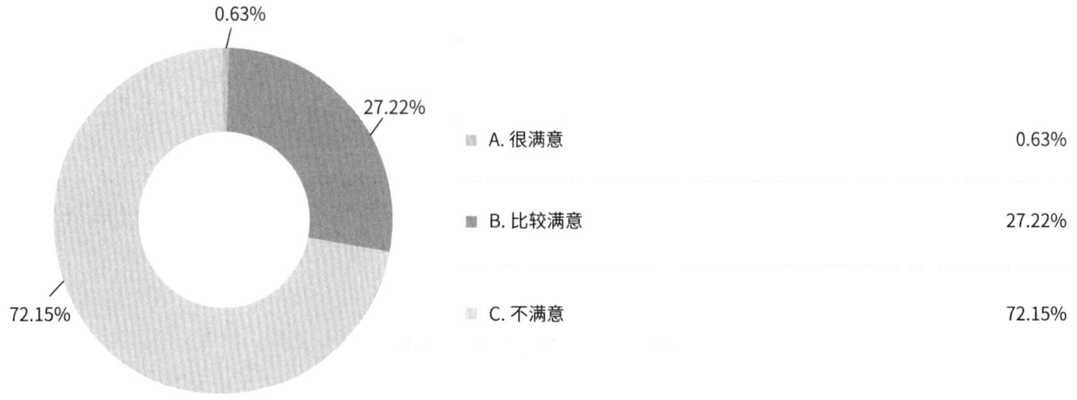

图 2-110　社交满意度

72.15% 的家长对于孩子目前的社交整体状态是不满意的。

七、大龄孤独症谱系障碍个体的外界支持

1. 来自家庭的照顾

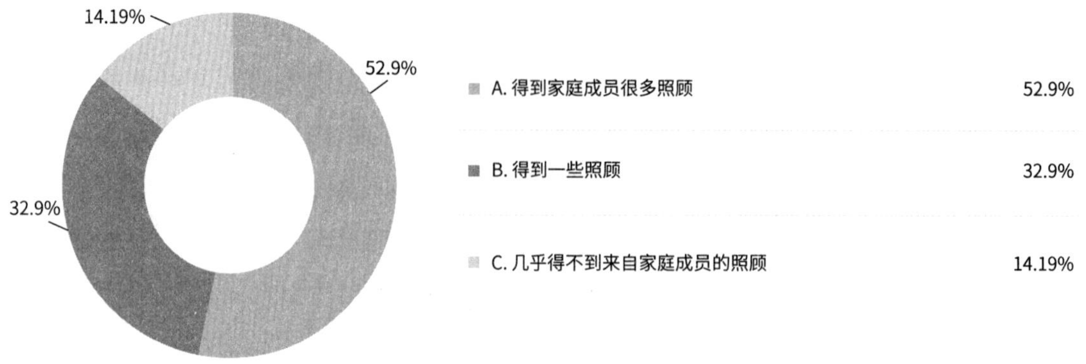

图 2–111　来自家庭照顾的情况

从调研结果看，大部分孤独症谱系障碍群体是可以得到来自家庭成员的照顾的。仅有14.19% 的群体完全得不到照顾。

2. 社会情感支持

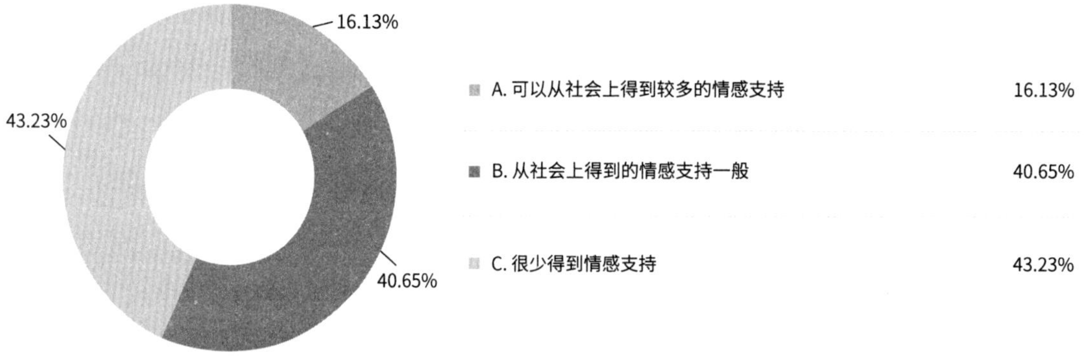

图 2–112　社会情感支持情况

孤独症谱系障碍群体在人群中处于弱势，需要全社会从各方面的不同支持。而从情感支持的角度来说，大部分家长认为孩子并没有从社会得到相应的支持。

3. 社会物质支持图

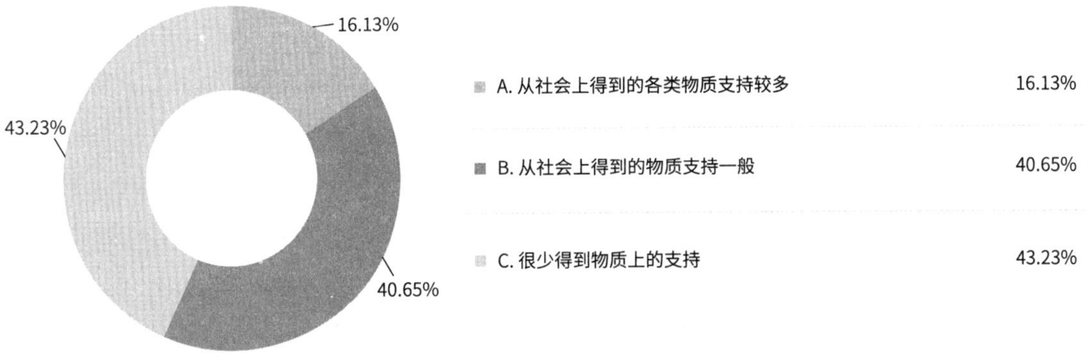

图 2–113　社会物质支持情况

由于大部分的谱系障碍孩子往往需要家庭从物质和经济上提供更多的支持，且不少家庭夫妻一方要全职照看这样的孩子，因而物质和经济保障上往往捉襟见肘。本次的调研结果显示，超过 83.88% 的家庭认为自己不太能够从物质上得到额外支持。仅有 16.13% 的家庭认为从社会上得到的支持是相对丰富的。

4. 地方政策性支持

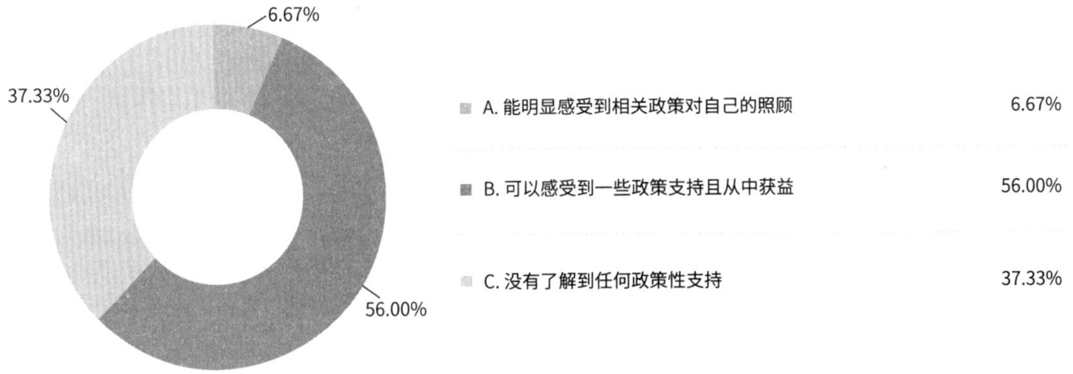

图 2–114　地方政策性支持情况

从政策性支持的结果可以看出，大部分家庭能够感受到政策上的支持，并且相当一部分群体已经在这些支持当中受益。

八、总结：大龄孤独症患者的生活样貌及政策建议

根据调研的结果，大龄孤独症患者目前的生活状况也有了较为清晰的展示：

大部分患者在成年后依旧与父母同住，生活来源主要依靠父母的支持，没有稳定工作，也极少与朋友进行社交活动。父母主要担忧随着自身年龄的增长无法全面地照顾子女。

关于家长们想要得到的帮助一题当中，家长们提出了以下方面的建议：

1. 将罹患孤独症谱系障碍的个体纳入到社会保障，如“居民最低生活保障”当中。这样

可以让孩子的生活有最为基本的支持。

2. 希望整个社会对孤独症谱系障碍的个体有着更为包容的态度，更多的人可以认识和接纳这一群体。

3. 希望政府能够出台相关政策，完善孤独症谱系障碍个体的保障性就业，让特殊个体也能够凭借劳动支持自己的生活。

4. 对于未来谱系障碍群体的养老问题，可以有更具保障性的方案。

（一）心理与社交支持

超过30%谱系障碍患者同时罹患其他精神和心理疾病。

根据调研结果，大龄孤独症谱系障碍产生心理和其他精神疾病的概率要显著高于普通人群。这样的问题不仅出现于我国，英国剑桥大学于2020年发布的相关调查结果也显示，这一群体罹患其他心理疾病的比例远高于普通群体。这一报告还指出，大龄孤独症谱系障碍心理问题暴发的高峰期往往处于从未成年人的照顾系统向成人化迈进的过程当中。在这个特殊的阶段，家长在照看孩子的心态上往往也会发生变化，再加上一系列社会保障会出现以年龄为标准的时间节点，导致不少个体和家庭都会从能够拿到一定的经济补助到失去这样的补助机会。这样的一些外界变化，都有可能导致个体心态上发生变化。本次调查则发现不同年龄段患有其他精神障碍或心理疾病的占比均高于30%，这样的调查结果也提示了我们需要投入一定的心理支持在大龄孤独症群体上。

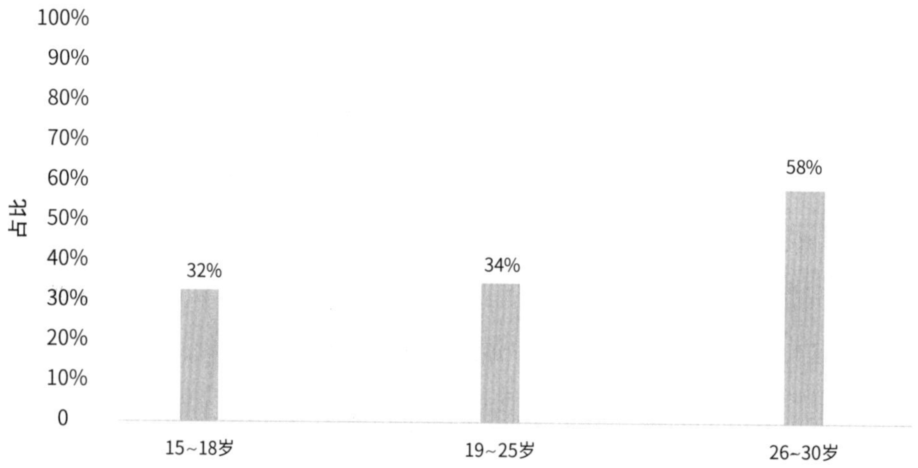

图 2-115　不同年龄段患有其他精神障碍占比

目前，针对这一特殊群体的心理支持系统在国内尚不成熟。部分有条件的家庭会定期带孩子访问心理或精神科医生。在针对这一障碍的药物治疗上，数据显示仅有16%的个体正在服用精神疾病类药物。在美国等发达国家，面对大龄孤独症的精神健康问题除定期拜访相关医生以外，较为常见的模式是社区心理支持系统（Community Mental Health System）。在这样的系统当中社区里有专门的心理治疗师，除支持孤独症群体外也同时支持片区的其他人群。而在治疗方法上，使用较多的则是认知行为疗法（Cognitive Behavioral Therapy）。

（二）生活支持

调研结果显示，在大龄孤独症群体的支持类型需求中，针对于患者在生活方面的支持呼声也非常高，有超过 40% 个体认为这一群体在生活上需要更多的帮助。整体来说，由于群体年龄不同以及能力高低的不同，对于群体生活上的支持也需要具备多样化的特点。例如，能力较弱的患者可能在生活自理上存在困难，需要他人的贴身照顾；有的患者具备基本的生活自理技能，但尚不能独立居住。不同需求层级的患者，应该对应不同等级的支持。例如，在美国，大龄孤独症群体根据能力不同，居住和支持条件也是有所不同的：

督护居住 / 生活（Supervised Living）：督护居住 / 生活类似于小组家庭，这样的形式下孤独症患者可能和提供支持的人一起生活。但是，支持者并不会对居住的患者提供特别多实际支持（直接帮助患者完成事项），而是以督导者的角色，教授和监督患者获得独立生活的技能。

小组家庭（Group Home）：能力尚可的成年个体通常会搬离父母家，进入“小组家庭”，在这样的社区家庭里，有固定的居住同伴、也有专职的社工人员进行照料。

托养机构（Institution）：能力较弱的个体则会与家庭成员一起居住或者进入托养机构。在托养机构当中，个体能够获得比社区家庭更多的帮助。

而在我国，也需要根据国情建立针对不同能力群体的生活支持体系，为大龄孤独症患者创造恰当支持的生活环境。

（三）就业支持

目前超过 80% 大龄孤独症个体没有任何依靠工作的收入来源。

尽管我国对于残疾人就业已经提供政策支持，但是大龄孤独症群体的就业情况并不乐观。有超过 80% 的个体目前处于没有任何工作收入来源的情况。而在不足 20% 的具有劳动收入的群体中，还有相当一部分只能依靠零散的自由职业获得收入。具有稳定全职工作的个体仅占整个群体的 10% 左右。在职业培训上，仅有 8% 的群体会固定参加相关的技能培训。

根据调查结果中家长们所填写的工作种类，大部分有工作的个体目前所从事的工作以简单、重复性较强的劳动为主，如：烘焙、档案整理、制作手工艺品、库房管理等。

大部分家长所期望孩子能够接受的职业培训和对于未来的职业期待也与简单劳动密切相关。例如，希望孩子能从事简单的手工、可以有稳定的朝九晚五的工作。而在职业氛围的期待上，家长们则希望在工作中能够得到同事的理解与包容。

（四）对行业的整体启示

1. 在就业支持工作方面，简单工种和艺术创作的职业培训主题可以作为发展方向。

2. 在心理支持上，建立针对特殊大龄群体的社区心理支持系统。

3. 在生活支持上，需要建立与父母同住以外的独立生活环境，一方面缓解家庭压力，另一方面锻炼患者独立生活的能力。

最后，当问到认为孩子目前还需要哪些支持的时候，家庭对于社会有着多样的期待。大部分家庭所关心的政策倾斜问题，在其中也有家长描述了具体的期待，例如希望孤独症谱系障碍的孩子在成年以后有获得低保（最低收入保障）的资格。还有许多家庭期待给这个特殊的群体更多就业培训的机会，让孩子在未来能够自食其力，减轻家庭负担的同时也减轻社会负担。此外，许多家庭都希望对于这个特殊的群体，社会能够多一些包容和理解，少一些歧视和冷眼。

前人栽树后人乘凉，对于大龄群体的关注和支持推动同样是为了当前小龄孤独症群体的未来提前做好准备。如同家长们所期盼的，我们也呼吁全社会能够包容和理解这样的群体。

（**周雅文**）

第三章

研究报告

第一节　融合教育背景下特教助理教师培养机制研究

孙颖[1] 王善峰[2] 陈瑛华[2] 陆莎[2] 朱振云[2]

经过多年发展，当前北京市融合教育进入由宣导、推广向扩大规模与提升质量的内涵式发展阶段，体制机制及支持保障等方面的挑战和需求日益凸显。《北京市特殊教育提升计划（2017—2020年）》提出，“坚持融合发展理念，强化融合教育主体地位”“提升特殊教育质量”“构建融合教育专业服务网络……为学区内普通中小学开展融合教育提供支持”等相关要求，提出“坚持优先发展，……特教特办……创造条件给予残疾儿童少年特别关爱、特别扶助和优先保障”“坚持群策群力……加强学校、家庭、社会紧密合作，引导社会力量补充和丰富特殊教育供给”等工作原则和指导精神。“融合教育背景下特教助理教师培养机制研究”课题的开展，正是聚焦融合教育背景下专业支持人员的专业要求、培养课程、入校支持实践规范等开展研究，以期为新阶段加强融合教育的专业支持做出探索，为相关专业机构培养、培训特教助理及有效进校开展专业支持提供指南及参照，更好地帮助到有实际需要的接受融合教育的残疾儿童少年及其家庭、班级和学校。

一、研究概况

（一）研究背景与意义

在政策的有力推动和实践的快速发展下，普通教育学校已经成为融合教育的主体力量。在已经“就位”和“履职”的基础上，如何“尽责”、保障“质量”，从政策保障、体制机制建设到实践实施运行，都还有亟待加强的薄弱之处。加强融合教育专业支持体系，是系统、长期、广泛的事业发展需求，需要相关研究和实践深入、有机、持续地有效推进。

特教助理（也称陪读教师或影子教师），作为融合教育专业支持体系中一种方式，在发达国家和地区已有相关政策保障和机制化推进，在北京市融合教育实践中也有一些初见成效的践行，且有需求增加的趋势。但从整体上看，当前北京市及国内特教助理的培养、培训尚缺少专业要求，培训培养质量还参差不齐，进入普通教育学校提供融合教育专业支持尚缺乏规范，专业支持质量及成效评估尚缺少客观评价指标及评估机制。这些不足，不仅在实践中制约特教助理专业支持工作的开展，也在政策及师资培养培训中制约了支持保障体系建设和专业队伍的建设，进而影响了对残疾儿童少年的专业支持服务。

（二）研究内容

本研究主要包括以下三方面内容：

1. 研制融合教育背景下特教助理教师的专业要求。

1　孙颖，北京教育科学研究院特殊教育指导中心主任。
2　王善峰，陈瑛华，陆莎，朱振云，北京市教育科学研究院特殊教育指导中心科研人员。

2. 研制特教助理教师培养课程设计方案。

3. 研制特教助理教师在普通教育学校专业支持实践方案（规范）。

以上三个方面相互关联，互为支撑：内容1为特教助理教师确立所应达到的岗位专业要求（标准），内容2为如何培养、培训合格的特教助理教师提出课程方案，内容3结合实践行动研究为特教助理教师进校开展专业支持提供规范流程及具体实操指南。

（三）研究方法

1. 比较研究

聚焦特教助理人员的专业标准及培训培养课程，对美、欧等发达国家及地区、我国大陆发达地区，对特殊学生的陪读情况及相关研究情况做了比较研究，以探求国内外先进经验与做法，为研究打开国际视野，提供广阔思路。

2. 实证调查

在比较研究的基础上，同步开展了实证调查研究，编制调查工具（问卷、访谈提纲、观察表等），通过座谈访谈法、问卷调查法、观察法等多种方式，收集学生陪读情况信息。

（1）座谈访谈法：选取3个具有代表性的区、6所具有代表性的学校，对区特教中心分管干部、学校班主任、科任教师、学生家长、学生等不同利益相关主体分别进行访谈，并组织开展了专题座谈会，访谈人员30余人。另外，还到2个特教助理培养机构，对特教助理教师的培训培养问题进行专题访谈。

（2）问卷调查法：配合座谈及访谈情况，编制了教师、家长调查问卷，借助相关工作开展及本课题专项调查等，就学校教师态度及评价、家长意愿及需求等在全市范围开展了调查。

（3）观察法：编制观察记录表，走进普通教育学校有陪伴就读学生所在的班级，通过听课、观察等形式，深入观察了解特教助理作用发挥情况。先后到6所学校（皆为小学）进行实地观察研究。

表3–1 实地观察研究开展情况一览表

编号	区名	学校	调查内容
1	朝阳区	朝阳区A小学	听课、座谈、访谈、课间观察等。
2		朝阳区B小学	
3	石景山区	石景山区A小学	
4		石景山区B小学	
5	通州区	通州区A小学	
6		通州区B小学	

3. 专家咨询

在调研的基础上，课题组基于比较研究、理论研究等，初步构建了特教助理专业要求及培训课程，并研制了入校工作规范。然后，课题组邀请来自高校及科研单位教科研人员、区级特教指导部门、普通学校融合教育工作主管干部，以及陪读人员、家长等具有代表性的专家和利益相关者进行评审，提出修改意见建议，课题组再予以进一步修订及调整，保障研究成果的专业性。

二、研究发现

（一）普通教育学校教师对陪读人员专业能力的需求

调查结果显示，班主任教师认为陪读人员应满足的最为重要的素质要求就是品德 / 人品，其次是实践能力，然后是沟通能力，排名第四的是专业能力，排名第五的是人格特质 / 性格，排名第六的是专业背景 / 资质，排名第七的是待人接物的方式，排名第八的是学历，排名最后的是外在特征（身高、体重、相貌、穿着打扮等）。如表 3–2 所示（选项的顺序按平均综合得分由高到低排列，满分为 10）。

表 3–2　班主任教师认为陪读人员应满足的最为重要的素质一览表

选项	平均综合得分
品德 / 人品	6.82
实践经验	6.12
沟通能力	5.74
专业能力	5.41
人格特质 / 性格	4.56
专业背景 / 资质	4.4
待人接物的方式	1.05
学历	0.93
外在特征（身高、体重、相貌、穿着打扮等）	0.08
其他，请写明:	0.02

对于相关专业能力，调查结果显示，班主任教师认为陪读人员最需要具备的能力就是情绪和行为问题处理能力，其次是特殊教育评估能力，然后是个别化教育方案制定与实施的能力，排名第四的是对儿童能力进行观察和描述的能力，排名第五的是沟通协调能力，排名第六的是普通教育教学的能力，排名第七的是合作能力，排名第八的是链接资源的能力，排名最后的是特长才艺，如表 3–3 所示（选项的顺序按平均综合得分由高到低排列）。

表 3-3　班主任教师认为陪读人员应满足的能力要求一览表

选项	平均综合得分
情绪和行为问题处理能力	7.99
特殊教育评估能力	7.46
个别化教育方案制定与实施的能力	5.94
对儿童能力进行观察和描述的能力	5.44
沟通协调能力	5.42
普通教育教学的能力	1.83
合作能力	1.68
链接资源的能力	0.2
特长才艺	0.18
其他，请写明：	0.01

（二）相关利益方对陪读人员能力素养的需求与期待

访谈发现，学生家长、教师及管理干部，对特教助理应具备的能力素养，与大范围的问卷调查比较一致，但更加具象。

爱与品德是第一位的。“爱孩子”“懂孩子”“理解孩子”“站在孩子的角度去想”“对特殊孩子有爱心、耐心，细心”“最重要的是要对孩子特别有耐心，特别有爱心、有耐心，心理素质要好”这些素养被各方首要推崇。“最关键的是必须懂这个孩子的特殊之处，因为毕竟每个孩子是不一样的”，多位被访谈家长做了类似表达。

专业性是普遍第二关注的。“专业性很重要，尤其是针对发育迟缓、孤独症等儿童的教育方法和行为干预方法”；被访谈的区级指导人员表示，陪读人员应具备的能力与素养有：行为矫正与行为支持、社会交往的引导策略、学科知识等基本能力和素养，有一定的心理学基础，了解特殊儿童的心理，懂得家长和教师的心理。“特教知识优先，了解特殊教育的整体目标，具备评估学生的能力，知道从特殊教育的角度分析学生需要达成什么样的目标”“从普通教育的角度来讲，知道普通教育的知识，知道特殊学生的知识掌握处在普通教育知识体系中的哪个部分，知道如何引导学生学习……可以通过测评去了解孩子的性格特点，因材施教”“首先管理好这个孩子，把这孩子的行为控制住，对他有一些指引，然后希望能够对我们的老师，尤其是班主任老师，会有一些专业上的指导，让孩子更好地融入到班级当中，对他有一些专业性的指导”。

人际素养及协调能力也被广泛重视。“人际素养要好，要能协调多种关系”“沟通技巧很重要”“陪读教师作为家庭和学校的沟通桥梁，实际的补救是家长自己来做……要能跟家长定期反馈，（帮助家长）做一些家庭教育”。

其他特别重要的一些能力，也被多次提及：比如课堂观察及支持能力、相关资格证书、参与制定个别化教育方案的能力，以及反思改进能力等。被访谈家长提出，“希望陪读教师做课堂观察并做支持”，必要的时候“反馈学业情况，（指导家长）在家里做补救”。有教师提出，希望“进入到学校陪读的人员至少要有康复专业或者特教专业之类的学习背景或者资格证”；有家长希望普通学校教师能为孩子做个别化教育方案，特教助理可以参与并跟进实施。

三、研究成果

在比较研究、实践调查及理论研究，加上广泛征求专家意见的基础上，研制出“融合教育背景下普通学校特殊教育助理人员培养方案”，包括“特殊教育助理人员（岗位）专业要求”“特殊教育助理人员培养课程”“特殊教育助理人员入校工作基本规范”三项研究成果。

（一）特教助理人员（岗位）专业要求

特教助理人员（岗位）专业要求，分为三大领域：专业理念与品德、专业基础能力、岗位实施能力。每个领域再具体分为不同的要求点、细化出具体要求，总计 15 项主要要求、50 余条具体要求，基本涵盖了特教助理专业要求的各个方面。主要维度框架如下表所示。

表 3-4 特教助理岗位专业要求主要维度表

领域	主要要求
A 专业理念与品德	A1 职业理解与认识
	A2 对特殊需要学生的理解与认识
	A3 个人品德与职业道德
B 专业基础能力	B1 普通教育基础能力
	B2 特殊教育基础能力
	B3 教育心理学基础能力
C 岗位实施能力 （岗位工作能力）	C1 沟通与协作能力
	C2 记录与辅助评估的能力
	C3 工作计划制定和执行能力
	C4 引导学生参与集体的能力
	C5 指导学生基本生活的能力
	C6 遵照计划开展基本教育康复训练的能力

（二）特教助理人员培养课程设计方案

特教助理人员培养课程设计方案，其特点可以概括为“两类型，三阶段，五模块”。

“两类型”指本课程旨在面向普通中小学中特殊需要学生行为支持和学业支持两种具体需求，将培养行为支持类特教助理、学业支持类特教助理作为课程培养目标。

“三阶段”指课程设计从促进特殊需要学生行为问题解决、能力提升和学业促进三个维度出发，形成初级、中级和高级三阶段阶梯式培养课程。按照特教助理的能力要求和相关地区经验，特教助理候选人完成初级课程或中级课程的学习，通过考核其证明具备处理特殊需要学生行为问题（初级水平）、促进特殊需要学生能力提升（中级水平）的能力可从事行为支持相关的工作，但涉及学业支持的特教助理候选人，需完成高级课程并通过考核方可从事学业支持相关的工作。

“五模块”是指在初级、中级和高级特教助理课程培养框架中均包括专业知识、专业技能、实践操作、督导和考核五个模块的培养环节，完成各模块下的具体课程内容，见表3–5。

表3–5　三级课程内容及学时整体设计一览表

模块		初级课程	中级课程	高级课程
	总学时	100	180	360
专业知识	模块内容 / 学时	32	40	60
	特殊教育知识	12	12	24
	普通教育知识	8	12	12
	教育心理学知识	8	8	16
	特教助理通识素养	4	8	8
专业技能	模块内容 / 学时	28	80	120
	评估与记录技能	6	16	16
	沟通与合作技能	6	20	28
	计划与执行技能	4	20	24
	教育与康复技能	12	24	52
实践操作	模块内容 / 学时	40	60	180
	评估实操	15	20	60
	干预实操	15	30	100
	沟通实操	10	10	20
督导		10学时（实践操作模块）	20学时（实践操作模块）	40学时（实践操作模块）

（三）特教助理人员入校工作基本规范

特教助理人员入校工作基本规范主要分为“基本要求”“服务内容”“工作制度”“质量要求”等四部分，共计30余条，对特教助理人员入校工作的过程、内容、质量及管理制定了基本底线。

“基本要求”部分，主要明确了作为教育工作者需要遵守的职业道德和基本工作规范；“服务内容”部分主要明确了作为助理教师和特殊教育专业支持工作者所应承担的职责和发挥的功能，突出了协助、支持及协作等工作性质；“工作制度”部分主要明确了工作记录、突发事件处理、考核等制度要求；“质量要求”部分主要明确了对工作的过程性及结果性管理要求。四个方面的要求，突出特教助理教师工作的教育性、特殊教育专业化、“助理”的协助功能及工作的底线要求和操作边界，对于指导特教助理人员入校开展工作具有很强的指导作用。

第二节 幼儿园支持性游戏环境下孤独症儿童社会性融合的研究

董佳 吕玲 潘燕生 彭瑾[1]

孤独症儿童的典型特点之一就是社会性发展障碍，其缺陷严重制约着孤独症儿童各方面的发展。本研究旨在通过我园多维度的支持性环境（包括全园、小组、融合班级、个别干预、社会活动等）利用适合的支持性游戏和社会性活动积极促进孤独症儿童社会性发展。研究表明，在幼儿园整体支持性游戏环境下，孤独症儿童的社会交往意识明显提高，社交技巧运用能力有所发展，社会适应能力不断增强。在研究中还发现，普通儿童在与孤独症儿童的社交互动中，其自身在与教师交往、同伴交往、解决冲突等方面的交往行为在逐步提高。这样课题的研究变得更有意义，不仅孤独症儿童受益，普通儿童也得到相应发展。

一、课题研究综述

（一）研究背景

孤独症是一种病因尚未明确的心理和生理疾病，早期的有效干预对促进其行为的正向转变具有积极的意义。近年来，国家与社会广泛关注孤独症方面的研究与动态，以各种形式来支持与促进孤独症儿童的发展，我园在良好的社会背景下，开展对孤独症儿童有效干预的方法研究，效果显著，并一步步进行深入实践探索。

在“十二五”期间，我园在中国和北京学前教育研究会大力支持下，借助课题开展对孤独症儿童的支持性游戏的研究，获得了初步的研究成果，受到专家和学者的充分肯定。在园所里，我们也积极开展了支持性游戏课程的实施运用，发现这种游戏形式是针对孤独症儿童缺陷补偿的一种行之有效的干预训练治疗手段，尤其对改善我园孤独症儿童普遍存在的核心的社会交往方面的障碍具有一定的作用。我们结合“十二五”课题所研究的成果以及我园现已形成的支持性游戏环境背景，积极开展了对孤独症儿童社会性融合的研究。

社会性融合既是融合教育中的重点也是难点。经过对支持性游戏和社会性融合方面文献的检索与分析，至今国内对这两方面的研究还不太系统，往往只是单方面说明某一点，并没有结合起来。而且大部分的研究主要集中在理论和孤独症儿童个案研究层面，针对孤独症儿童在幼儿园融合环境下的研究很少，所以此课题的研究非常及时与实用。

在长期的融合教育实践和探索中我们感觉到，孤独症儿童社会交往障碍是影响他们未来进入小学和社会融合的关键性问题，也是我园不断深入探索和研究融合教育活动中更好的指导策略、提高实效需要迫切解决的问题。

---

1 以上作者均来自北京大学医学部幼儿园

（二）研究对象

此课题的研究对象主要包括三个方面，一是选取我园20名轻度、高功能的孤独症儿童，这些儿童的社会交往能力均存在不同程度的障碍；二是123名普通儿童，这是在研究中的新发现以了解支持性游戏环境对于普通儿童社会性发展的影响，所以将其列为了此课题中的研究对象；三是我园普通班级中家长，借助他们对孤独症儿童接纳程度的调查，了解家园共育对于融合教育开展的影响。

（三）研究方法

1. 调查研究法。通过向老师、家长采用发放问卷、定式访谈、日常观察等方法，了解孤独症儿童支持性游戏的开展情况，记录孤独症儿童的社会性变化情况，以及评估干预训练的效果。

2. 对比分析法。运用定性和定量相结合的方法，以定量分析为基础，通过孤独症儿童PEP-3评估以及幼儿园游戏评价标准，评价孤独症儿童社会性发展状况。

3. 行动研究法。通过孤独症儿童支持性游戏的实施及评价，研究促进孤独症儿童社会性功能区的改善与提高。

（四）概念界定

支持性游戏环境：在本研究中包含三个维度——班级环境（心泉班、融合班级）、由各个班级整体形成全园支持性环境、幼儿园与社会联系形成的社会支持环境。孤独症又称自闭症，是一种严重影响幼儿成长的发展性障碍，通常发生于3岁之前，且是一种终生的发展障碍。孤独症儿童最明显的障碍有三个：社会交往障碍、言语交流障碍和兴趣狭窄、行为刻板。

社会性融合：在本研究中是指孤独症儿童和普通儿童在适应普通班级环境以及与幼儿园活动相关的社会环境中，与同伴及成人进行社会交往的过程。

二、幼儿园环境下儿童社会性发展的前期评估

在幼儿园环境下，孤独症儿童支持性游戏课题研究前期评估，我园从孤独症儿童、普通儿童社会性发展两方面来进行。

（一）孤独症儿童前期社交能区评估情况

我园选取20名孤独症儿童，其中6名幼儿进入融合班级一年，8名幼儿进入融合班级两年，6名幼儿进入融合班级三年。

表3-6　融合一年幼儿前期个人－社交互动能区情况（2018.07）

序号	幼儿姓名	实际年龄（月）	百分比级数	发展适应程度
1	刘××	56	86	轻微
2	逄××	68	86	轻微
3	程××	48	93	恰当

续表

序号	幼儿姓名	实际年龄（月）	百分比级数	发展适应程度
4	宋 ××	52	86	轻微
5	汪 ××	56	93	恰当
6	韩 ××	54	93	恰当

表 3-7 融合两年幼儿前期个人－社交互动能区情况（2018.01）

序号	幼儿姓名	实际年龄（月）	百分比级数	发展适应程度
1	吴 ×	59	28	中度
2	何 ××	46	86	中度
3	贾 ××	48	50	中度
4	于 ××	57	50	中度
5	郑 ××	56	83	中度
6	王 ××	46	86	中度
7	尚 ××	45	86	轻微
8	林 ××	61	50	中度

表 3-8 融合三年幼儿前期个人－社交能区情况（2017.01）

序号	幼儿姓名	实际年龄（月）	百分比级数	发展适应程度
1	王 ××	61	68	中度
2	宋 ××	59	76	轻微
3	薛 ××	46	66	中度
4	张 ××	49	50	中度
5	吴 ××	47	86	轻微
6	罗 ××	59	62	中度

从表 3-6、表 3-7、表 3-8 中可以看出，刚刚进入融合班的幼儿，他们在社交互动方面的现状各有差异。就 20 名幼儿在前期的发展程度而言，有 11 名幼儿为中度，6 名幼儿为轻微，发展程度为恰当的幼儿只有 3 名。据了解，即使是发展恰当的幼儿，在社交某方面也存在一定的局限性，还需要适当的手段进行干预。

（二）普通儿童社会交往评价前期评估

选取我园于 2016 年 9 月入园的 123 名小班幼儿进行幼儿发展评价，收集社会交往评价项目的前期数据。普通幼儿的社会交往评价是根据教育科学出版社出版的《幼儿发展评价手册》而评估的。该书运用科学的理论研究与实践经验相结合，全面、科学地对幼儿各方面的发展作出评价。其中，针对幼儿社会交往的评价从与教师交往、与幼儿交往、与客人交往以及解决冲突四个方面进行。

三、不同支持性游戏环境下孤独症儿童社会性发展的研究过程

在幼儿园支持性游戏环境下，针对孤独症儿童社会性发展方面的缺陷，利用小组主题游戏、班级融合游戏和个训游戏来系统实施干预。

（一）在小组主题支持性游戏环境下孤独症儿童社会性的发展

1. 小组主题支持性游戏环境下孤独症儿童社会性的现状

我们将参与小组课程的孤独症儿童通过 PEP 评估后，根据实际发展状态与普通儿童发展状态进行对比，将参加小组课程的孤独症儿童分为上午组与下午组，上午组孤独症儿童的综合发展现状与普通儿童小班后半学期和中班第一学期的儿童综合发展现状相似（三岁半到四岁半之间），下午组孤独症儿童的综合发展现状与托班和小班第一学期的儿童综合发展现状相似（两岁半到三岁半之间）。

2. 完善小组主题支持性游戏的设计、实施与效果

（1）以主题活动作为设计小组主题课程支持性游戏的主线

开展小组主题游戏活动是为孤独症儿童进入普通班进行融合教育做前期准备的必要活动，因此为孤独症儿童设计小组教学游戏要和普通班的课程体系相平衡，我们将普通班的主题教学活动引用到孤独症儿童小组教学游戏之中，根据孤独症儿童的自身发展现状，与相应年龄段普通班级的教学活动相统一，为他们进入普通班级做好准备。

（2）创设多种融合形式实施小组主题活动

在小组半日活动各个环节为孤独症儿童创造多种融合形式，增加与普通儿童接触的机会，多种途径开展小组主题活动。如爱心互助周、反向融合、户外融合等。

（3）小组主题支持性游戏在孤独症儿童社会性发展中的支持效果

①小组主题支持性游戏使得孤独症儿童拥有了更多的机会去感受普通班的环境。

②小组主题支持性游戏提升了孤独症儿童对环境的适应能力，使孤独症儿童关注周围事物和环境，从而提高了适应环境的能力。

③反向融合游戏为孤独症儿童提供了一个固定班级的融合条件，使得小组的孤独症儿童有更多的机会进入到班级，与普通儿童进行共同融合，提升了社会交往能力。

④小组主题支持性游戏提高了普通儿童社会发展能力。

⑤互助周活动的开展在小组课程的各个环节中起到了同伴效应，提高了孤独症儿童的关注能力与协作意识，为下一步进入融合打下了坚实的基础。

我们实施这些支持性游戏，不仅解决了在班级不同的环境与环节下会出现各种不同的社会性问题，还提高了他们在小组环境下的各个方面的能力。

（二）在班级融合支持性游戏环境下孤独症儿童社会性的发展

1. 班级融合支持性游戏环境下孤独症儿童社会性的现状

在“十二五”课题的研究中，我们设计了一系列有针对性目标的支持性游戏，并在小组、班级和个训环境中一一开展，经过一段时间支持性游戏的干预，评估数据显示，幼儿在支持性游戏环境下各方面能力都有了显著的提升，比如生活自理、关注跟随等，但是在社会性发展方面还是比较欠缺，与普通幼儿交流沟通存在一定的问题。

2. 班级融合环境下孤独症儿童支持性游戏的实施过程

（1）在班级融合环境下开展实施支持性游戏的可行性

第一，社会交往技能需要在与同伴真实的游戏中习得和教授。社交互动依赖于具体的真实的游戏情境，真实的游戏情境是幼儿社会性技能发展的有效途径。对于孤独症幼儿来说，融合的环境、教师的引导、同伴的理解和包容这些都是很重要的，但是他们需要在环境中，在游戏的过程中获得好的体验和感受，从而帮助他们发展社会交往技能、改善同伴关系，在与同伴游戏的过程中获得自我认同感和归属感。

第二，支持性游戏情境有助于幼儿社交技能的练习和泛化。首先，游戏的趣味性更能让学生主动参与，游戏本身就能成为社交技能练习的强化物。其次，基于社会交往的特点，一对一的教学方式和模拟社交的情境这种单一的说教式教学难以达到社交技能提升的效果。依赖于真实的游戏情境对社交技能进行训练和指导才能达到技能的泛化。最后，游戏本身有一些技能需要孤独症幼儿去学习，掌握了游戏的技能，可以促进孤独症幼儿更好地参与集体活动，增加社交技能训练的机会，帮助学生建立更好的同伴关系，并在集体中找到归属感。

（2）班级融合支持性游戏的设计

第一，根据班级融合特点，结合主题设计支持性游戏。在设计支持性游戏之前，我们参考了北京市幼儿园正在使用的教材《快乐与发展》，我们在其中筛选出一些社会领域相关的主题，如节日、季节等，在大的社会主题活动下，结合孤独症幼儿社会技能的特点和需求，设计改编出一些支持性游戏。

第二，兼顾普特幼儿的社会性发展需求，确定支持性游戏的目标。融合支持性游戏的设计不仅仅要考虑孤独症幼儿的社交技能的特点和发展需求，还要考虑普通幼儿在游戏中社会性的发展。因此，在设计支持性游戏的过程中，我们分析《幼儿园指导纲要》和《自闭症儿童训练指南》等多本书籍，挑选出符合孤独症幼儿和普通幼儿的社会性发展目标。

第三，结合幼儿的年龄特点和能力水平，设计符合幼儿能力水平发展的游戏。符合能力水平的游戏才能让幼儿在游戏的过程中学习社交技能，我们将《3~6岁儿童学习与发展指南》和《孤独症儿童早期干预操作手册》进行了分析，确认了每个年龄段幼儿的能力水平和发展要求，按幼儿的年龄和能力水平分成了大、中、小和高、中、低各三个阶段，在每个阶段设计符合阶段水平和发展要求的支持性游戏。

（3）班级融合支持性游戏开展的形式

支持性游戏的开展，我们主要采用普教老师组织、特教老师辅助与指导的方式进行，在玩支持性游戏的过程中，普教老师会整体组织幼儿们参与游戏，并引导普通幼儿帮助孤独症幼儿共同游戏，特教老师在游戏的过程中会针对孤独症幼儿的一些行为进行指导，或者提示幼儿以恰当的方式参与游戏，练习或泛化已经掌握的社交技能。

（4）班级融合环境下支持性游戏的实施

开展支持性游戏的情境是随机的也是灵活的，可利用班级的一日常规的每个环节有效地开展社会性游戏，提高游戏实施的频率，提高幼儿对游戏的熟悉度，提升游戏实施的效果。比如，在早上入园的时候，可以利用问好的环节来练习和人打招呼，在活动区的时间可以通过共同游戏来提升对人的关注，在见到新的老师的时候，可以进行问好技能的泛化。

3. 班级融合支持性游戏实施后的效果

在支持性游戏的设计和实施过程中，充分体现了融合班教师和普通幼儿在游戏上的支持，游戏结合了普通幼儿年龄特点和孤独症幼儿发展特点，使二者在游戏中都得到了发展。

孤独症幼儿：

（1）对人和环境的关注有所提高。通过开展一些支持性游戏，幼儿能够叫出班级每个小朋友的名字，或者观察与描述周围发生的事。

（2）提升了幼儿参与活动的主动性。在玩集体游戏的时候，没有老师的引导，幼儿也愿意参与其中。

（3）增加了与同伴互动的次数。在支持性游戏的作用下，幼儿体验到与同伴互动的乐趣，因此在平时幼儿与同伴互动的过程中有了主动意识，并且互动频率比较高。

（4）社交技能得到泛化。开展游戏的过程，也是一个将学习过的技能泛化运用的过程，社交支持性游戏正好提供了一个方式，让幼儿的社交技能得到泛化和练习。

（5）在游戏互动活动中，普通幼儿为特殊幼儿提供了游戏和交往行为的榜样，孤独症幼儿能够参照同伴游戏，能注意到周围的人和物，产生初步的模仿行为。

（6）促进了幼儿游戏水平的提升。游戏的开展是一个循序渐进的过程，能够让幼儿在宽松愉快的氛围中提升游戏的水平。

普通幼儿：

（1）提高帮助他人的意识。在和孤独症幼儿交流互动的过程中，普通幼儿通过去引导和帮助孤独症幼儿，在潜移默化中形成一种帮助弱者的意识，让他们朝着更完整的人格方向发展。

（2）提升了语言表达能力。和同伴的互动是一个双方都受益的过程，在互动中普通幼儿激发孤独症幼儿的主动性语言，同时普通幼儿也有机会练习语言的表达能力。

（3）增强集体观念。在支持性游戏中，比如合作类游戏，需要普通幼儿和孤独症幼儿共同配合，合作的过程能够让普通幼儿意识到不管强弱，我们是一个整体。

（4）培养接纳与包容的品格。在融合环境下，每个普通幼儿都能够接纳不同，看到别人的缺点有包容的意识，在融洽的氛围中感受到爱与被爱。

（三）在个别干预支持性游戏环境下孤独症儿童社会性的发展

1. 个别干预支持性游戏环境下孤独症儿童社会性的现状

虽然我园的孤独症儿童的社交能力都普遍较高，但在集体环境中还是存在一些问题，比如缺乏社交技巧：不知该如何与别人进行交流；情绪情感薄弱：不会关心别人，对旁人的喜悲情绪置若罔闻；兴趣狭窄：只玩固定的一两个玩具，和同伴的交流减少。语言表达障碍：不能清楚地表达自己的想法，和同伴的交流有障碍，长此以往同伴会减少与之交流的次数。这些都是孤独症儿童社交困难的直接或间接原因。

2. 个别干预支持性游戏的实施

自古教育提倡“有教无类、因材施教”，由于孤独症儿童个别干预游戏是在幼儿融合教育过程中实施的，所以游戏的设计也会考虑到普通儿童的能力水平，根据普通儿童的水平标准，结合孤独症儿童 PEP-3 评估、VB-MAPP 评估等专业评估结果以及孤独症儿童在融合过程中出现的问题，设计并实施了个别干预支持性游戏。

3. 个别干预支持性游戏实施后的效果

个别干预支持性游戏是根据每个幼儿的自身情况量身设计的，并且是以游戏的形式进行，这种干预形式在干预效果上比传统干预形式更能被幼儿接受并且幼儿的参与度很高。对幼儿社会交往能力的影响主要有以下几点：

（1）幼儿的自信心提升。认知、语言方面能力的干预提升了幼儿自身的知识水平，使幼儿变得更加自信，情绪情感也随之好转，不抗拒与人的交往。

（2）幼儿社交意识的提高。干预是以游戏的形式进行，整个干预过程的氛围轻松愉快，并且还会有强化物的奖励，使幼儿更加愿意和人交流，主动性有了提高。

（3）社交技巧的熟练掌握。角色扮演、情景演练的方式不仅提高了幼儿的假想能力，而且能够泛化到日常生活中，使幼儿较为灵活地应对各种社交场景。

（四）全园支持性环境下孤独症儿童社会性发展

1. 全园性活动的支持

在“全纳教育”理念的引领下，我园积极营造尊重、接纳的精神环境。每一位教师都用热情的微笑、信任的眼神、鼓励的话语，尊重、理解和接纳的态度对待每一位特殊幼儿，用心呵护每个孩子的心灵，欣赏孩子的每一次进步与成长。我园秉承“一个也不能少”的口号，在每一次大型活动中都有孤独症儿童的参与，比如：①每年的 4 月 2 日国际自闭症日，我园会以不同的形式来表达对孤独症儿童的关怀，而且会让个别幼儿担任主持人、担任领读人、担任表演主角等，给孤独症儿童充分的机会展示自己；②每年的医学部团体操和“六一”儿童节，孤独症儿童与每一位普通幼儿一起练习、一起表演，孩子之间互帮互助，互相鼓励，为集体荣誉而努力；③每日给全园小朋友讲午睡前故事，老师也积极安排在这方面有优势的孤独症儿童给大家讲故事，在孩子的故事中能够听出他的自信与欢快；④每年的北大放风筝、团拜会等大型活动也都有孤独症儿童的身影，他们在活动中积极表现自己，与同伴配合默契，时刻展示着幸福的笑脸；⑤大班毕业季时，对于即将进入小学的他们，会以自己喜欢的方式来表达对老师、伙伴的感谢之情和依依不舍之情。

我园普通幼儿的家长也同样包容、理解孤独症儿童与家长，并给予他们帮助与支持。家长们积极参加各种孤独症活动，并在微信群里发表活动感言。“我们在一起，一个不能少”幼儿园让每一位儿童在爱的大家庭里感到被接纳、被尊重。正是这种支持性的大环境，才积极促进了孤独症儿童社会情感萌发，社交意识增强，社会行为更加规范主动。

2. 社会活动的支持

孤独症儿童最终要走入社会，去面对不同的人和不同的事，这就意味着他们的社会性发展与社会是不能分开的。我园也积极联系园外的一些活动项目，尽量让孤独症儿童参与进去，接触不同的环境、人与事，引导他们的社会性向更高层次发展。比如：与大龄孤独症孩子一起演出，参加中央芭蕾舞团参观活动等。只有多参加这些活动，才能及时发现孤独症儿童社会方面的缺陷，并进行引导改善，促进他们进一步的社会性融合。

四、支持性游戏环境下不同研究对象社会性发展对比分析

（一）孤独症儿童个人－社交能区对比分析

经过幼儿园支持性游戏环境的干预之后，孤独症幼儿个人－社交能区整体发展情况如下：

表3-9　融合一年幼儿个人－社交能区整体发展对比情况

序号	幼儿姓名	2018年7月			2019年7月		
		实际年龄（月）	百分比级数	发展适应程度	实际年龄（月）	百分比级数	发展适应程度
1	刘××	56	86	中度	62	73	轻微
2	逄××	68	86	轻微	74	86	轻微
3	程××	48	93	恰当	54	93	恰当
4	宋××	52	86	轻微	57	86	轻微
5	汪××	56	93	轻微	61	86	恰当
6	韩××	54	93	恰当	59	98	恰当

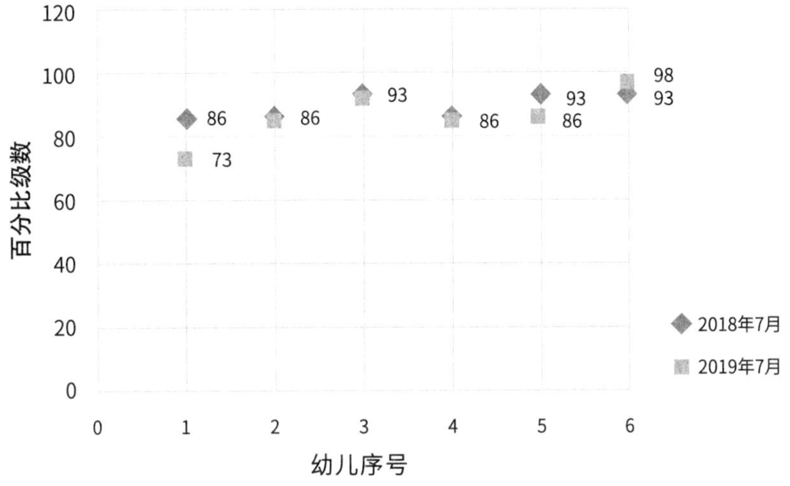

图 3-1 融合一年幼儿个人 – 社交能区百分比级数

表 3-10 融合两年幼儿个人 – 社交能区整体发展情况

评估日期	序号	1	2	3	4	5	6	7	8
	幼儿姓名	吴 ×	何 ××	贾 ××	于 ××	郑 ××	王 ××	尚 ××	林 ××
2018 年 1 月	实际年龄（月）	59	46	48	47	56	46	45	61
	百分比级数	28	86	50	50	83	86	86	50
	发展程度	中度	轻微	中度	中度	轻微	中度	轻微	中度
2018 年 7 月	实际年龄（月）	65	52	54	53	62	52	51	67
	百分比级数	18	86	59	59	86	73	98	73
	发展程度	严重	轻微	中度	中度	轻微	中度	恰当	中度
2019 年 1 月	实际年龄（月）	71	58	60	59	68	58	57	73
	百分比级数	18	73	62	66	73	86	98	59
	发展程度	严重	轻微	中度	中度	中度	轻微	恰当	中度
2019 年 7 月	实际年龄（月）	77	64	66	65	74	64	63	79
	百分比级数	41	93	73	73	93	86	93	59
	发展程度	中度	恰当	中度	中度	恰当	恰当	恰当	中度

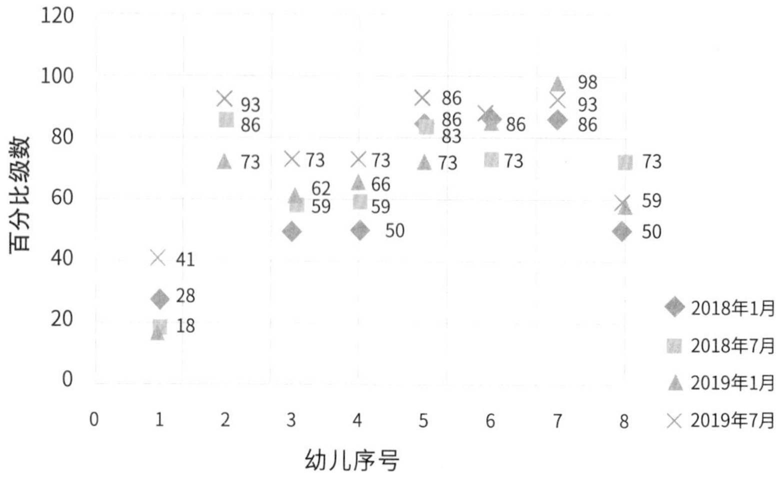

图 3-2　融合两年幼儿个人 – 社交能区百分比级数

表 3-11　融合三年幼儿个人—社交能区整体发展情况

评估日期	序号	1	2	3	4	5	6
	幼儿姓名	王 ××	宋 ××	薛 ××	张 ××	吴 ××	罗 ××
2017 年 1 月	实际年龄（月）	61	59	46	49	47	59
	百分比级数	68	76	66	50	86	62
	发展程度	中度	中度	中度	中度	轻微	轻微
2017 年 7 月	实际年龄（月）	67	65	52	55	53	65
	百分比级数	73	86	73	59	93	73
	发展程度	中度	轻微	中度	中度	恰当	轻微
2018 年 1 月	实际年龄（月）	73	71	58	61	59	71
	百分比级数	75	89	86	73	89	86
	发展程度	中度	轻微	轻微	中度	轻微	轻微
2018 年 7 月	实际年龄（月）	79	77	64	67	65	77
	百分比级数	86	89	89	86	93	93
	发展程度	轻微	轻微	轻微	轻微	恰当	恰当
2019 年 1 月	实际年龄（月）	85	83	70	73	71	83
	百分比级数	89	93	86	93	98	86
	发展程度	轻微	恰当	轻微	恰当	恰当	轻微
2019 年 7 月	实际年龄（月）	91	89	76	79	77	89
	百分比级数	89	93	79	93	98	89
	发展程度	轻微	恰当	中度	恰当	恰当	轻微

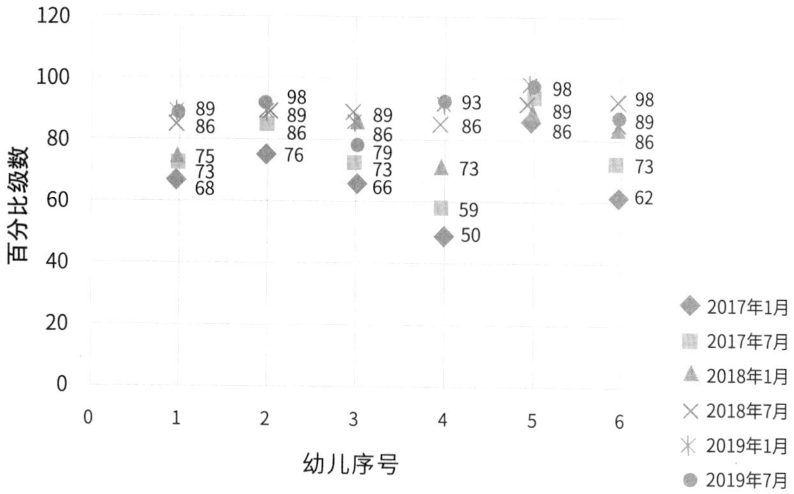

图 3–3　融合三年幼儿个人 – 社交能区百分比级数

从以上图表中可以看出，90% 的幼儿在这两年或三年之间社交方面的百分比级数都有不同程度的增长，由于融合一年的幼儿进入融合班不久，所以，在他们之中有三名幼儿在一年之内的百分比级数没有发生变化。又如表 3–11 中的 3 号和 6 号幼儿，他们在 2019 年 1 月份的百分比级数相比 2018 年 7 月份的百分比级数有所降低，分析其原因，是因为进入大班后对孩子各方面的要求都有所提高，而他们暂时还不太适应。

从以上图表中，我们可以看出每名孤独症幼儿在融合过程中的社会性都有着不同的变化。将 20 名幼儿的前测和后测进行对比，他们在社交能区的发展适应程度由前期的“11 名幼儿中度，6 名幼儿轻微，3 名幼儿恰当”发展到后期的“5 名幼儿中度，3 名幼儿轻微以及 12 名幼儿恰当”，进一步说明了在幼儿园支持性游戏的环境下对融合幼儿社会性发展的效果。

（二）普通幼儿社会交往能区发育情况对比分析

我们将 123 名普通儿童从小班入园起到大班毕业前这三年发展评价中的社会性发展数据进行了对比。我们发现，在实施支持性游戏的过程中，普通幼儿社会领域所具备的能力也在相应提高，尤其是有融合幼儿的班级，对促进普通幼儿的良好社会性发展十分有帮助，而且效果比较明显。

（三）普通家长对于孤独症儿童社会性融合调查结果分析

在全园中、大班随机发放 120 份家长调查问卷，收回 116 份。问卷涉及内容包括：家长对孤独症症状了解程度，对幼儿园接受孤独症儿童的态度，是否知道班级中有孤独症儿童以及对他们的接纳程度等。问卷回收统计分析结果为：

1. 家长对于孤独症症状了解程度较高

通过问卷结果可以发现，有 38% 的家长对于孤独症儿童非常了解，62% 的家长表示不太清楚。对于孤独症儿童的特征，有 3% 的家长表示完全不清楚，有 97% 的家长选择了不同的特征表现。由此可见大部分家长对于孤独症的特征或多或少有一些了解，这可能与我园医学家长居多有关。

2. 家长对于孤独症儿童的接纳态度是肯定的，但在同伴间相处和交往方面，部分家长还是存有一些顾虑

在对幼儿园接收孤独症儿童的态度上，有 92% 的家长表示同意或者非常同意，有 8% 的家长表示不确定。在是否愿意班级里有孤独症儿童的问题中，有 88% 的家长表示愿意，12% 的家长表示不愿意。在是否愿意自己的孩子与孤独症儿童交往方面，有 76% 的家长表示愿意，20% 的家长表示愿意但不要频繁相处，有 4% 的家长表示尽量减少交往。由此可以看出，大部分家长可以接纳幼儿园接收孤独症儿童，但是在与普通儿童实际相处和交往上，会有一些顾虑。在此我们又将班级之间做了一个对比发现，对于不接受和不愿意与孤独症儿童交往的家长均存在于普通班级中，融合班级的家长对于此方面都是持肯定与支持的态度。

五、幼儿园支持性游戏环境下儿童社会性发展的分析与讨论

通过数据的前后对比，从整体上来说，孤独症儿童和普通儿童的社会性都有所发展，他们的社会意识增强，愿意与同龄人一起游戏，社会规范不断进步，能够很快适应新环境并融入到新环境中，在交往互动中能够运用一定的技巧，具有积极的情感表达能力。

通过分析数据还可以看出，部分孤独症儿童的社会性发展不太明显甚至还有倒退的迹象，这是值得注意的地方。我们调研组便开始积极讨论并分析原因，结果发现：

原因一可能是支持性游戏并不是对他们完全没有作用，有可能对除去评估项目以外的其他社交方面的细微之处有所改善，而在这里并没有显现出来。

原因二是这与孤独症儿童自身的一种不平衡发展规律有关系，有些孤独症儿童在某个阶段可能会表现出很大的进步与优势，但是到了另外一个阶段，由于受到某种因素的影响，这种优势就会退化甚至不如以前。

对于普通儿童来说，在支持性游戏环境下，与孤独症儿童相处、交往时间越长，对他们社会性发展的正向影响越加明显。

数据可以说明一些问题，但它不代表权威与一切，儿童是发展着的个体，而且儿童的社会性是在关系中不断变化的，我们在有数据根据的前提下还会考虑孤独症儿童的实际情况与年龄特点，绝不对每一个儿童妄下结论。

六、结论与思考

（一）幼儿园支持性游戏环境对孤独症儿童社会性发展是十分有效且有益的

通过利用评估数据中社交方面的项目进行对比分析，可以看出，幼儿园的这种支持性游戏环境，对提高孤独症儿童的社交技巧、自我意识、同伴互助、合作分享、情感表达等方面的能力，作用是显著的，效果是明显的，也是非常有必要的，是一个十分有益于孩子的成

长环境。

（二）孤独症儿童支持性游戏的开展对普通儿童的社会发展也起到一定的作用

研究数据表明，在幼儿园支持性游戏环境下，教师在班级不断开展社会支持性游戏，普通儿童积极参与，还会帮助孤独症儿童一起完成游戏，这样，普通儿童的帮助他人、爱护他人以及集体责任感等方面的能力慢慢发展起来，他们的社会性发展趋势也日益提高。

（三）孤独症儿童支持性游戏的不断实施、反思、设计改善，促进了我园支持性游戏的日渐成熟以及教师专业性的提高

在幼儿园支持性游戏环境下，老师们在不断运用游戏的过程中，发现问题、提出问题、反思问题，然后再重新设计游戏，改善不适合的地方，尽量做到游戏完成后就能够看到效果。在这期间，要求老师必须具备精湛的专业知识与技能，在实践中不断摸索与创新，发挥主观能动性，提高我园支持性游戏的质量，促进教师专业成长。

（四）融合教育的有效实现需要家园共育，需要家长更多的理解、接纳与支持

家园共育是幼儿健康成长的基础，是幼儿园工作的重要环节。幼儿园将开展多种形式活动向全园小朋友、家长和社会宣传融合教育理念，展现普通儿童和自闭症儿童融为一体的和谐与快乐，营造对孤独症人群理解、接纳、支持的整体氛围与环境。

（五）幼儿园支持性游戏环境下，我们需要为孤独症儿童的社会性发展付出更多的努力

在课题研究过程中，我们不只单单地去实施支持性游戏这一方面，还把握各种机会，创造各种机会，为孤独症儿童的社会性发展铺路。在我园环境创设上，不管是班级内还是班级外，都有对孤独症儿童的社会性支持。总之，为了孤独症儿童的社会性发展，我们将不懈努力地深入探索各种方式方法，为他们以后能够更加顺利地进入社会做好铺垫。

第三节　以“融遇N行动”项目为载体，构建融合教育新发展格局

张天玲[1]

为贯彻落实十九大“办好特殊教育”要求，北京市通州区以教育部《第二期特殊教育提升计划（2017—2020年）》、教育部《关于加强残疾儿童少年义务教育阶段随班就读工作的指导意见》为指导，在北京城市副中心（通州区）标准建设高品质教育的背景下，以“关注教育公平，促进学生全面发展”为目标，遵循“让每一个孩子都能接受最适宜的教育”的原则，以问题为导向，以科研为引领，以特殊教育服务实体职能发挥为突破，以“融遇N行动”项目为载体，努力构建融合教育新发展格局。

一、项目背景

（一）市区教委高度重视融合教育

为落实《北京市特殊教育提升计划（2017—2020年）》，优化布局，扩大优质教育资源的供给，积极推进融合教育，市教委于2018年和2019年先后在通州区建设了8个北京市示范性学区融合教育资源中心和2个北京市示范性孤独症儿童教育康复训练基地（以下简称学区资源中心和孤独症基地）。2020年9月，通州区以8个学区资源中心和2个孤独症基地为融合教育龙头，把全区70余所中小学校、1所职业学校进行区域划分，形成了通州区10个融合教育发展学区，并建立了一系列融合教育机制，保障发展学区工作的有效运行。

多年来，通州区教委高度重视残疾学生，在政策上给予支持，在经费投入上给予倾斜，在人文关怀上给予关注，在学生身心发展中给予多元指导，为残疾学生提供了发展的空间，为学校推动融合教育工作提供了有力保障。

（二）现状分析

1. 融合教育现状

随着特殊教育第二期提升计划的推进，特殊儿童开始越来越多地进入普通学校就读，在保障权益的同时，也给普校老师带来了更多、更大的挑战。同时特殊教育的服务理念已从服务特殊需要儿童本身扩展到整个家庭，强调除了评估儿童的身心发展与独特需求，也要注重特殊儿童、家庭与学校三者间的互动关系。但一般大众对特殊儿童的特质缺乏认识，加上特教资源缺乏，普校教师及家长亟需输入正确的观念以及足够的专业能力，来协助特殊儿童在融合的环境中更好发展。

1　张天玲，北京市通州区特殊教育中心副主任

2. 特殊需要学生现状

2022年初，通州区有融合教育学校60余所，特殊需要学生N名，其中随班就读学生270余人。经调研，特殊需要学生复杂的行为、沟通的障碍、感觉统合的失调、认知学习的困难、社会适应能力的不足及注意缺陷等诸多问题，给学校、教师及家长在问题处理及特殊教育专业支持策略上带来了极大的困扰和无形的压力。因此，对于相关专业知识提升、实操经验及教学策略运用等技能在教学中显得尤为迫切，如孤独症、注意缺陷多动障碍等学生数量持续增加，如何分辨并处理相关学生的行为、认知、情绪问题，教学方法和策略需要依靠专业教师培训才能实现。

3. 通州区特殊教育区域资源中心现状分析

（1）通州区特殊教育中心现状：2005年，经通州区政府批准在培智学校的基础上成立通州区特殊教育中心，属于一个机构两块牌子的单位。目前，通州区特殊教育中心有3个编制，承担着培智学校的教育教学及相关行政工作，同时担负全区60余所中小学融合教育的研究、指导、服务、培训、资源开发、质量管理、评估筛查等工作，师资力量较为紧张。

（2）学区资源中心和孤独症基地现状：目前，10所学校的资源教师均是兼职，师资力量严重不足，较难满足区域内普教教师在专业上的迫切需求以及越来越多的特殊需要学生的教育康复训练、家长咨询指导等工作。

二、项目介绍

（一）“融遇N行动”项目含义

“融遇N行动”，“融”有融合、融汇贯通、其乐融融之意，“遇”为相逢、遇见之意，谐音为“育”，有教育之意。“融遇”代表着三层含义：一是融合教育理念，融合教育的提出经历中国教育改革的几十年，从最初的具有中国特色的“随班就读”到“全纳教育”直至今天的“融合教育”，可以说是融汇贯通，在对特殊需要学生的教育上给予了更多的关注，更体现了我国教育水平的进步。二是融合教育的践行，在融合教育中遇见特殊需要学生。在此项目中，教育行政部门、业务部门、学校、第三方机构等多方通力合作，用特殊教育专业的知识和技能助力通州区融合学校的教师、特殊需要的学生及家长，帮助特殊需要学生融入学校，让每一名有特殊需要的学生“进得来”“留得住”“学得好”。三是融合教育效果，通过项目开展，不断提升教师专业技能，感受教师职业幸福，快乐工作；让每个特殊需要学生体验生命价值，快乐成长；让每个特殊需要学生的家庭能够感受社会关爱，快乐生活。

（二）项目目标

1. 推动区域发展，打造服务品牌。通过10个融合教育发展学区提高各区域融合教育质量，完善通州区“四个机制”即运行机制、支持机制、服务机制、家校合作机制的内涵及路径，不断形成闭环管理的运行模式，在促进通州区融合教育均衡发展的同时，打造融合教育服务品牌。

2. 服务教师。提升普教干部教师融合教育理念；加强普校教师对特殊需要学生人际互动障碍及先天限制的了解，尊重个体差异，激励特殊需要学生朝优势才能发展并发掘各种需求、推动友善接纳的校园环境；教师了解特殊教育的新观念，尝试不同策略、方法教学，进而提升专业能力。

3. 服务家长。帮助家长提升教育教养理念和技能，认识特殊需要学生的特质、教养策略，学习如何与教师沟通、达成共同目标并处理好合作关系，帮助家长协助特殊需要子女在稳定的生活环境中健康成长。

4. 服务学生。提升特殊需要学生的综合能力，改善他们的行为及情绪问题，培养良好的规则意识，减少问题行为，促进同伴关系，提升社会适应能力，为其顺利融入学校、融入社会奠定良好的基础。

三、项目推进与实施的策略

在项目推进与实施中，通州区教委从政策机制上支持保障，从上下联动上齐抓共管，从点面结合上全面推动，从过程管理上提升质量，从行动研究式的指导上探索策略。

（一）建立政策机制，保障服务

1. 建设政策机制。先后制定和完善了《关于通州区随班就读每生每年 1 万元对随班就读干部、教师的奖励分配方案》《关于通州区特殊教育服务实体发挥服务职能的奖励分配方案》《通州区普通学校融合教育推行委员会制度建设方案》等，制定了《2021 年通州区融合教育助学支持服务计划——“融遇 N 行动”项目方案》，这些完备的政策文件，既指明工作方向，又保障了项目的有效运行。

2. 构建工作体系。通州区教委设立融合教育工作领导小组，以区教委主管主任、各学段科室负责人为工作统筹层，以区特教中心为业务指导层，学区资源中心和孤独症基地为服务实施层，辐射校积极参与的“四位一体”的四层运作体系，有效推进项目落实。

3. 提供资金支持。通州区教委在 2020 年度充分调研的基础上，结合本区融合教育实际情况，向各融合教育发展学区拨付专项经费，满足服务需要。区教委定期审计，保证资金合理使用，取得更好效益。

（二）对接三方需求，精准服务

在征求各发展学区的意见基础上，通过与北京市其他区特教中心充分调研及区教委专家论证，遴选有特教专业的 4 个优质机构进行服务，同时通过区级、学区级 2 个层面的项目启动会，对接学区、各服务校、机构及教师、家长、学生个体所需，在共性和个性中求得服务精准。实施前，特教中心将全区在册学生，包括智障、听障、视障、肢障、言语、精神（包括孤独）、多重等残疾学生及情绪行为问题学生按学区进行划分，并力争将学生信息较为全面地呈现给各学区。在服务中尽可能普惠每一名在册残疾及特殊需要学生。

（三）完善服务设施，满足服务

各发展学区根据实际，购买硬件设备设施，包括感统训练器材、作业治疗教辅具、技防设施、师生用书、箱庭器具等，以更好满足师生所需。

（四）构建医教康服务模式，多元服务

面对发育迟缓、孤独症等障碍类型学生发展特点，只是教育上的干预远远不能达到预期效果。在项目推进中，各学区还积极聘请医学博士、康复医院教授、神经平衡疗法专家、特教专家、全国知名高等院校教授、北京教育科学研究院特殊教育研究指导中心的团队等走进各融合教育发展学区，对学生问题从医学、康复学、心理学及教育学等不同角度上进行咨询、评估、筛查、干预及指导，形成多元服务模式。

（五）行动研究式指导，提升服务

项目前期，区特教中心设计了一系列表格及梳理了多份文字模板，并下发到各融合教育发展学区，使得项目有章可依、规范有序。实施中，区教委特教专干及特教中心干部教师 4 人共下校 400 余人次，通过行动研究式即计划→实施→指导→研讨→再实施→跟进指导→再研讨的动态闭环的管理模式，对机构服务情况进行全覆盖地毯式的指导，有力提高了项目的服务质量，达到了“共促双赢”效果。

四、实践成效

以问题为导向的“融遇 N 行动”项目实施，有针对性地解决了实际问题，破解目前融合教育发展中的难题，提升了融合教育质量，构建了通州区融合教育新发展格局。

（一）提升了教育管理者及教师的融合教育理念

各校树立了融合教育观念，构建纵向与横向交融的整体，从学校管理者到普通教师再到普通学生的纵向认识，增强教师与教师之间、教师与家长间、学生同伴之间横向的融合教育观念，提高了“每一个学生都享有平等受教育权”的理性认识，达成了校园内应创设“尊重差异、拒绝排斥、拒绝歧视”的情感共鸣。

（二）构建以学区推进融合教育的新发展格局

项目在推进与实施中，“2+8+N”区域融合教育发展格局已经初显，即区教委统筹保障，区特教中心协调指导，8 个学区资源中心和 2 个孤独症基地具体落实，学校积极配合，通过购买服务方式，为区域内 N 所普通学校提供及时有效的专业支持。

（三）彰显各学区融合教育发展特色

各学区成立了工作领导小组，制定实施方案，明确发展规划及工作计划，理顺决策、执行、监督、保障等各环节，建立以融合教育共同愿景为灵魂、以制度体系为框架、以规则程序为纽带的融合教育发展学区运行机制，紧紧围绕各校办学特色和校园文化初步构建了脉络清晰、效果明显、各具特色的发展模式。

通州区在“融遇 N 行动”项目推进实践的探索中，在过程上注重实际获得，在绩效上突出质量，努力让每一个特殊需要学生能够融入学校，让每一名学生都能有人生出彩的机会。

第四节 “双减”之下，儿童康复职业教育或将迎来“春天”

罗丽莎[1]

2021年7月24日，中共中央、国务院办公厅印发《关于进一步减轻义务教育阶段学生作业负担和校外培训负担的意见》（以下简称“双减”），提出“双减”政策，为缓解升学压力，应对当前不断白热化的教育焦虑情绪具有重要的意义。该政策出台的目的在于强调学校在教育系统中的主体育人地位，强化学校的作用，从国家教育整体发展的角度扭转“唯升学论”的传统教育观念。“双减”政策引发了对教育进行全方位改革的讨论，有助于教育本质的回归，有利于最终实现立德树人的总体教育目标。同时，2021年带来了职业教育发展的春天，《中华人民共和国职业教育法（修订草案）》《关于全面推行中国特色企业新型学徒制加强技能人才培养的指导意见》《关于推动现代职业教育高质量发展的意见》等政策法规的出台或激烈讨论，显示国家对于职业教育的重视与日俱增。“双减”之下职业教育发展持续利好，或将迎来重大发展机遇。

一、“双减”下儿童康复职业教育的机遇

（一）人才观念转变，赋予理念支撑

“双减”政策在破解社会教育焦虑，改革传统教育观念的时代风向下而生。在“千军万马过独木桥”的升学压力下，家长和学校被功利化的课外培训所困，加诸在学生身上的是永无止境的负担与压力。“双减”目的在于改变“万般皆下品，唯有读书高”的传统教育观念，树立终身学习和全面发展的教育和人才理念，扭转教育“唯升学”的功利化倾向。传统的基础教育偏重训练学生的基础语言与数理逻辑技能，忽略了学生其他多方面能力的发展。根据多元智能理论，不同的人具有不同的智力倾向，并非只是智力水平高低的不同。“双减”政策的实施，有助于促使学生在各个领域的全面和个性化发展。一方面，“双减”打破了“唯分数”论对于学生的桎梏，让学生在多元和个性化的教育中发展自身，也为未来的职业选择奠定基础。另一方面，一些学生不习惯传统的知识灌输式教学，存在学习动力不足和（理论）学习成绩不佳等问题，职业教育为这些学生提供了另外的选择与新的发展方向。通过职业教育轨道，他们不仅能够学到适合未来社会生活需要的能力，还能充分张扬自己的个性，实现自我的人生价值。

（二）社会资本转移，预示职教投资红利

“双减”政策的实施迫使很多社会资本退出K12课外辅导培训领域，一些资本由课外辅

1 罗丽莎，北京师范大学教育学部职业与成人教育研究所博士

导转向了职业教育领域，职业教育的广阔市场需求也吸引这些资本的流入。中共中央、国务院办公厅《关于推动现代职业教育高质量发展的意见》鼓励上市公司、行业龙头企业举办职业教育，鼓励各类企业依法参与举办职业教育，这为社会资本参与职业教育发展指明了方向。另一方面，儿童康复教育领域也存在着明显的人才紧缺现象，《2020年度儿童发展障碍康复行业报告》指出，目前儿童康复教育存在30万人才缺口。巨大的人才缺口和广阔的市场前景为资本进入提供了空间。根据“企查查”网站的数据，2021年前三季度，职业教育领域总共发生了33起融资事件，同比增长94.1%；披露的融资总额超53.0亿元，同比增长206.4%。融资事件和披露金额双双大幅增长，在一定程度上说明职业教育可能迎来了资本红利期。

（三）发展前景广阔，专业人员需求增加

随着我国障碍儿童救助制度的建立和不断完善，孤独症儿童康复逐渐成为康复救助事业发展的一个重点。国务院印发《关于建立残疾儿童康复救助制度的意见》，明确残疾儿童康复救助对象包括孤独症儿童，救助内容包括以减轻功能障碍、改善功能状况、增强生活自理和社会参与能力为主要目的的手术、辅助器具配置和康复训练。根据第六次人口普查的结果，可以推算出在我国0~18岁人群中，孤独症谱系障碍患者约有300万人，注意缺陷多动障碍患者约有2100万人，言语语言障碍患者约有1500万人，这是一个庞大的需要救助的群体。而在全球范围内，孤独症谱系障碍患病率在呈现出上升的趋势。以上情况表明，在儿童康复救助领域，对专业人员的需求将有很大的发展，这也为儿童康复领域职业教育的发展提供了很大的空间。

二、“双减”政策下康复职业教育面临的挑战

（一）职业教育儿童康复专业的困难

目前，职业院校儿童康复专业人才培养仍处于起步阶段。一方面，职业院校康复专业的设置数量明显不足；另一方面，现有康复专业的培养方向也大多数为运动康复或医疗康复，极少有设置儿童康复专业（或方向）的。职业院校康复专业教师缺乏，也影响着此类专业的健康发展和人才培养质量。此外，儿童康复师薪酬待遇难以保障，发展前景不明等基本保障问题，也为儿童康复专业建设的长远发展带来了困难。

此外，儿童康复专业的人才培养模式也有待改进。目前，职业院校康复专业的工学结合和产教融合需要进一步深化，特别是深化“供求双方”的合作。对于职业院校而言，需要进一步明确行业的需求，提高人才培养的适应性。另外，行业也要积极与职业院校合作，共同开发和完善专业标准，提高人才培养质量，从而促进行业与企业的共同发展，实现双赢。目前，儿童康复师尚缺乏从业规范和职业资格（技能）认定标准，行业组织和职业院校需要共同合作，制定和推广相关的技能标准。

（二）儿童康复职业培训的困厄

相关儿童康复的职业培训有待完善。目前在儿童康复领域培训行业，具有颁发证书资质的大型培训机构占有大部分市场，中小型培训机构难以找到生存、运营和发展的空间。如若未来资本大量进驻儿童康复培训领域，势必会造成行业竞争加剧，资本的投资与利益回报更加不明朗。如何在吸引资本进驻儿童康复培训行业的同时提升培训投资收益，成为必须关注的问题。由于目前对儿童康复师仍然缺少行业统一的培训标准，如何使各大培训机构互通有无，统一行业标准，也是面临的挑战之一。最后，儿童康复师的继续教育也处于遮蔽状态，多数是儿童康复师自费参与继续教育，尚未形成完整的职业发展体系。

职业教育与培训是国家教育系统重要的组成部分，承载着为国家、社会与企业培养技能型与应用型人才的重要任务。市场需求是职业教育生存和发展的重要基础。在国家政策与资本市场的双重支持下，儿童康复教育事业迎来了一个良好的黄金发展机遇期。一方面，国家政策、社会需求给儿童康复职业教育带来了全新的机会；另一方面，职业资格标准确认、资本竞争和师资问题等，也给儿童康复教育带来了未知的挑战。满足人民群众对美好生活向往的需求，就是我们的发展目标，这一切，均需要通过康复教育行业自身的规范化发展、资格标准化以及质与量的双向提升来实现。

第五节 “十四五”特殊教育发展提升行动计划之下发展障碍儿童的教育展望

发展障碍儿童主要指有神经发育障碍的儿童，包括孤独症谱系障碍儿童、注意缺陷多动障碍儿童、智力障碍儿童、言语语言障碍儿童，以及运动协调障碍儿童等。由于孤独症等发展障碍疾病的特殊性，儿童常常面临着普通学校和特殊教育学校均不愿意接收的困境。发展障碍儿童的教育问题，特别是孤独症儿童的教育问题受到众多家长以及社会的关心。随着《“十四五”特殊教育发展提升行动计划》（以下简称“十四五”特殊教育计划）将原先的三类实施对象拓展到现有的七类，孤独症等发展障碍儿童的教育问题，也有了答案。

一、“十四五”特殊教育发展提升行动计划的解读

1. 服务对象：首次明确“言语、肢体、精神”等残疾儿童享有同等特殊教育权利

“十四五”特殊教育计划首次界定了我国特殊教育面向的对象。特殊教育主要面向的对象包括，视力、听力、言语、肢体、智力、精神、多重残疾以及其他有特殊需要的儿童青少年。在第一期（2014—2016年）和第二期（2017—2020年）的特殊教育提升计划中，虽然没有对特殊教育对象进行单独界定，但无论是总体目标，还是特殊教育课程和教材体系，都是以面向视力、听力、智力等三类残疾儿童青少年为主，孤独症等发展障碍儿童并不在其中。因此，可以说“十四五”特殊教育计划正式提出了特殊教育面向的对象，同时，也拓展了特殊教育对象，将先前政策中的视力、听力、智力等三类拓展到视力、听力、言语、肢体、智力、精神、多重残疾等七类，孤独症等发展障碍儿童也纳入其中，有了政策保障。

2. 基本原则：更加强调“政府责任”与“精准施策”

与第一期（2014—2016年）和第二期（2017—2020年）的特殊教育提升计划相比，“十四五”特殊教育计划更加强调“政府责任”，明确了办好特殊教育是政府的事情，“要落实政府主体责任，加强特殊教育统筹规划和条件保障”。同时，“十四五”特殊教育计划首次提出了“精准施策、分类推进”的基本原则，特殊教育的政策要精准，要分层次、分步骤，要“根据不同地区经济发展、人口分布等情况，因地制宜，合理布局，统筹推进区域内特殊教育改革发展”。

表 3-12 “十四五”特殊教育计划与一期、二期的基本原则比较

	一期计划	二期计划	“十四五”计划
基本原则	无	统筹推进，普特结合	政府主导、特教特办
		尊重差异，多元发展	精准施策、分类推进
		普惠加特惠，特教特办	促进公平、实现共享
		政府主导，各方参与	尊重差异、多元融合

3. 主要目标：更加着重建立高质量的特殊教育体系

经过两期特殊教育计划的实施，我国的残疾儿童义务教育入学率已经达到了 95%，特殊教育在校生由 44 万人增至 88 万人，增长了一倍。“十四五”特殊教育计划继续提高特殊教育普及程度，提出到 2025 年，适龄残疾儿童义务教育入学率要达到 97%。在提高普及程度的基础上，“十四五”特殊教育计划更加注重“教育质量的全面提升”，特别提出，“要基本建立特殊教育质量评价制度”。这是“建立特殊教育质量评价制度”首次被纳入特殊教育计划的主要目标。

表 3-13 “十四五”特殊教育计划与一期、二期计划的主要目标比较

	一期计划	二期计划	“十四五”计划
主要目标	①全面推进全纳教育，使每一个残疾孩子都能接受合适的教育。 ②初步建立布局合理、学段衔接、普职融通、医教结合的特殊教育体系，办学条件和教育质量进一步提升。 ③建立财政为主、社会支持、全面覆盖、通畅便利的特殊教育服务保障机制。 ④基本形成政府主导、部门协同、各方参与的特殊教育工作格局。 到 2016 年，全国基本普及残疾儿童少年义务教育，视力、听力、智力残疾儿童少年义务教育入学率达到 90% 以上，其他残疾人受教育机会明显增加。	①到 2020 年，各级各类特殊教育普及水平全面提高，残疾儿童少年义务教育入学率达到 95% 以上，非义务教育阶段特殊教育规模显著扩大。 ②特殊教育学校、普通学校随班就读和送教上门的运行保障能力全面增强。 ③教育质量全面提升，建立一支数量充足、结构合理、素质优良、富有爱心的特教教师队伍。 ④特殊教育学校国家课程教材体系基本建成。	①到 2025 年，高质量的特殊教育体系初步建立。 ②普及程度显著提高，适龄残疾儿童义务教育入学率达到 97%，非义务教育阶段残疾儿童青少年入学机会明显增加。 ③教育质量全面提升，课程教材体系进一步完善，教育模式更加多样，课程教学改革不断深化，特殊教育质量评价制度基本建立。融合教育全面推进，普通教育、职业教育、医疗康复、信息技术与特殊教育进一步深度融合。 ④保障机制进一步完善，继续对家庭经济困难残疾学生实行高中阶段免费教育，确保家庭经济困难残疾学生优先获得资助，逐步提高特殊教育经费保障水平。教师队伍建设进一步加强，数量充足，结构合理，专业水平进一步提升，待遇保障进一步提高。

4. 重点任务：“拓展学段”与“融合教育”是主要抓手

建立健全特殊教育体系、提升特殊教育质量以及加强条件保障，都是三期特殊教育计

划的重点任务。但是，“十四五”特殊教育计划明确指出，健全特殊教育体系的重点抓手是“拓展学段服务”，提高特殊教育质量的重点抓手是“融合教育”。“拓展学段服务”和“融合教育”成为“十四五”阶段特殊教育体系完善的主题。“拓展学段服务”指在持续提高残疾儿童义务教育普及水平的基础上，要大力发展非义务教育阶段特殊教育，包括，学前、高中和高等教育；“融合教育”指普通教育和特殊教育的融合、职业教育与特殊教育的融合、医疗康复、信息技术与特殊教育的融合。这意味着，“十四五”阶段，国家将更向残疾儿童和青少年的终身教育发力，并努力让残疾儿童和青少年在融合的环境中，获得平等发展的机会。

表 3-14 “十四五”特殊教育计划与一期、二期的重点任务比较

	一期计划	二期计划	“十四五”计划
重点任务	①提高普及水平 ②加强条件保障 ③提升教学质量	①完善特殊教育体系 ②增强特殊教育保障能力 ③提高特殊教育质量	①拓展学段服务，加快健全特殊教育体系 ②推进融合教育，全面提高特殊教育质量 ③提升支撑能力，不断完善特殊教育保障机制

5. 主要措施

（1）义务教育阶段

1）普校就读仍是首选，要建立“长效机制” “十四五”特殊教育计划对残疾儿童义务教育阶段的安排与前两期是一致的。普校的随班就读是首选。第一期（2014—2016 年）特殊教育计划提出，要“尽可能在普通学校安排残疾学生随班就读”，第二期（2017—2020 年）特殊教育计划提出，要“优先采用普通学校随班就读的方式，就近安排适龄残疾儿童少年接受义务教育。不同的是，在前两期的基础上，“十四五”特殊教育计划提出，要“压实责任，建立长效机制”，确保适龄残疾儿童应随尽随、就近就便优先入学。

2）重点探索残疾儿童和普通儿童共同成长的融合教育模式 “十三五”期间，国家印发了残疾儿童随班就读工作文件，对随班就读作出了系统安排和明确要求，残疾儿童的随班就读率大幅度提升。然而，残疾儿童随班就读的过程中，仍存在不少问题，如残疾儿童难以融入、受到歧视和排挤、面临退学困境等。让残疾儿童“有学上”是一方面，让残疾儿童“上好学”更加重要。因此，“十四五”特殊教育计划提出要探索“融合教育模式”，要建立融合教育的氛围和环境。具体措施包括：研究制定义务教育阶段融合教育教学指南，开展融合教育示范区示范校创建和优秀教育教学案例遴选等等。

3）在“九年一贯制学校”或寄宿制学校建立特教班 除了与普校结合的融合教育，我国专门面向特殊儿童的集中式特殊教育（特殊教育学校）也是比较稀缺的，“十三五”时期，我国基本达成了 30 万人口以上的县（市）都有一所特殊教育学校。“十四五”时期的目标是，20 万人口以上的县（市）办好一所达到标准的特殊教育学校。而对于 20 万人口以下的县（市），“十四五”特殊教育计划提出，在九年一贯制或寄宿制学校设立特教班，以此方式来满足残疾儿童对于集中式特殊教育的需求。

表 3-15 “十四五”特殊教育计划与一期、二期的主要措施比较

	一期计划	二期计划	“十四五”计划
主要措施	①扩大残疾儿童少年义务教育规模 ②积极发展非义务教育阶段特殊教育 ③加大特殊教育经费投入力度 ④加强特殊教育基础能力建设 ⑤加强特殊教育教师队伍建设 ⑥深化特殊教育 ⑦课程教学改革	①提高残疾儿童少年义务教育普及水平 ②加快发展非义务教育阶段特殊教育 ③健全特殊教育经费投入机制 ④健全特殊教育专业支撑体系 ⑤加强专业化特殊教育教师队伍建设 ⑥大力推进特殊教育课程教学改革	①持续提高残疾儿童义务教育普及水平 ②大力发展非义务教育阶段特殊教育 ③加强普通教育和特殊教育融合 ④推动职业教育和特殊教育融合 ⑤促进医疗康复、信息技术与特殊教育融合 ⑥改善特殊教育办学条件 ⑦巩固完善特殊教育经费投入机制 ⑧加强特殊教育教师队伍建设

（2）非义务教育阶段

1）设置专门的特殊教育幼儿园，提供保育、教育、康复一体化服务　非义务教育阶段包括，学前阶段、高中阶段和高等教育阶段。学前阶段，残疾儿童还没有开始接受文化课程，同时，也是很多发展障碍类疾病康复的最佳时期。“十四五”特殊教育计划首次提出，要推动特殊教育学校和有条件的儿童福利机构、残疾儿童康复机构设立专门的幼儿园，尽早为残疾儿童提供适宜的保育、教育、康复、干预等综合性服务。

2）着力发展以职业教育为主的高中阶段特殊教育　我国高中阶段的教育分为普通高中教育和职业高中教育，“十四五”特殊教育计划认为，职业教育是残疾儿童青少年发展的重点，要着力发展以职业教育为主的高中阶段特殊教育。具体措施包括，支持特殊教育学校职教部和职业学校特教部开设适应残疾人学习特点和市场需求的专业；探索开展面向残疾人学生的“学历证书＋若干职业技能等级证书”的制度试点，将证书培训内容有机融入专业培养方案等。

3）鼓励建立从幼儿园到高中十五年一贯制特殊教育学校　“十四五”特殊教育计划首次提出，要建立“从幼儿园到高中全学段衔接的十五年一贯制特殊教育学校”，这代表着，国家为残疾儿童承担高于普通儿童的教育义务和责任的决心，为残疾儿童提供专门的适合残疾儿童身心发展特征的延伸到高中阶段的教育保障。

（3）专业支撑方面

1）设立“五级特殊教育资源中心”　“十四五”特殊教育计划首次提出，要设立五级特殊教育资源中心。“依托高校和科研机构建设若干个国家级特殊教育资源中心，依托现有特殊教育资源加快建设省、市、县级特殊教育资源中心，鼓励依托设在乡镇（街道）的小学和初中因地制宜建设特殊教育资源中心，逐步实现各级特殊教育资源中心全覆盖。”通过五级特殊教育资源中心的设置，从国家到乡镇（街道）每一级都有了特殊教育专业资源的支撑。

2）义务教育阶段生均公用经费提升到每人每年7000元“十三五”时期，我国的残疾儿童义务教育阶段生均公用经费已经达到了6000元，“十四五”特殊教育计划提出，到2025年，义务教育阶段特殊教育生均公用经费补助标准要提高至每人每年7000元以上，有条件的地区还可以适当提高。这意味着，特殊教育的财政保障进一步加强。同时，计划强调，中央财政补助资金要重点倾向中西部地区学校，用于改善办学条件和重度残疾儿童的送教上门服务。贫困学生要优先获得资助。

3）医疗康复、信息技术与特殊教育融合　除了加强特殊教育自身的专业建设，也要加强特殊教育与医疗康复、信息技术的专业融合。加强医疗机构、康复机构与学校的合作，提供残疾儿童的评估鉴定、针对性康复训练等。引入大数据、虚拟现实、人工智能技术等，推进特殊教育智慧校园、智慧课堂建设，开发特殊教育数字化课程教学资源。

4）“特殊教育”“融合教育”列为每个教师的必修课　“十四五”特殊教育计划首次提出要求，每个师范生都要修读特殊教育，同时，特殊教育课程要作为师范生的必修课。师范生毕业后进入到学校，也要接受融合教育的培训，融合教育是普通学校教师继续教育的必须内容。这意味着，特殊教育将在师范教育、普通教师的继续教育中扮演更重要的角色。学员不仅仅是为了通过教师资格考试而学习特殊教育的理论和技术，更要在教学实践中，应用好特殊教育的理念和知识。学好特殊教育和融合教育，成为每个教师成长的必经过程。

二、“十四五”特殊教育发展提升行动计划的专家观点

“十四五”特殊教育计划出台之后，引起了专家的广泛关注。相关专家分别从“十四五”特殊教育的重要意义、重点特色以及专业影响等角度阐发了观点。

1. 重要意义

基础教育司司长指出，“十四五”特殊教育计划回答了“十四五”时期如何加快健全特殊教育体系的问题，同时也回应了党的十九届五中全会关于“完善特殊教育保障机制”的要求。“十四五”特殊教育计划是在习近平新时代中国特色社会主义思想指导下对特殊教育体系的高质量规划。中国教育学会副会长李天顺认为，“十四五”特殊教育计划描绘了2025年初步建立高质量特殊教育体系的宏伟蓝图，令人憧憬，令人振奋。“十四五”特殊教育计划是在中国教育聚焦高质量发展、阔步迈向现代化的大背景下，国家层面对“十四五”特殊教育事业发展作出的顶层设计和特殊安排。

2. 重点特色

中国教育学会副会长李天顺认为，“十四五”特殊教育计划有三方面的特色，包括：突出体系，全面构建特殊教育的四梁八柱；突出融合，全面赋能特殊教育内涵发展；突出

机制，全面提升特殊教育保障能力。清华大学教育研究院院长石中英从五个方面评价了“十四五”特殊教育计划的主要特色，包括：坚持了党对特殊教育事业的全面领导，明确了扎根中国大地办好特殊教育的实践道路，继承和发展了优秀传统文化的价值理念，强化了推进特殊教育教师队伍建设的发展路径，以及完善了统筹特殊教育事业发展的社会支持体系。

3. 专业影响

北京师范大学教授顾定倩认为，“十四五”特殊教育计划的出台，对所有师范院校以及师范老师提出了要求。他倡导，师范院校（专业）要提高政治站位，在培养特殊教育教师上共同作为；要坚持学生为本，在培养特殊教育教师上丰富作为；要扶持特教专业，在培养特殊教师上能够作为；强化督导评估，在培养特殊教育教师上更好作为。华中师范大学校长郝芳华认为，“十四五”特殊教育计划的出台，为促进融合教育高质量发展提供了行动指南。她针对下一步融合教育的高质量发展提出了五个建议：挖掘人才培养的潜力、增强科研赋能的活力、提升精准服务的效力、激发文化人的魅力、汇聚文明互鉴的合力。

三、“十四五”特殊教育发展提升行动计划之下发展障碍儿童的教育展望

1. 发展障碍儿童的受教育权将得到政策保障

以往的特殊教育政策主要面向我们熟知的残疾儿童，然而很多发展障碍儿童因为障碍程度不同，无法被界定为“残疾儿童”，因此很难得到政策的保障。“十四五”特殊教育计划实际上扩大了政策保障的范围，不仅仅面向残疾儿童，有特殊需要的儿童青少年也是保障的对象。这就将更多不同程度的发展障碍儿童也纳入进来，包括孤独症谱系障碍、言语语言障碍、注意缺陷多动障碍等儿童。

2. 发展障碍儿童将在更加融合的环境中成长

“十四五”特殊教育计划特别将“融合教育”列为重点任务，这是史无前例的。同时，计划提出要研究制定融合教育教学指南，指引老师解决特殊儿童在普校就读过程中遇到的各类问题。这说明了，国家建立和谐的融合教育环境的决心，要让残疾儿童青少年和普通儿童青少年在互相理解中成长，切实保障每个儿童青少年平等受教育的权利。特别值得注意的是，孤独症儿童的受教育困境有望得到解决。“十四五”特殊教育计划首次提出了要积极探索科学适宜的孤独症儿童培养方式，研究制定孤独症儿童教育指南，逐步建立助教陪读制度，为孤独症儿童更好融入普通学校学习生活提供支持。

3. 发展障碍儿童的终身教育将充满希望

“十四五”特殊教育计划中，有多个措施是指向特殊儿童的终身教育的，其中，重点任务之一的“拓展学段服务”的主要意涵就是要为特殊儿童的就业，甚至继续教育考虑，如“着力发展以职业教育为主的高中阶段特殊教育”“推动特殊教育学校增设职教部”“鼓励普通中等职业学校增设特教部”“支持普通高校、开放大学、成人高校等面向残疾人开展继续

教育”等等，目的就是要让每个孩子成才，让每个孩子都能有人生出彩的机会。同时，计划也首次提出，要建立从幼儿园到高中全学段衔接的十五年一贯制特殊教育学校，这显然能够为特殊儿童接受连续的、全面的、指向未来生活能力的教育提供有力保障。

综上，我们能够看到，国家切实地针对发展障碍儿童在实际接受教育的过程中遇到的困难进行施策，如学前的康复、学中的融合以及学后的发展等等。我们相信在国家每一期特殊教育计划，以及每一代特殊教育人的努力下，发展障碍儿童能够更加自尊、自信、自强、自立，发展障碍儿童家庭的经济和心理负担能够进一步减轻，全社会能够共享改革发展的成果。

（吴美琦）

第六节　多学科、数字化驱动下的儿童发展障碍康复行业趋势研判

一、背景概述

五年规划是丈量中国步伐的显著里程碑，在2021年3月5日的十三届全国人大四次会议表决通过了关于“十四五”规划及2035年远景目标纲要的决议，为我国发展擘画蓝图，同时为推动儿童健康事业长远发展带来无限生机，也为儿童发展障碍康复行业发展指明方向。

首先是数字驱动发展，2022年1月1日习近平总书记发表重要文章《不断做强做优做大我国数字经济》，强调促进数字技术与实体经济深度融合，赋能传统产业转型升级。《“十四五”数字经济发展规划》要求继续扩大数字技术实现应用突破，提升医疗普惠服务水平，助力建设健康中国；在国务院印发的《“十四五”残疾人保障和发展规划》中也明确提出了关于加强信息化建设、推进互联网康复的目标。近年来各项创新技术也被应用于儿童发展障碍康复行业，通过可穿戴技术、视觉识别技术手段辅助医生实现症状抓取及诊断分析，通过机器人、平板电脑帮助患儿提升社交情感技能及学习技能，通过人工智能辅助管理系统支持康复机构实现智能化人才培养，旨在帮助行业提升整体效能。

其次就是多学科驱动发展，在2022年1月27日印发的《“十四五”特殊教育发展提升行动计划》中明确提出“医疗康复及信息技术与特殊教育进一步深度融合”，以及“到2025年高质量特殊教育体系初步建立的主要目标”。共同富裕的核心是教育公平，在行业持续发展、康复手段不断革新、社会保障日益完善中，每个特殊孩子的全面发展始终是全体人民关注的核心。

根据《2020年度儿童发展障碍康复行业报告》，中国现有2~8岁儿童孤独症谱系障碍、注意缺陷多动障碍、言语语言障碍患儿约1300万名。而国内现有儿童康复机构约3000家，儿童康复师保守估计10万名，患儿：康复师=110 ：1，处于严重供需失衡。市场需求拉动下行业的规模化及集约化加剧，面对教育康复巨大供需差异，国家主导性、兜底性政策加码，以及2030年全面建设共同富裕社会的大目标指引下，“十四五”期间的行业高速发展是必然趋势。技术创新驱动下儿童发展障碍行业实现信息化与智能化，通过数字技术的深度融合让康复教育能够共享化与普惠化。

二、趋势研判

（一）激活数字交互式康复模式

儿童康复行业是一个地域特征显著的行业，纵观国内外康复模式大都依赖于线下实体康

复。而伴随技术发展及疫情背景下，发展障碍儿童数字交互式康复模式成为了行业突破的关键。第一，疫情推动线上模式接纳度提升。在经历了新冠疫情的全面线上化教育熏陶下，医生、康复师、家长乃至患儿都逐渐接受多手段并举的教育康复形态，通过进一步提升数字产品的价值和体验，将为儿童康复教育行业带去更多创新突破。第二，提升教育康复渗透率。在数字交互式教育康复模式下，可以通过“家校社”多场景实现教育康复，不拘泥地域，同时提升专业康复师的工作效率，提升我国发展障碍儿童教育康复的覆盖率。第三，政策驱动多学科科研创新。各项“十四五”规划细则都展示对于技术与临床结合的攻坚课题，在这个五年，数字驱动的供给侧支撑进一步增强，利用数字技术作为教育公平及共同富裕的支撑助力，通过数字技术与教育康复场景的融合创新成为必然趋势。

（二）提高儿童康复行业管理效能

数字技术还将应用于儿童康复行业管理层面，通过对行业机构、从业人员及临床等要素的信息化收集分析，可以有效提高儿童康复行业管理效能。第一，在行业机构层面，通过数据化管理系统的应用，可以有效提高各环节的管理流通效能，通过大数据的呈现和分析提高经营者预测、决策环节效率；第二，在从业人员层面，数字技术的融合便于每个从业人员的提升、认证、管理，通过数字技术的辅助提升人员培养的效能，不断优化从业人员质量；第三，在临床层面，支持和治疗是一个系统化的工作，数字技术能够实现医疗、教育多方协同，将每一名患者的全流程数据进行流转，实现时时效果评价和评估，协助临床制定个性化训练方法，追踪训练效果和调整训练方案。我国现有康复机构数量及规模均存在东西部地区有差异、一线城市与非一线城市有差异等问题，这就造成了不同地区儿童康复效果存在差距。所以提升行业整体管理效能，解决区域康复差异将会是发展重点。

（三）形成医教融合、数字赋能的新时代中国特色儿童康复体系

在接下来的时期，对于医学、康复医学、教育、数字技术的深度融合，建设出适应中国发展障碍儿童需求的儿童康复体系。多部门和单位协同推进，加强医疗机构、妇幼保健机构、儿童福利机构、康复机构与学校合作，提高残疾学生评估鉴定、入学安置、教育教学、康复训练的针对性和有效性。鼓励有条件的地方充分应用互联网、云计算、大数据、虚拟现实和人工智能等新技术，推进特殊教育智慧校园、智慧课堂建设。推动残疾儿童青少年相关数据互通共享，多部门的协同、跨学科的合作将面临许多融合的难题，需要行业的所有人共同推动。

三、发展机遇及实践路径

（一）加大落地政策保障

在政府层面，必须通过顶层设计构筑完善的政策外部环境。在宏观方向上已经有“十四五”规划作为指引，为了保证目标的实现还需要细化到各相关领域及地方的落地政策。

第一，政府层面要加强有关数字化的制度设计、完善数字化平台设施基础，引导科研技术力量的方向性引导，推进临床成果尽早面世。第二，建立跨政府部门的协调机制，由于儿童发展障碍行业的特殊性，其涉及教育、卫生健康、民政、残联等多个部门，跨部门的协调机制对于工作推进落地至关重要。

（二）积极推进软硬件基础建设

在儿童康复行业中，需不断强化数字基础建设支撑能力，建立具有竞争力的生态系统。第一，推进信息无障碍及无障碍服务软硬件建设。发展障碍儿童普遍伴随不同程度障碍和落后，投入同时适应于服务需求以及服务对象需求的软硬件信息化基础建设至关重要。在环境层面要注意无障碍的、儿童友好的家具、环创、教辅具；同时需要关注到发展障碍家庭的信息化使用体验，确保信息化服务的接受度及认可度。第二，加强儿童康复数据库系统、管理系统等数字软件基础设施建设。通过数字化软件系统的应用，可以形成我国的发展障碍儿童数据库，通过真实、有效的大数据挖掘分析，提供进一步政策制定、产业协同的依据；而相关的监管机构也可以通过大数据平台，对行业进行监管，使统筹监管、数据管理过程更加透明、及时、有效。

（三）大力推动人才队伍建设

随着新技术日趋深入应用于产业中，多学科合作需求加强，人才需求持续扩大，加强复合型人才培养是推动儿童康复产业链良性发展的重要支撑。第一，高校应根据当前医教融合、数字赋能的市场发展趋势尽快建设专门的专业方向，储备具备理论经验及实践基础的师资队伍，使用将各类前沿数字技术充分与教学结合的教学模式，在实习实训、教学资源等方面共建共享，着力提升儿童康复人才队伍的复合能力素养。第二，继续深化校企合作培育机制，企业应寻求与高校、研究机构加强合作，依托专业积淀较好的区域搭建儿童康复多学科学术研究交流平台，建立数字化发展高端智库，提供智力支持和决策资讯。同时，儿童康复经营主体还可通过资本投入引入不同背景的复合型人才，加大资金投入力度，充分调动人才的积极性与主动性。

（四）扩大临床研究样本，提高产学研用转

目前，全球的儿童康复临床研究都处于相对早期，结合数字技术及多学科队伍的研究成果还未经过大范围的临床检验，无法提供有效的数据支撑。儿童康复行业作为同时兼具医疗、教育，同患者的终身息息相关的领域，务必谨慎对待每一项成果，但同时也需要积极创新、敢于突破。扩大临床研究投入，同时做好患儿及家庭的科普宣导，推动真实世界数据应用，尽快筛选出可以广泛推行的多学科联动、数字化赋能康复技术，实现中国发展障碍儿童人人享有康复、人人享有教育的美好愿望。

（吉 莹）

第七节　儿童发展障碍诊疗研究进展

2021 年，儿童发展障碍相关的研究在流行病学、病因学、治疗干预、预后追踪等各领域均有大量新研究报道，我们将从几个方面分别回顾这一年来孤独症谱系障碍等的研究进展。

一、流行病学研究进展

2021 年 12 月 3 日，美国疾病预防控制中心（CDC）发布了最新的孤独症患病率的报告。报告说，2.27%（1/44）的美国 8 岁儿童患有孤独症谱系障碍（ASD）。这比两年前增加了 23%（上次是 1/54）。新的患病率是 2000 年 CDC 首次系统性报告孤独症患病率的 3.39 倍。这项研究发表在 2021 年 12 月 3 日的《发病率和死亡率周报》（*Morbidity and Mortality Weekly Report*）上，利用美国孤独症和发展障碍监测网络（ADDM）来估计居住在美国不同地区的孤独症和其他发展障碍儿童的数量。报告通常每两年发布一次。本次报告共研究了 5058 名 8 岁的孤独症儿童。患病率从密苏里州的 1.6% 到加州的 3.9% 不等。报告中有以下几点需要我们关注。

1. 2021 年报告中 8 岁儿童孤独症患病率为 1/44，高于上一个报告期的 1/54。与往年报告期相比，这一比率的上升幅度似乎更大，这是为什么呢？

详细看数据，增长大部分可能是由于加州纳入 ADDM 网络所导致的。之前报告说过新泽西州的孤独症报告率很高，但是这份报告显示，加州的孤独症率是全美最高的。

近 20 年来，新泽西州一直是孤独症患病率最高的，而这次发现加州是孤独症患病率最高的州。孤独症在美国很普遍，当我们仔细观察一个拥有良好医疗和教育水平的大都市时，我们往往会发现它的孤独症患病率很高。

2. 与往年报告期相比，本报告中的整体男女孤独症比例是否保持不变？男孩 / 女孩的孤独症患病率是多少？

男孩在 ADDM 平均患病率为 3.6%，女孩为 0.8%。之前的监测显示，男孩的数量是女孩的 4 倍。本次报告非常值得关注的是，在加州，男孩的孤独症患病率高达 6.4%，这是一个前所未有的数据，需要继续监测和研究，以评价其真实性。

3. 本次报告，各族裔和种族的患病率是否保持一致？是否发现了任何差异或趋势？

ADDM 覆盖的大多数州，不同种族之间的孤独症患病率是相似的。在少数几个州，西班牙裔孤独症儿童患病率较低。

4. 之前新泽西州的一份报告显示，与高收入或低收入家庭相比，中等收入家庭的孤独症患病率更高。今年的报告在社会经济状况方面又有什么新发现吗?

这是 ADDM 报告首次提供关于社会经济状况(socioeconomic status, SES)的信息。在这方面,孤独症的分布似乎正在发生变化。今年的报告没有显示家庭经济水平与孤独症患病率存在相关性。在一些州,患病率最高的反而是一些低 SES 社区,而在新泽西州孤独症最普遍的是在中等 SES 社区。也就是说,家庭收入可能与孤独症患病率没有关系。

5. 今年的报告是在疫情期间编写的,疫情是否影响数据收集或报告结果?

新冠疫情的确会限制一些 ADDM 站点的数据收集。然而,很难评估疫情对总体数据的影响。

6. 今年报告最令人吃惊的是什么?

最令人吃惊的是加州的孤独症患病率是最高的。近 20 年来,新泽西州一直是孤独症患病率最高的州。由于 ADDM 网络从未在加州进行过孤独症监测,因此需要我们再继续追踪一段时间。

7. 依然有很多孤独症儿童伴发智力障碍吗?

根据本次报告,在 8 岁有智商(IQ)得分的孤独症儿童中,约三分之一(35.2%)患有智力障碍(IQ ≤ 70)。

8. 我们是否可以更早识别孤独症?

ADDM 网络的调查结果显示 72% 的 4 岁孤独症儿童,在 36 个月大时就接受了发育评估。

相比 2010 年出生的儿童(0.89%),2014 年出生的儿童(1.36%)更多地在 48 个月前获得诊断。这也体现了我们可能越来越早地发现孤独症。

9. 报告显示,孤独症在美国的患病率在过去 20 年里持续上升,2010 年出生的儿童中有多达 4% 患有孤独症。孤独症的患病率还没有稳定,所以未来估计可能会继续上升。由于修正后的 ADDM 统计方法更快,但不够全面,可能低估了真实病例的实际数量。

报告发现在新泽西州的许多地区孤独症已经影响到 4%~7% 的 8 岁儿童,在加州也是 4%,这将是一件非常值得关注的公共卫生事件。此外,需要更好的策略来提高孤独症的早期筛查以及新的研究来确定 ASD 的环境诱因和致病因素。

二、诊断和评估领域的研究进展

(一)实现 1 岁以内就能诊断孤独症

2021 年发表的两项研究结果表明,与孤独症相关的症状最早可以在出生后第一年就被识别出来,早期筛查可以实现孩子最早 2 岁就开始进行干预治疗。这些研究由以色列巴伊兰(Bar-Ilan)大学 Mifne 中心的汉娜·阿隆妮(Hanna A. Alonim)博士发表在 *Journal of Perinatal and Neonatal Nursing* 上。

第一项研究侧重于基于婴儿视频记录的早期孤独症筛查,第二项研究比较了两个不同起始年龄阶段的治疗干预的效果。这些文章共同展望了在 1 岁之前诊断孤独症的前景，并探讨了通过早期治疗干预改善患者的进步情况。在以色列，孤独症通常在 1.5 岁左右被诊断出来，与西方国家相比，已经很早了。在其他国家，平均诊断年龄为 2.5 岁，这大大推迟了干预治疗的时间，可能增加症状的严重程度。10 年来，在 Mifne 中心进行的第一项研究中，研究人员研究了婴儿期的不同阶段可能的孤独症迹象。来自以色列、美国和欧洲地区的 110 名患儿参加了追踪，他们都在后续 2.5~3 岁被确诊为孤独症。父母录制了婴儿从出生到 1 周岁的视频，从未见过这些婴儿的发育专家观看了视频，并确定偏离典型发育的行为。

他们发现，89% 的婴儿症状可以在 4~6 个月大时就被观察到，但大多数父母不知道如何解释这些症状在婴儿发育过程中有何意义，或者会觉得这些症状稍后会自行缓解。这项研究的初步结果于 2011 年发表在 *Israeli Journal of Pediatrics*。

目前，已经相对明确的与孤独症相关的症状包括：缺乏眼神交流、对父母的声音或现身缺乏反应、过度被动或过度活跃、运动发育迟缓、拒绝进食、厌恶触摸和头围增长加速。所有体征都根据频率进行评级，以便为更准确的诊断提供详细依据。目前并没有公认的诊断孤独症的生物学方法（如抽血检查等），只能通过行为观察进行早期筛查。在这项研究之后，Mifne 中心开发了一个名为 ESPASI 的筛查工具，用于筛查有孤独症风险的婴儿。

第二项研究比较了在 Mifne 中心接受治疗的两组孤独症患儿：第一组包括 39 名在 3 岁开始接受治疗的患儿；第二组包括 45 名在 2 岁接受治疗的患儿。干预措施包括，首先患儿在 Mifne 中心接受为期 3 周的密集干预，之后，巴伊兰（Bar-Ilan）大学 Mifne 培训项目的治疗师在儿童家中进行为期 6 个月的后续干预治疗。

治疗基于生物 - 心理 - 社会方法，不仅主要干预患儿，同样关注其父母和核心家庭的成员。干预措施涉及身体发育、感官、运动、情感和认知等多方面，并利用患儿的动机培养依恋关系和各项技能能力。研究发现，两组患儿均取得了进步，但与干预较晚（3 岁）的患儿相比，干预较早组（2 岁）的干预效果更为明显。

这两项临床研究的结论是，缩短早期发现和早期干预之间的时间可以显著降低终身发育偏离的严重程度。

此外，进一步的研究表明，父母持续的担忧或焦虑状态将家庭带入一种恶性循环，这对婴儿的发育有重大影响。早期干预可以缓解家长的焦虑，一方面为父母提供适当的应对措施，另一方面可以促进孩子的发育。

（二）孤独症谱系障碍与注意缺陷多动障碍共患病的诊断

孤独症谱系障碍（ASD）和注意缺陷多动障碍（ADHD）有不同的核心诊断标准，但常常同时发生。直到 2013 年的《精神障碍诊断与统计手册（第 5 版）》（DSM-5）才认可 ASD 和 ADHD 共患病的诊断。在此之前 ASD 诊断与 ADHD 诊断是相互排斥的，诊断 ASD 就不能再诊断 ADHD 了，从而限制了对这种常见临床共患病的研究。对过去的十多年里的文献研究发现，孤独症谱系障碍（ASD）和注意缺陷多动障碍（ADHD）的患病率都有所增加。

ASD 和 ADHD 都是儿童发展障碍或在 DSM-5 里均归属于神经发育障碍。两种疾病都会受到中枢神经系统发育的影响，中枢神经系统负责运动、语言、记忆、社交和聚焦技能。患有 ASD 或 ADHD 的人，大脑发育在某种程度上受到了影响。最重要的是，这包括大脑的执行功能，它负责决策、冲动控制、时间管理、注意力和组织技能。对许多儿童来说，社交技能也会受到影响。孤独症共患多动症受影响更重。

ASD 患者中至少 70% 共患一种精神疾病，41% 的儿童将患有两种或两种以上精神疾病。儿童期，最常见的是社交焦虑、多动症和对立违抗障碍；成年 ASD 的共患病率也很高，最常见的是情绪障碍、情感障碍和多动症。随着年龄增加，共患病的患病率也呈上升趋势。儿童 ADHD 中至少 50% 有一种合并的精神障碍，25% 合并两种或两种以上。ADHD 儿童时期最常见的是破坏性行为障碍（如对立违抗障碍、品行障碍）、情绪障碍（如广泛性焦虑障碍、特殊恐怖、强迫症等）和情感障碍（如重性抑郁障碍、双相障碍等）。其他包括语言、学习和运动发展障碍、孤独症。成年 ADHD 的共患病率也很高，特别是情绪障碍、情感障碍和物质使用障碍（包括吸烟）。

ASD 的特征是核心社会交流障碍和兴趣狭窄 / 重复刻板行为，而 ADHD 的核心症状是注意缺陷、多动及冲动。研究表明，有 25.7%~65% 的 ASD 患者表现出 ADHD 症状（尤其是学龄前），同样，估计有 13%~21% 的 ADHD 患者共患有 ASD。这两种疾病都有已知的遗传易感性，在家庭成员中有其中一个疾病，其他家庭成员患有这两种疾病的概率都有所提高。

尽管越来越多的研究指出这两种疾病经常同时发生，但在 DSM- Ⅳ -TR（含）之前不允许双重诊断。在 DSM-5 修订的 ADHD 诊断标准中，承认了这种共病的可能性，并首次允许了 ADHD 与孤独症谱系障碍的共病诊断。这种新的态度不仅可以更有效地对这些儿童进行临床管理，而且还将为更精确科学理解这两种疾病的重叠点铺平道路。但是，相关研究比较少。

1. ASD 与 ADHD 的生物学方面的重叠

ASD 与 ADHD 的遗传度都很高，为 70%~80%；全基因组关联研究发现，ADHD 和 ASD 之间共享遗传风险因素。2018 年，瑞典的一项涵盖 1 899 654 人的研究发现，与非 ASD 相比，ASD 的同卵双胞胎患 ADHD 的风险高 17.7 倍，同胞的风险高 4.6 倍，表亲的风险高 2.3 倍；高功能 ASD 的亲属更明显。2016 年，一项基于人群的队列研究，3578 名 ASD 儿童的 6022 名同胞，与对照组相比，同胞患有 ADHD 的概率高 4 倍。但目前并没有发现明确的具体基因是共同的危险因素，只发现少数拷贝数变异。功能影像学方面的重叠发现也很少（除外方法学、算法等不一致的原因）。

2. ASD与ADHD的社交功能方面的重叠

社交困难是ASD的一个特征，也是诊断的必要条件。虽然社交功能缺陷并不是诊断ADHD的条件，但以下几个社交功能缺陷表现也被纳入了诊断标准："经常在排队时有困难""经常脱口而出答案""经常打断或妨碍别人"，这些都是青少年多动症的父母经常报告的导致社交障碍的原因。最近的研究通过关注ASD和ADHD中这些损伤的表达机制，为这些损伤的性质提供了线索。

3. ASD与ADHD的社交认知

社交障碍的潜在机制研究可能解开ADHD和ASD为何重叠。例如，社交感知能力（读取眼神测试：根据眼睛的黑白照片来判断一个人的精神状态）研究发现：强迫症（OCD）患者的社交感知能力比正常群体更强、ASD的社交感知能力缺陷最大、ADHD患者的社交感知能力表现为中等。研究表明，不管诊断如何，社交功能缺陷似乎在很大程度上同样影响社交知觉，强调它是社交障碍水平下的重要跨诊断机制。

4. ASD与ADHD的社交互动

低水平的互惠友谊是ADHD和ASD的另一个共同特征。相比于社交认知和社交行为，ADHD在同伴关注方面更差。ASD青少年的互惠友谊水平也很低，而且不同年龄段的同龄人都不太愿意与ASD患者接触，通常在接触ASD患者10 s内就做出决定。不同诊断的社交障碍的性质不同。ADHD有完整的社交知识，社交表现方面存在缺陷。而ASD则是缺少社交知识。ASD社交困难更多的是由于缺乏积极行为（如社交方法、眼神接触）而非存在负面行为。ADHD社交困难更有可能是由于存在负面行为，如打扰和插话。社交障碍可能并不被认为是理解这两种疾病重叠的唯一关键领域。

5. ASD与ADHD的执行功能

执行功能的相关研究涵盖包括抑制、认知转换、计划、工作记忆和概念形成等多个维度。ADHD和ASD似乎有自己独特的执行功能障碍。ADHD在抑制方面缺陷最为突出，包括抑制有效反应的能力以及计划/解决问题的能力；ASD在认知灵活性方面缺陷最为突出，这需要在多个视角之间快速保持和切换。ADHD患者的执行功能受损程度比ASD患者更严重，ADHD患者往往不会随着年龄的增长而改善，这进一步证实了ASD和ADHD并不存在显著重叠的观点。ASD和ASD+ADHD都有认知灵活性和计划障碍，ADHD和ADHD+ASD则有反应抑制困难。表明ASD与ADHD共病的本质是附加关系。

6. ASD与ADHD共病的识别与评估

2017年12月在英国伦敦召开会议，ASD和ADHD领域的专家（涵盖精神病学、儿科、全科医生、临床心理学、社会工作、言语和语言治疗、心理治疗和临床学术研究等领域）制定了一个指南，具体涉及：儿童和成人ASD和ADHD的识别和评估，儿童ASD和ADHD的干预治疗，成年ASD和ADHD的干预治疗。

指南建议一：采用全面的评估方法。包括标准化和半标准化工具。全面的评估应包括背景资料（包括发育、临床和家庭史，以及当前的精神状态检查）、量表、临床诊断访谈、临床观察、智力等能力评估。任何单一的评估都不应具有结论性。严重 ADHD 症状伴有问题行为时，轻度的 ASD 症状可能被掩盖。

指南建议二：神经发育评估时，家庭成员参与。因为两种疾病的遗传度高（ADHD 为 70%~80%，ASD 为 37%~90%）；成年首次诊断不少见。家庭成员也可能患有 ADHD 或 ASD，影响他们对典型行为的判断。家庭成员是儿童的重要环境因素，导致部分行为问题等。

指南建议三：症状可能因多种原因被掩盖。例如有的家庭会避免外出游玩、社交活动、学校集会，以避免在公共场合尴尬。成年 ADHD，可以选择非办公室类的职业，最大限度地增加创造性和（或）激励的机会，并最大限度地减少对执行和组织技能的需求。成年 ASD，可以选择并高度符合其特殊兴趣和技能的职业。

指南建议四：症状可能因代偿和应对机制被掩盖。成年 ASD，可能会在正式情况下（例如其熟悉的场景）很好地理解社会期望。成年 ADHD，可能会采取策略，在重要约会或会议期间保持专注和（或）控制坐立不安的冲动。然而，保持这样的社会外表都需要付出巨大努力，会导致个人感到疲劳、压力和痛苦。由此有可能导致饮酒、吸烟、电子游戏等成瘾行为，以缓解焦虑和情绪低落。

指南建议五：健谈在 ADHD 和 ASD 中表现不同。ADHD 和 ASD 的健谈，都会导致社交问题，但是有不同的性质：

ADHD：会说得过多，主导对话，精力充沛，富有激情地说话，说话声音太大，站得太近，不切题，经常改变话题，思路乱，打断别人的对话等。

ASD：说得过多，主导自己特殊兴趣的对话，当对方试图谈论其他事情时，教条地坚持该话题，并将对话带回其中，避免目光接触，语气和谈话风格看起来“平淡”，对社会规则和线索缺乏认识（例如，不提问，发表不适当的评论）。

指南建议六：简约原则——尽量用一个疾病解释一个行为。如，健谈已经被 ADHD 解释，除非还有怪异和单调的性质，才考虑记为 ASD 的症状。

三、病因学研究进展

（一）孤独症谱系障碍患者的肠道菌群差异并非是病因

孤独症谱系障碍（ASD）的病因仍不十分清楚，与遗传基因和多种环境因素均有关系。有研究认为，肠道菌群紊乱可能是孤独症发病机制之一。他们发现一些肠道微生物在孤独症患者中与正常儿童是不一样的。而在 2021 年，一项发表在 *Cell* 上的最新研究表明，对于肠道菌群和孤独症之间的关系完全弄错了。

2021年11月，澳大利亚昆士兰大学的研究团队在国际顶尖学术期刊《细胞》（*Cell*）上发表了《与孤独症谱系障碍相关的饮食偏好介导了孤独症谱系障碍患者的肠道菌群变化》（*Autism-related dietary preferences mediate autism-gut microbiome associations*）。该研究认为，孤独症儿童肠道菌群的不同，是由于与孤独症引发的饮食偏好导致的，而不是肠道菌群差异导致了孤独症。正好颠倒了之前研究的因果关系。

有很多研究认为肠道菌群紊乱导致了孤独症。*Cell*的这项研究是迄今为止肠道菌群与孤独症相关的最大规模研究，希望可以克服之前研究的局限性，探讨肠道菌群与孤独症之间的关系。在过去十年间肠道微生物组的分析更加便捷。许多研究揭示了肠道菌群与不同健康状况之间可能存在关系。“脑肠轴”的概念认为肠道菌群调控着大脑，因此肠道菌群与焦虑、孤独症等健康问题可能存在关联。

该研究分析了247名2~17岁儿童的粪便样本。其中有99名孤独症儿童、51名孤独症儿童的正常兄弟姐妹，以及97名正常儿童。研究通过基因组测序这些粪便样本，还详细调查了被试者的饮食、年龄和性别等可能因素。结果表明，孤独症与肠道菌群之间并没有直接关联的证据，但他们发现，孤独症与饮食之间存在非常明显的关联，孤独症与饮食多样性较少和饮食质量较差有关。此外，孤独症特征的程度和孤独症多基因评分也与饮食多样性较少有关。

这些数据分析可以得出一个非常简单而又直观的模型——孤独症相关的特征促进了饮食偏好，这反过来会导致肠道菌群多样性降低，还导致孤独症儿童容易出现肠胃问题。总的来说，这项研究表明，孤独症与肠道菌群之间的直接关联可以忽略不计。研究团队认为，孤独症儿童容易挑食的饮食偏好导致饮食多样化较低，进而减少了他们肠道菌群多样性，导致他们容易出现腹泻等肠胃问题。也就是说，不是肠道菌群的差异导致了孤独症，而是孤独症儿童的饮食偏好导致了肠道菌群的差异。因此，研究团队认为，不应当宣称肠道菌群驱动了孤独症。

（二）从脑白质微结构理解孤独症谱系障碍和注意缺陷多动障碍的关系

既往磁共振（MRI）研究发现，在ASD和ADHD患者中白质微结构确实存在异常。但MRI研究应用的方法各有不同，结果差异很大，难以被整合到一起。为了得到更确切的结论，北京大学第六医院的研究课题组合并了此前的66篇研究。结果发现，ASD和ADHD患者负责连接左右半球的胼胝体区域结构出现异常，但ADHD只在后部出现异常，而ASD的改变范围更大，在前部也出现了异常。研究结果于2021年11月发表于《神经精神药理学与生物精神病学进展》（*Progress in Neuro-Psychopharmacologyand Biological Psychiatry*）。研究试图回答ASD和ADHD患儿是否有共同的大脑异常？

儿童发展障碍也称为神经发育障碍，是在发育阶段，常常是学龄前开始发病，引起个体社交、学业、职业等功能受损的发育缺陷。针对儿童发展障碍的大脑异常，我们观察大脑却只得到了有限的信息，比如神经元胞体体积变小、树突密度增加。但我们并不清楚这些变化和临床症状有什么关系。此外，在儿童发展障碍患者的大脑里发现的异常，也在其他疾病中存在，比如精神分裂症、双相情感障碍等。该研究采用一种常用的手段就是弥散张量成像（diffusion tensor imaging，DTI）试图扩大视野，构建病因的假说。

过去很多研究认为灰质异常是高级神经功能的解剖基础，但现在发现，白质是在各脑区联络过程中进行整合、促进交流的重要结构。在白质研究方面，应用最多的是弥散张量成像。

研究纳入了 66 篇文献，涉及的被试者达到 4137 人。通过把既往的研究综合起来，扩大样本量，研究的真实效应更突出了，无关因素的影响更小了。

该研究的结果表明，ASD 和 ADHD 在胼胝体处存在结构异常，其他几种儿童发展障碍，包括读写障碍、交流障碍和抽动症，没有检测到一致的白质结构异常。以往研究结果也证实了它的重要性，影像学研究表明，胼胝体的结构完整性与社会功能、情感以及诸多高级认知过程的实现有关。

儿童发展障碍之间并不是完全独立的，几种疾病常同时存在。该研究中也对两种疾病的白质异常进行了对比，结果显示，ADHD 和 ASD 患者都存在胼胝体微结构异常，但 ADHD 患者仅局限于胼胝体后部，而 ASD 则在后部与前部同时存在。

四、干预治疗研究进展

（一）孤独症谱系障碍候选药物布美他尼暂停临床研究

2021 年，曾经热烈讨论的“老药新用”——利尿剂布美他尼（bumetanide）治疗孤独症的新闻一度甚嚣尘上。当时笔者就发现国内的研究结果，虽然在统计学上似乎有差异，利尿剂似乎比安慰剂有效，但是，仔细看国内研究的数据，就会发现，那可能只是统计学的数字游戏，使用利尿剂并没有实质、有明显临床意义的降低孤独症的症状得分。

而 2021 年 9 月，法国第二大制药公司施维雅及合作伙伴 Neurochlore 宣布，布美他尼治疗孤独症的两项Ⅲ期临床试验中，布美他尼并没有比安慰剂表现出更好的治疗效果，双方协商同意提前终止这两项试验。这也让孤独症的药物研究又遇上了坎坷。

两项Ⅲ期临床试验开始于 2017 年，在 14 个国家开展，其中包括 11 个欧洲国家，被纳入欧洲儿童试验计划，共招募 422 名青少年儿童中至重度孤独症患者，是欧洲最大规模针对儿童孤独症患者的Ⅲ期临床试验。这两项研究——分别针对 2~17 岁年龄组的 2~6 岁幼儿和 7~17 岁年龄较大的受试者——未能显示布美他尼在儿童孤独症主要评级表（Childhood Autism Rating Scale，CARS）以及包括社交反应量表（Social Responsiveness Scale，SRS）在内的次要评价方面有任何改善。施维雅研发主管克劳德·伯特兰（Claude Bertrand）说：“我们曾经对布美他尼寄予厚望，这意味着我们可能找到改善孤独症儿童和青少年的核心症状及其家庭生活质量的药物。”他补充说：“我们更失望的是，时至今日，还是没有药物治疗来帮助这些孩子。”对于孤独症的家长而言，药物治疗比起非药物的行为干预，恐怕更能提供希望。但是，也想请家长们心怀希望，暂时的坎坷不代表没有希望，而是，在一步一步试错的过程中，终将找到合适的疗法（不一定是药物）。

当然，这也提示我们，在没有明确的临床循证证据的前提下，仅仅依靠一篇文章报道，并不足以说明一个药物或疗法的临床有效意义，提示家长们在选择“新疗法”的时候，务必慎重，也提示医生朋友们，在选择“新疗法”时务必给予家长足够的警示，以避免在不充分知情同意下，家长盲目消费。

（二）孤独症谱系障碍儿童的父母训练

2021 年 10 月发表在《孤独症与发育障碍杂志》（*Journal of Autism and Developmental Disorders*）上的一项新研究证明，世界卫生组织（WHO）的照料者技能培训（Caregiver Skills Training，CST）项目可以帮助父母提高他们的技能，并与他们的孤独症儿童进行互动。

研究人员在意大利的皮德蒙特地区招募了 86 名 24~60 月龄孤独症儿童的父母，在儿童精神病机构的门诊参加儿童科研项目。

CST 共由 12 场培训组成，包括 3 个家访和 9 个小组培训，CST 方案旨在帮助父母和照料者帮助孤独症儿童提升日常生活技能，让他们更有效地与孤独症儿童互动。通过示范、指导和小组讨论，教会照料者如何与孤独症儿童玩耍、交流，建立和维持与儿童的共同日常，以及采用积极的育儿策略。

CST 项目关注了孤独症儿童的关键需求，因为被诊断为孤独症的孩子经常很难与他人建立联系，他们不太可能意识到并参与沟通、玩耍和分享感兴趣的事情。交流过程中，缺乏与伙伴的持续互动，降低了孤独症儿童提升所需的交流技能、情绪调节和日常生活技能的能力。

总体来说，CST 项目的结果是积极的。家庭在 12 次培训中的出席率很高，84% 的家长完成了至少 75% 的课程。绝大多数家长和照料者对该方案表示高度满意，称他们认为该方案有用，而且该方案为他们在家中继续进行干预做好了充分准备。

此外，在 CST 方案结束后 3 个月随访的结果发现，培训改善了亲子互动。父母通过“支架式教学的模式”指导子女的行为，保持共同的关注点和鼓励积极的沟通，显著提高了他们与子女互动的能力。在自由玩耍方面也有显著改善，父母和儿童在互动中表现出更大的联系性和相互作用。分析还发现，父母的自我效能感有所增加，这意味着父母对自己照顾孩子的能力更有信心，并且减少了父母的压力和焦虑。在访谈中，家长们报告说，他们的孩子行为和沟通能力均有所改善，他们和孩子之间的联系也有所增强。

虽然关于儿童孤独症项目还需要更多的研究，但这项研究表明，这是一种很有前景的方法，有可能通过改善父母与孤独症儿童的互动方式来改善儿童行为与技能。它为临床干预提供了一个非常有价值的替代方案，可以弥补那些难以获得长期有效干预的家庭。

（三）注意缺陷多动障碍的行为干预治疗

注意缺陷多动障碍（ADHD）是儿童及青少年常见的儿童发展障碍之一，常见的共患病是对立违抗性障碍（ODD）、品行障碍（CD）、焦虑障碍及抑郁障碍等。药物治疗和行为干预等方法已经普遍应用于临床。行为干预不仅改善 ADHD 的核心症状，还对共患病有改善效果，且可以降低药物的使用剂量等，而且国人对于药物治疗普遍存在抵触，所以患者及其家庭一般会优先选择行为治疗。行为治疗不可能对异质性很高的各类型 ADHD 的个体都有显著效果，一般都需强调个性化治疗方案，依据个体和家庭的情况进行治疗方案的制定。

2021 年发表的一篇个人参与者数据元分析（individual participant data meta-analysis，IPDMA）研究，总结并分析了基于个性化设计治疗研究的荟萃分析。该研究是首个针对儿童青少年 ADHD 的 IPDMA 荟萃分析，研究使用 IPDMA 来确定行为干预对于 18 岁以下的 ADHD 儿童和青少年的 ADHD、ODD、CD 症状和总体功能损害的干预的效果。另外该研究甄选了数个候选的可能会影响个性化干预计划制定的预测因素，包括：儿童的临床特征（如 ADHD、ODD 及 CD 症状的严重程度，内化的问题，功能损害，存在的共患病，药物干预情况等）以及人口学特征（儿童的年龄、智商、性别、家庭社会经济地位等）。

该研究选择了 25 个研究中共 2885 位受试者的数据（干预组 1936 位，对照组 949 位，平均年龄 8.78 岁）；最终采用了其中 21 个研究（n=2288），有 4 个研究（597 位受试者）由于数据不足而舍弃。

该研究发现行为干预对 ADHD 及其共病的效果如下。

ADHD 的症状：行为干预对 ADHD 的症状有积极作用（小到中等的效应量），体现在干预父母，或直接干预儿童 / 青少年患者。品行障碍的症状和品行障碍在基线评估时的诊断是干预效果的预测因素。

存在更多的 CD 症状和（或）基线获得 CD 诊断的儿童 ADHD 症状的干预效果更好。

注意力不集中症状：行为干预对注意力不集中的严重症状有积极作用（小到中等的效应值），体现在干预父母，或直接干预儿童 / 青少年患者。未发现可用于预测的变量。

多动 / 冲动症状：行为干预对多动 / 冲动症状有积极作用（小的效应值）。基线存在 CD 症状可能会预测较差的干预效果。年龄、CD 症状严重程度和干预情况间存在显著的交互作用。年龄小的、有更多 CD 症状的干预效果更好，但这种效应在较大年龄组的儿童中没有统计学意义。CD 症状严重程度的影响仅在父母干预中有显著的统计学意义，但在以儿童 / 青少年为中心的干预中没有统计学意义。

对立违抗障碍症状：行为干预对对立违抗障碍症状有积极作用（小的效应值）。这种效应在父母干预中仍有意义，但对于以儿童为中心的分析可用的研究数量太少而不能进行研究。对基线 CD 症状更多的单亲养育的青少年有更大的干预效果。CD 症状严重和（或）单亲养育的预测效应不随任何其他变量的变化而变化。这种调节效应仅在父母干预研究中有意义。

品行障碍症状：行为干预对品行障碍症状有积极作用（小的效应值）。这种效应在父母干预中仍有意义，但对于以儿童为中心的分析可用的研究数量太少而不能进行研究。基线ADHD严重程度、基线CD严重程度和干预条件直接存在显著的三方交互作用。对照组中，ADHD和CD症状更严重（不是ADHD症状轻并且CD症状重）干预后的效果相对更差。基线CD症状严重程度的影响在仅父母干预的研究中仍有统计学意义。

总体功能损害：行为干预对总体功能损害有积极作用（中等的效应值）。这种效应在父母干预中仍有意义，但对于以儿童为中心的分析可用的研究数量太少而不能进行研究。基线ADHD症状更严重的个体干预效果更小，尽管这种效果似乎是由对照组损害程度更大所致。附加分析显示，ADHD症状严重程度的调节效应不随其他变量变化。基线CD症状严重程度的影响在仅父母干预的研究中仍有意义。

综上所述，强有力的证据表明行为干预对ADHD、注意力不集中、多动/冲动、对立违抗障碍、品行障碍以及损害的症状有小到中等的效应。在本IPDMA研究中，干预的效应量在全面的功能损害是最高的。

（四）孤独症谱系障碍与注意缺陷多动障碍共患病的治疗研究

2017年12月在英国伦敦召开会议，ASD和ADHD领域的专家（涵盖精神病学、儿科、全科医生、临床心理学、社会工作、言语和语言治疗、心理治疗和临床学术研究等领域）制定一个指南，对于干预治疗的指南建议如下。

1. 儿童非药物干预原则

建议采取系统的方法：共患导致额外的复杂性——需要心理和（或）环境干预，如家庭/教育/工作环境中，加剧了症状并影响患者的应对能力——荧光灯或刺眼的灯光、温度、气味（空气清新剂或宠物）、噪声（电视或火车或道路交通）、标签不清晰（厕所）、有障碍物的凌乱环境。

建议个性化的干预：取决于环境及个人的发展水平、临床行为表现以及社交沟通技能等（表3-16）。

表3-16　ASD与ADHD共患病的非药物干预

干预策略	干预内容
心理教育	尽可能提供终身服务，追踪随访对于提供信息和支持以及关键的过渡点至关重要
合理预期	确保个人、父母对儿童的能力以及干预措施可以实现的目标抱有现实的期望
阶段特征	儿童和青少年的心理教育方案应该有所不同，后者包括与转衔、性和危险等有关的问题
父母支持	（1）提供了一个支持性和包容的空间，可以分享经验。重点在父母、孩子间接受益 （2）基于复杂需求的孩子的困难，帮助父母管理孤独、压力、焦虑和抑郁情绪的内容
父母实施的干预	教会父母向他们的孩子提供行为和环境干预。父母是实施者，孩子直接受益
功能行为分析	深入了解问题行为的引发、维持行为原因的方法。为行为干预提供信息

续表

干预策略	干预内容
认知疗法	认知方法[包括认知矫正疗法（CRT）和认知行为疗法（CBT）]更适合青少年，而不是幼儿
优化疗法	可能需要增加干预次数、放缓干预步调、缩短每次干预时间、增加干预期间休息等。很强的结构性、遵守议程将有助于减少不确定性和焦虑。必要时需要调适环境以尽量减少感觉的不适和分心（例如对光线、气味和声音的过度敏感等）
多场景支持	让家长（并酌情考虑教师）支持患者在不同情况下应用在治疗中学到的技能
转衔规划	为了避免服务断档，在患者还有一年转入成人服务前，应规划转衔计划。成功的转衔应该让每个与患者有关系的人都参与进来
综合管理	所有治疗方案都应纳入综合计划，包括正向行为支持计划，该计划旨在在不同照料人员、工作人员之间提供一致的干预措施（包括教育），计划应与所有相关方共享

（1）心理教育（psychoeducation）：有助于改善ASD和ADHD患者及其父母的长期预后，形式可以为一对一或小组开展均可。心理教育是所有治疗干预措施的组成部分，并作为“前奏”。

心理教育的内容：ADHD和ASD的病因学、症状特点、常见并发症，讲解有可能增加养育压力的“触发点”（小型的如度假或参加社交活动，大型的如换工作、搬家、初中和高中过渡、过渡到继续教育或工作等），当地资源和相关残联/教育政策。父母可能认为“没学到东西”（认为内容太通用、不重要、太忙或太累）。需要服务实施方调整提供：终生服务、不同阶段提供教育内容不同的措施。

（2）家长干预（parent interventions）：包括父母支持、父母实施的干预。父母支持会引入一些基本的行为管理策略，但重点是父母（而非孩子），学会更好地应对自己的压力、痛苦和孤独感。内容包括提高应对技能，管理病耻感，应对儿童行为对家庭关系的影响，平衡就业和家庭生活的需求，建立常规和结构，引入视觉时间表，建立“自我时间”，获取网络资源的支持，改善家庭和社区的安全，应用“感觉食谱”，并使用奖励强化技术、提示和辅助技术。

父母实施的干预旨在教父母向孩子提供干预。以技术为重点，父母是推动者，孩子是直接受益者。通常以小组形式（最多12次会议）。对于ASD、ADHD、ODD和CD的儿童，有一定证据可以进行这种性质的行为干预，并发现育儿技能得到提高，家庭痛苦程度下降。

（3）行为和环境干预（behavioral and environmental interventions）：环境干预之前通常先进行功能性行为分析（functional behavioral analysis）。行为的前身在图表中记录（即行为发生前发生了什么，是什么让行为变得更糟，是什么让它变得更好），行为本身被详细描述及其后果（即之后发生了什么，个人及其周围人如何反应），如，上课离开座位的功能是什么？可以深入了解问题行为的触发因素和动机，以及可能维持行为的因素。

干预措施：预防性干预、后果干预、替代行为等基本都是基于应用行为分析（ABA）。

（4）其他疗法干预（other therapeutic interventions）：根据 ASD 合并 ADHD 儿童的具体技能缺失情况及问题情况开展。

①基于应用行为分析（ABA）的干预方法：0~6 岁语言行为、生活常规、生活自理、社交交流等。

②基于认知行为疗法（CBT）的干预方法：相比幼儿更适合青少年，对于 ASD 共患 ADHD，相比认知干预可能更应关注行为干预。有用的主题包括：社交技能培训，情感识别、阅读肢体语言和面部表情，冲动控制，情绪控制，提高注意力和记忆力的方法，解决自卑问题，自信培训，应对同伴压力，识别危险行为，管理家庭和社会关系，计划技能，解决问题的技巧等。

③基于认知矫正疗法（CRT）的干预方法：相比幼儿更适合青少年，注意力、记忆力、视觉信息处理、语言、运动功能等。

（5）教育和课堂干预（education and classroom interventions）：主要应注意以下几点。

①学校工作人员应接受具体培训，以了解 ASD 和 ADHD 如何影响儿童在课堂上的学习以及与同龄人互动的方式。

②应尽早解决学习障碍（LD），如阅读困难、计算困难、语言和沟通缺陷，转介给专业人员（如言语和语言治疗师、职业治疗师）。

③可能会在学校感到孤立和深感痛苦，导致拒绝上学。学校必须制定全面的协调支持计划，以帮助儿童。

④了解和理解学生社交和感觉需求，做必要的调整（例如避免拥挤的空间、噪声），以减少压力并促进学习和参与。

⑤健康和福祉主题应纳入课程，以避免以后的风险（例如计划外怀孕、性传播疾病、物质滥用和心理健康问题等）。

⑥充分理解 ASD 和 ADHD 儿童的“成就差距”，确保课程要求是适当的。

⑦应与学生和相关人员就从小学过渡到中学进行积极主动的个人规划，以尽量减少这一事件的潜在负面影响和压力感。

⑧应制定个别化教育计划（IEP），并与医疗保健团队共享。

2. ASD 与 ADHD 共患病的药物干预原则

儿童和成人 ASD 共患 ADHD 的药物治疗与每种疾病的单独治疗没有什么不同。参考 ADHD 指南使用中枢兴奋剂和非兴奋剂。不应使用治疗 ADHD 药物来治疗 ASD（未共患 ADHD），没有证据表明有积极影响。无论是儿童还是成年人，ASD 都没有循证证据的药物干预。某些国家使用抗精神病药物治疗核心 ASD 症状；然而，支持使用的证据基础微不足道，副作用的风险也很高。第二代抗精神病药物，特别是利培酮和阿立哌唑，已被用于短期治疗 ASD 儿童和青少年的情绪爆发，其中有伴发 ADHD 的。建议低剂量、定期随访和短期使用。

有研究认为 SSRI（selective serotonin reuptake inhibitor）类抗抑郁药物对 ASD 效果不明确。

儿童的药物原则：行为和环境干预是一线治疗。

成人的药物原则：应酌情提供治疗 ADHD 的药物，并进行定期监测，而不应等到心理治疗完成后。

充分考虑药物相互作用，联合用药（如褪黑素），可能有助于缓解与兴奋剂相关的失眠。药物治疗不应用于弥补个人环境中的缺陷，如人员配备不足或缺乏培训和技能。药物的使用时间应尽可能短，并明确规定目标和有效措施。应密切监测治疗结果，包括副作用。任何无效的药物都应该停止。应该采取“低剂量、慢增量”的滴定方法，一方面证据少，另一方面共患病患者可能对药物的影响（特别是在副作用方面）更敏感。药物的使用时间应尽可能短，并在治疗期间进行仔细监测。

（五）音乐治疗与儿童发展障碍

音乐是指用有组织的、有规则的声音组合来反映现实生活、与他人产生情感共鸣和展现人们内心世界的一门艺术。通过倾听、创作等手段，人们能够听辨出声音的高低、长短、强弱，以及由不同声音所构成的曲调；在音乐中寄托和抒发情绪、情感，实现感情、生活体验的双向交流，并陶冶情操，提高思想认识境界。对于儿童来说，音乐活动能够在一定程度上反映出儿童自身的认知、情感和个性发展状况，因此也是研究儿童心理发展的最佳途径之一。

音乐治疗（music therapy）是指治疗师利用音乐体验的各种形式，以及在干预过程中形成的动力性治疗关系，帮助被治疗者恢复健康。音乐治疗常被分为 10 个学派——诺多夫罗宾斯音乐治疗、心理动力取向音乐治疗、临床奥尔夫音乐治疗、柯达依概念的临床运用、达尔克罗兹节奏教学的临床运用、引导想象与音乐治疗、发展音乐治疗、音乐治疗和沟通分析、完形音乐治疗和应用行为矫正的音乐治疗等。音乐治疗的类型和形式十分丰富，作为独立干预方法，按照被治疗者主动性划分为聆听法（接受式音乐治疗）、主动法、即兴法、融合法等。

儿童音乐治疗是根据行为矫正、潜意识开发、人本主义等心理学原理，通过对发展障碍儿童（例如孤独症、智力障碍、脑瘫等）进行的较长期的音乐治疗活动（特别在儿童早期干预中），在治疗师、乐器、音响、儿童、家长之间建立起音乐关系，激发儿童有意识或无意识反应的积极音乐行为表现。从儿童在治疗前后对音乐的接受程度中体现问题儿童心理、生理方面的改善（例如情绪、交往、注意力、身体协调等方面），达到补偿儿童行为缺陷和改善儿童成长障碍的治疗目的。因此，音乐治疗目的是解决音乐以外的儿童发展障碍问题。在此过程中音乐技术水平提高多少并不重要。

儿童音乐治疗与儿童音乐教育的关系是一个递进关系。当治疗师与儿童在音乐治疗过程中逐步建立起关系后，治疗师就可以根据具体情况逐步渗透音乐教育内容（例如音乐技术和认知内容深度等）。

我国的儿童音乐治疗研究自 20 世纪 80 年代开始后，一直没有停止前进的脚步。先后有多位音乐治疗研究专家开展了对问题儿童音乐治疗的临床研究并出版相关研究成果的书籍。近些年来国际上先进的“创造性音乐治疗”等方法体系受到中国儿童音乐治疗研究人员的广泛关注和欢迎。大量中外音乐治疗学交流活动的开展提高了中国儿童音乐治疗的理论水平与实践能力。

1. 发展障碍儿童音乐治疗的实施原则

（1）促进儿童主动发展为主。发展障碍儿童的音乐治疗是通过结合音乐和活动的方式矫正不良的精神状态与行为，促进儿童的感知运动、社会认知和生活技能的发展。因此在治疗中，儿童是音乐的主体，是活动的实践者，要根据儿童的需要与兴趣设计活动。

（2）治疗内容生活化。发展障碍儿童的发展都是基于生活体验获得的，因此，取材于生活的内容是音乐治疗顺利开展的重要载体。取材于生活的内容包括韵律步行、跑、跳、点头或摇头、拍手、跺脚和掰手指等。

（3）团体治疗为主，个别治疗为辅。音乐治疗是儿童社会化的有效手段，治疗过程中可以给儿童创造同伴学习的机会。一般来说，在我国的各类特殊学校或儿童福利机构开展音乐治疗时的最佳做法是以团体治疗为主，个别治疗为辅。个别治疗只有在儿童几乎完全不能融入团体生活、家庭治疗或作为强化物时才应用。

2. 发展障碍儿童音乐治疗的应用

音乐治疗自 20 世纪 80 年代传入我国，并应用在发展障碍儿童干预之后，受到了极大的关注，包括音乐、教育和儿童医疗康复机构等领域专家、学者都对音乐治疗的成效给予了肯定。音乐治疗专家认为，音乐治疗对于儿童学习困难和各种身心障碍是一种积极而有效的治疗方法。音乐治疗在特殊教育领域的应用主要是治疗智力障碍儿童、孤独症儿童、抑郁症儿童、言语语言障碍儿童、情绪障碍儿童、视力障碍儿童和听力障碍儿童等。

（1）在治疗智力障碍儿童方面：智力障碍又称智力缺陷，是指大脑受到器质性损伤或由于遗传因素的染色体畸变或基因突变等，造成的大脑发育不全，形成认识活动的障碍或全面的心理活动障碍。音乐能改善大脑功能，协调大脑左右半球，从而促进人的智力发展，所以常被应用于儿童的早期智力开发。有研究者就音乐治疗在智力障碍儿童中的应用与实施做了研究。研究者认为，音乐治疗的目标是力图通过各类音乐活动，实现增进智力障碍儿童的肢体感官、心理情绪、人际互动、语言或认知等能力，而非提升智力障碍儿童的音乐欣赏或创作能力。

（2）在治疗孤独症儿童方面：既往研究发现，音乐治疗可以通过培养孤独症儿童与人交往的能力，进而改善孤独症儿童的社会交往障碍。由于孤独症儿童的个体差异性较大，因此在制定治疗方法时要依据儿童的具体情况，这样儿童就可以在音乐治疗中获得安全感，也较为自由。对孤独症儿童音乐治疗的研究发现，音乐在孤独症儿童情感、社交、言语沟通等方面都存在正面效果。神经影像学研究通过静息状态功能磁共振成像发现，聆听音乐会导致广泛的额顶网络和边缘系统的神经活动，音乐活动涉及听觉、运动、情绪、愉悦和记忆等多个脑区，使得与音乐有关的治疗效果通过结构性和功能性的大脑改变转移到与音乐无关的脑区。2018年的一项研究，纳入26名孤独症儿童，围绕社交沟通能力进行了12周的即兴音乐治疗，发现音乐治疗组干预后感觉运动网络的连接性增强。音乐治疗后的大脑连接性变化与患儿的沟通改善可能存在关联，但大脑连接性的改变对社交行为的影响机制尚不清楚，需要加强大规模的随机对照实验，注重对孤独症儿童异质性和神经心理机制的探究，进一步了解音乐疗法对孤独症儿童起作用的原理和因素。2014年的一项综述，回顾了10个关于音乐疗法的临床研究，涉及165名孤独症儿童，结果发现，音乐治疗对孤独症儿童的治疗是有正面效果的。但是，很多研究的结果并不一致，2015年和2018年两项研究从孤独症儿童的异质性方面探讨了可能导致音乐治疗效果不一致的原因，认为认知水平较低以及5岁以下的孤独症儿童最有可能受益于音乐治疗；音乐治疗对5岁以下儿童的治疗效果更好；与儿童的言语能力相比，非言语能力经过音乐治疗后的提升效果更好。

3. 音乐治疗的方法

主要有如下方法。

（1）儿童音乐治疗评价体系

◇收集资料：音乐治疗需要收集治疗对象多角度的背景资料，包括生理、心理医生的诊断，家庭内外社会关系中接触的各种人对治疗对象的评价，治疗对象的个人意愿陈述等。

◇测量评估：通过音乐治疗过程中的前、中、后测（目前采用的自编量表分行为、音乐两大部分表格，行为量表由语言交往、注意力、身体协调、认知四部分内容组成，音乐量表由打击乐、音条、键盘、音乐感受力四部分内容组成）及治疗对象的背景资料，分析出他的能力、需要及问题所在。对可能为治疗对象所提供的治疗性质、范围、方法（集体或个别治疗）、结果做出治疗方案。

◇治疗计划：制定长期目标一般指对治疗结果的预测。制定短期目标一般指完成长期目标的具体干预措施、目的，设靶行为及每一次的治疗方案。

◇数据收集体系：

1）频率记录法（frequency recording），根据录像每次做跟踪观察笔录，记录治疗对象健康的或不健康的行为发生次数。从各种行为发生次数的增减现象比较证明治疗进展程度。

2）持续时间记录法（duration recording），根据录像每次做跟踪观察笔录，记录治疗对象健康或不健康行为持续时间长短。从各种行为持续时间的长短现象证明治疗进展的程度。

3）数据制成表格并由“每日记录”和“前、中、后测”记录两部分构成。

（2）儿童音乐治疗基本活动项目

◇用音乐游戏或歌曲形式培养儿童彼此熟悉名字、交朋友和互致问候，提高儿童交往能力。

◇用表演形式的歌曲或用打击乐器打节奏的形式培养儿童注意力，减少攻击等障碍行为的发生。

◇用听音乐的形式作放松训练，培养良好情绪，减少儿童对外界的恐惧感。

◇通过训练多种奥尔夫乐器的独奏、合奏，培养儿童的肢体协调性及多感官的反应力。

◇通过儿歌有节奏的说唱过程，提高儿童的语言表达力。

◇通过在不同类型的儿歌中做即兴的歌舞表演，培养儿童身体平衡力、认知水平和想象力。

◇在音乐中进行绘画或欣赏画的活动，发展儿童的精细动作及想象力。

◇通过编故事和表演心理剧等促进儿童的语言表达能力及合作能力。

（3）儿童音乐治疗评估方法

音乐活动中要求参与者具备一定的音乐常识与技能。在评估过程中，治疗师要了解儿童对音高、音长、音强弱的识别能力，以及对旋律与节奏的记忆力，并能够正确地再现等。理解并随时记录这些基本的音乐感觉和技能对音乐治疗的开展非常有利。慎用问卷调查的形式。测试的具体内容如下。

第一，儿童对音乐的喜好及相应知识，包括其喜好的曲目与已知曲目的分布（时代和样式），及其对音乐知识的掌握程度。

第二，儿童对音乐构成的基本理解，包括音高、音长、强弱、节奏等的辨别，以及对调式的识别（大、小调）、和声感觉和对音乐的联想能力。

第三，儿童的演奏技术，包括治疗对象的歌唱与乐器演奏情况，具体可以细分为表演欲望的程度、曲目的种类及特征、对旋律记忆的正确性、读谱能力及对读谱错误的修改能力、情绪的表现程度。另外，治疗对象与伴奏者的配合程度，以及他们对听众（其他人）的反应、在现场紧张的程度及表现形式、对节奏的支配能力和对配合者的照顾程度等。

第四，儿童的身体运动水平与特长，包括身体的自然行为与动作，如治疗对象经常出现的特定行为和动作方式，对特定动作的执拗程度，特定行为方式的节奏和速度，行为方式表现出的冲动和需求，与其行为模式最为贴近的音乐活动。另外，治疗师还要观察掌握治疗对象的舞蹈动作，看其能否进行节奏复杂、变化多样的舞蹈，能否很流畅地接应小节之间的过渡，对舞蹈动作是否有固执的倾向，能否接受相应的变化，对快节奏能否接受，以及对音乐记忆和动作记忆的能力等。

第五，儿童听赏的态度及反应，包括对音响刺激的听觉阈限，对音乐的专心程度及持续性，由音乐引起的情绪反应及其性质、程度和表现形式，对音乐的形象化处理程度，以及音乐的联想力等。

综上所述，治疗师要以科学的态度来对待评价和以前期评估为基础的治疗计划、治疗操作，并且在治疗过程中不断揣摩和斟酌。

（吉　宁　郜熠珂　杜俐伎）

五、按摩疗法在孤独症谱系障碍儿童中的应用

皮肤触摸可以刺激人体感知觉系统和催产素系统，进而促进中央神经系统尤其是大脑社会功能相关脑区的发育。孤独症谱系障碍儿童在早期阶段就表现出对触觉的异常生理、行为和神经反应，进一步发展出社会互动和人际交流障碍。按摩疗法作为一种非侵入性、可操作性强、经济成本低、预后效果显著的干预手段，可以有效调节个体的触觉加工，尤其对儿童孤独症患者的神经发育和社会行为具有一定的调节作用。

（一）按摩对社会和认知行为的重要作用

按摩（massage）是一种古老而传统的治疗和康复方法，可追溯至我国远古时期，距今已有2000多年的文化和技艺积淀。在20世纪40年代医学革命之前，按摩疗法一直是国际上主流的临床治疗形式之一，具有减缓疼痛、降低焦虑、改善睡眠、提高免疫力等作用。研究发现，皮肤刺激，尤其是通过无髓传入神经（CT纤维）传入的触觉刺激，会促进下丘脑中催产素（oxytocin，OXT）的合成，并释放到社会认知和奖赏（眶额叶）等脑区。催产素可以加强对社会线索和奖赏刺激的敏感性，并抑制下丘脑－垂体－肾上腺轴对应激源的反应，调节社会功能，对心理理论、依恋关系、人际交往等行为具有重要作用。

胎儿在20周时已经能对母亲的触摸产生反应。在世界上多数国家的产房中，婴儿刚出生后即被放在产妇的胸前，进行皮肤接触，建立亲子关系。另外，对早产的新生儿进行推拿或抚触，可显著促进幼儿的体重增长，并向幼儿传递积极的情感互动。出生后的婴儿在3个月大时能区分触摸和非触摸的行为，并且对触摸行为有更多的注视。随后，在幼儿发育早期，触摸（拥抱、亲吻、抚触等皮肤接触）作为一种非语言的交流形式，对幼儿的社会性发育和语言发育具有重大影响；相反，触觉加工的紊乱则会导致社会性和语言发育的迟缓，如孤独症患者中典型的感觉加工异常行为。人和动物的触觉剥夺实验也证实了早期的触觉刺激对于大脑的发育，包括社会和认知行为等都具有关键作用。

（二）孤独症谱系障碍背景介绍

孤独症谱系障碍（autism spectrum disorder，ASD）包含一系列多类别的神经发育类疾病，它主要以社会交流障碍为典型症状，伴随刻板的行为模式、狭窄的兴趣爱好和异常的感觉加工等特征，严重阻碍了患者的生存能力和生活质量。美国疾病预防控制中心于2021年12月发布的数据显示，在美国，每44名儿童中就有一名孤独症患者。自1943年孤独症谱系障碍

被正式提出以来，孤独症的发病机制、诊断标准、干预策略受到越来越多的研究。随着理论的深入和技术的革新，对孤独症的探索也在不断进步，但临床上一直未能确立行之有效的治疗策略使患者康复。邹小兵认为，孤独症干预必须以社会交往缺陷作为干预的核心任务，并提出以行为疗法为干预的基本手段。康复学校和民办机构常规的干预方法是基于应用行为分析（ABA）的孤独症行为干预，随后分别是言语语言治疗和感觉统合训练。此外，部分家庭会利用如催产素、褪黑素、ω-3脂肪酸、甲基维生素 B_{12}、叶酸、维生素等补充物，或者如按摩、针灸、高压氧疗法等刺激疗法，作为改善和调节孤独症症状的辅助治疗方法，但治疗效果个体差异较大，且不能排除安慰剂效应的可能性。

（三）按摩疗法在孤独症谱系障碍中的应用及机制

96%的孤独症谱系障碍患者会表现出对感官刺激的异常反应，尤其是对触觉刺激会表现出异于常人的行为和神经反应，并且与触摸加工相关脑区的功能存在异常（如前额叶和颞上回），即对情感类触摸较难产生愉悦情绪。Kadlaskar等人的研究发现，高风险孤独症儿童早在12个月大时就表现出对触觉刺激的反应迟钝，他们提出婴幼儿对触觉刺激的异常反应或许可成为预诊孤独症以及预测症状严重程度的一个早期指标。早诊断带来的直接好处是可以尽早地开展干预，尤其是在儿童神经可塑性强的关键时期进行神经调节，从而有效改善孤独症的症状甚至避免孤独症的发生。孤独症触觉模型提出孤独症发病机制或可归咎于外周体感神经元的功能障碍，按摩疗法作为围绕外周感觉神经系统开展的一种非侵入性、可操作性强、经济成本低的干预手段有着非常重要的意义。皮肤是人体最大的器官，直接同外部环境接触，感知外界刺激并传递神经信号。通过对皮肤的毛囊、触觉神经纤维进行抚触、按摩等非伤害性刺激，可触发外周低阈值感受神经元的信号传导，再作用到中央神经系统的初级体感皮层、触觉加工皮层以及情绪和认知加工脑区，不仅对大脑的发育和功能具有重要作用，更是早期建立亲子和依恋关系的关键途径，尤其对母亲的产后抑郁也具有缓解作用。一项对婴幼儿按摩的实验发现，在4周的按摩后，幼儿对父亲产生更多的眼神接触、微笑、咿呀学语和探寻互动等反应。数据显示，有11%到16%的孤独症儿童在接受按摩治疗。

中医的小儿推拿（也称“开窍推拿”“气功感觉疗法”）在美国得到了认可，旨在促进血液循环、调节幼儿对触觉的异常加工，从而帮助幼儿的社会行为和自我调节能力在生活情境中进一步发展。Jerger等对4~7岁的孤独症儿童施以单次小儿推拿，并结合心率变化和副交感神经等生理记录分析，发现孤独症幼儿在推拿过程中表现出副交感神经活动显著增强（可能表现出专注力增强），并且社会性任务（观看情绪面孔）中前额叶的神经活动也有更显著的改变，表明单次的小儿推拿可以促进孤独症患儿的感官和情绪反应。虽然该研究只有20名受试者，未能达到足够的统计学效应，但作为实验范式的可行性探索分析，它提出了按摩干预的可能性神经机制，为后期的大样本研究提供了验证基础。另外多项临床试验发现，孤独症儿童每天在睡前由照料人施以 15 min 的全身经络按摩，持续一段时间后，其触觉异常、刻板行为显著减少，社会交互、语言技能得到改善，幼儿的眼神接触和注意力增强，睡眠质量有所好转，照料人的压力也得到有效缓解。除此之外，40 天的按摩干预，可以有效避免儿童进一步发展成为孤独症，尤其 18~24 个月的婴幼儿改善更为显著。另外，舒缓的皮肤接触、抚摸等会刺激内源催产素的分泌，而催产素对人的社会交往、幸福感以及抗压力有重要的调节作用。同时，按摩可以降低受试者体内皮质醇的分泌，有助于降低焦虑，提升抵抗力，并且按摩可以增强社会情感触摸加工及奖赏加工等关键脑区的活动。由此可见，按摩疗法在有效改善孤独症谱系障碍社会症状的应用中具有潜在价值。

针灸和推拿同为中医外治的主要方法，在孤独症的干预疗法中也得到了研究。有研究发现，通过刺激孤独症儿童的相应穴位（三阴交、足三里），可以显著改善儿童的运动功能、社会行为和语言能力。也有研究同时结合了小儿推拿和针刺疗法，结果发现这一结合可以显著降低孤独症行为量表得分。

（四）按摩疗法的未来展望与不足

人与人之间的肌肤接触，从胎儿形成到婴幼儿发育甚至终其一生都发挥重要的作用。个体安全感、亲子和依恋关系的建立，感知与语言功能的发展，社会认知和行为情绪的调节等都受到触觉刺激的影响。因此，早期充分而亲密的皮肤触感体验对于孤独症儿童“社会脑”的发育、神经生理系统的调节包括催产素和阿片类的分泌、社会行为和认知功能的改善，都具有根本而深远的意义，但是按摩疗法还存在一些不足，可通过研究进一步改善，以达到按摩干预的最佳疗效。

1. 按摩干预采取的时间和时长不同。大多数研究中的按摩干预都在晚上开展，主要由于按摩部位包括前腹、后背和四肢等区域，幼儿平躺在床上接受干预最为方便。因此，睡前按摩看似是最合适的时机，可以让幼儿安静下来，也利于优质的睡眠。然而，如果按摩的目的在于促进催产素的分泌，那么早上进行按摩干预，随之配合积极的社会交互（如与照料人或小伙伴做互动游戏），这可能会对孤独症儿童的社会功能障碍产生更显著的改善作用。另外，前人研究中采用的按摩方法，包括部位、力度、方式、时长等存在明显的差异，例如有些研究采取 40~50 天的按摩干预，有些采取 1 个月的按摩干预，虽然都有一定的改善效果，但是不确定效应是否达到最大化。目前还没有形成统一的、被广泛认可的确定参数，未来的研究可以在原有研究的基础上，进行样本量和不同参数设定的探讨。

2. 大样本临床实证研究比较缺乏。尽管按摩疗法对于减轻孤独症患者压力、促进睡眠等作用已得到共识，但对于调节社会功能、促进神经发育的大样本临床实证研究并不充足，用于孤独症康复的探索性研究国内更是少见。目前多数的孤独症按摩研究大多存在样本量小、统计力度低，或研究范式中对照组的设计和选取难以做到随机双盲和配对，或存在安慰剂效应或霍桑效应等问题。因此，未来需要进行大量的临床验证性研究，以考查按摩疗法在社会功能和情绪加工上的作用。

3. 孤独症患者对触觉刺激的反应个体化差异较大。孤独症患者，尤其是儿童患者对感知觉加工异常，长期处于不安的身体状态，在接受按摩治疗初期大多会出现不适、抵触等负面情绪甚至是反抗行为。Cullen 等人对儿童观察后提出了按摩模型，认为孤独症幼儿在干预中会经历四个阶段，依次为消极甚至抵触——日渐接受和喜爱——享受并希望被按摩——对按摩产生主动权和积极情感。鉴于此，在实施按摩时为孤独症儿童提供一个舒缓、安静的情境至关重要。另外，按摩者（一般为照料人）需要根据孤独症儿童当前的情绪和身体状态进行调整，控制手法和力度来适应孤独症儿童的需要和喜好。最后，孤独症儿童接受按摩疗法需要时间，这就要求按摩者具有充足的耐心并且提供一定的奖赏（如完成按摩后立即提供孤独症儿童喜欢的零食或者玩具等）。

综上，按摩疗法具有非侵入性、可操作性强、经济成本低、预后效果显著等明显优点，在孤独症谱系障碍的应用中具有较大的潜力，但是干预手段的完善需要纳入更多的孤独症患者进行验证，以期按摩干预疗法发展成为有效改善孤独症患者社会功能的成熟可靠的干预手段。

（李　琴　赵伟华）

六、预后研究进展

注意缺陷多动障碍的痊愈率或被颠覆，仅不到 10%

2021 年 8 月，发表在《美国精神病学杂志》（*The American Journal of Psychiatry*）上的一项新的研究发现，超过 90% 的注意缺陷多动障碍（ADHD）儿童在成年早期依然深受这种疾病的困扰；该研究还发现，随着年龄的增长，ADHD 的症状对许多人来说是“反反复复”的。大多数 ADHD 儿童在成年早期症状不会缓解——这与传统上认为大多数 ADHD 症状不会持续到成年期的观点产生很大的冲突！

该研究对 558 名 ADHD 儿童进行了 16 年多模式治疗研究（Multimodal Treatment Study of ADHD，MTA）的调查结果显示，在研究终点（大多数参与者大约 25 岁），只有 9.1% 的参与者从多动症中“痊愈”。研究还发现，对于许多持续患有 ADHD 的人来说，ADHD 症状会随着时间的流逝而起起伏伏、反反复复。该研究表述：“结果表明，超过 90% 的儿童 ADHD 患者至少在成年早期还将继续与残留症状和损伤作斗争，尽管有时这些症状的严重程度起伏不定。”该调查的结果与历史结论相背离，即儿童 ADHD 中大约 50% 的病例持续到成年。作者认为：“传统的结论通常是基于某个时点的观察结果，没有考虑 ADHD 症状随时间变化的波动性。”

在这项研究中，研究人员依据 MTA 研究内容中八项评估分析了 ADHD 的症状、功能损害、现存共患病和治疗情况等数据（研究在基线后追踪了参与者2~16年）。在每个随访参与者的时间点，作者都确定了参与者是完全症状缓解了还是部分缓解了，或者依然是符合ADHD的诊断。“痊愈”的概念，在本研究中的定义是：截至最后一次随访，在多个随访时间点上，ADHD症状持续缓解，没有复发。

大约30%的参与者在持续的研究过程中的某个时点曾经经历过症状的完全缓解，但其中的大多数人（60%）在缓解后复发了。只有大约10%的参与者在研究期间，ADHD完全没有缓解。总体而言，大约63%的参与者有缓解和复发的波动期，这可能与随访过程中参与者进行治疗有关。

作者认为，这些发现让我们对ADHD的了解更深刻了，特别是“症状随时间而波动”的特征。作者建议，临床医生可以向家长解释，大多数ADHD的青少年和年轻人至少会间歇性地缓解症状，这可能与积极治疗、个人或生活环境的改变有关系。研究结果还强调了即使在成功治疗后，患者仍应继续定期筛查，观测症状是否复发和功能损害的程度。

七、其他研究进展

间隔3年再孕，有可能降低下一个孩子患孤独症的风险

我们一直很关心，如果有一个孩子诊断了孤独症，我们再生下一个孩子的时候能否避免罹患孤独症。2021年8月，一项新的研究发现，可能会给我们一些启示——孩子的出生间隔太长、太短都不好；生育35个月后再怀孕，患孤独症的风险最低。间隔时间较短和较长导致的风险分别高达50%和85%。通过优化生育间隔可以避免5%~9%的孤独症。

研究报道，孤独症儿童的母亲将随后的怀孕推迟2.5~3年，降低了下一个孩子患孤独症的可能性。

澳大利亚科廷大学（Curtin University）与Telethon儿童研究所合作在《孤独症研究》上发表的研究追踪了丹麦、芬兰和瑞典的92.5万多例新生儿，其中9300多例后来被诊断出患有孤独症谱系障碍。科廷大学人口健康学院的作者加文·佩雷拉（Gavin Pereira）教授表示，这项研究发现，两个孩子出生的时间间隔，与同胞也被诊断孤独症的概率，似乎存在显著且令人惊讶的联系。Pereira教授说，如果生育间隔（interpregnancy intervals，生产后再次怀孕的时间间隔）时间在30~39个月，孤独症儿童的同胞似乎不容易被诊断为孤独症。

间隔2.5~3年再生育另一个孩子被认为是最佳时间选择——平均而言，下一个孩子罹患孤独症的概率，丹麦减少了5%、芬兰减少了8%，瑞典减少了9%。

Pereira教授说，这项大规模多国研究的结果可能有助于为计划生育咨询提供信息，特别是对于那些因家族里有神经发育疾病的遗传史而已经面临更高风险的家庭。Telethon儿童研究所的副教授海伦·伦纳德（Helen Leonard）表示，这些发现对孤独症患者家庭可能具有很大的参考意义。当然，寻求怀孕间隔建议的夫妇应咨询他们的医生，以获得有关其个人情况的

建议，这个研究只是一个启示或线索。

补充：研究所涉及的高收入国家在分娩后提供全民医疗保健和带薪育儿假，丹麦最长46周，芬兰最长47周，瑞典最长92周。

（吉 宁）

第八节 儿童发展障碍行为干预进展

新冠肺炎疫情作为近50年来最为严重的全球性公共卫生事件，几乎波及到了地球上所有人口，人们的生活方式发生了许多改变。除了普通儿童在教学上由线下转到线上，还有各式各样突如其来的假期，这样的意外打乱了原本平稳的生活节奏，计划中需要去学校上课和进行机构干预的时间变成在家里自行、灵活安排时间。这场疫情几乎改变了所有人的生活方式。而对于我们所关注的孤独症群体、孤独症的干预方式等也同样是严峻的挑战。受疫情影响，孤独症群体得不到必要的干预服务已成为患有该病症群体的全球性问题。

在英国，新冠肺炎疫情对于需要特殊教育帮助的儿童与家长们同样影响巨大。在一篇约克大学发表于2020年的文章中，详细阐述了当地特殊群体所面临的困难。该项调研共抽取了241个英国家庭作为样本，结果显示无论是儿童还是家长，都经历了不同程度的焦虑、恐惧等负面情绪。家长们纷纷表示不堪重负。

莫雷纳（Morens）在其研究中指出，过去20余年，我们共同经历了多次诸如非典（SARS）、寨卡病毒（ZIKA）、猪流感等全球健康危机，而在未来，这样的危机还将发生。为当下疫情和未来可能面对的相似困境做好准备，尤为重要。

一、远程医疗合理、合规化成为未来发展趋势

远程医疗（Telehealth），也称“远程健康”，是指健康专业人士与病患客户克服空间距离，通过音频与视频设备进行双向沟通的形式。

受疫情影响，传统的健康管理及行为管理支持系统在全球范围内都受到了较大挑战。人们正常看病就医，接受医疗服务都受到了不同程度的干扰。在这样的时代背景下，远程医疗也被推向了前所未有的新高度。特别是，孤独症谱系障碍起病早，“黄金”干预时间有限，在评估与诊断上如果受到干扰与延迟，那么儿童科学干预的开始时间也将受到延迟。由于疫情期间有及时干预的需求，美国范德堡大学药物研究中心联合哥伦比亚大学神经发育中心发起了一项关于远程孤独症评估的科学研究。该项研究采取远程给予家长引导语，由家长执行的孤独症评估方式。

1. 远程孤独症早筛工具TELE-ASD-PEDS

TELE-ASD-PEDS是专门针对儿童孤独症谱系障碍远程观察的工具，其研发目的主要是减少医患双方在诊断上所耗费的资源与精力，是ASD-PED（一款通过机器学习针对大量具备孤独症谱系障碍儿童提取的典型ASD特征）基础上的远程化方式延展。

使用这样的评估工具，首先要与家长预约线上评估的时间。评估时，家长与医生共同进行线上会议，并就儿童的发育史、目前行为状况、家庭环境中的技能展示以及是否出现/没

有孤独症谱系障碍相关的行为展开讨论。之后结合儿童在线上会议中的行为表现综合给予诊断。这些行为表现的直接观察由 8 个模块组成，分别为：互动游戏机会、运动游戏以及提出需求等。在家长执行所有的评估模块时，医生将进行 7 个维度的打分：社会性语言、目光接触频率及灵活度、异常发声情况、异常及重复游戏、异常及重复身体动作、动作 – 眼神 – 口语的结合度、感觉异常反应。

这样的诊断方式总体需要花费 60~120 min。在整体研究中，共有 204 组家庭参与。

2. 远程行为评估和干预的有效性

《应用行为分析杂志》刊登了一篇关于远程行为评估及干预效果的文章，同样佐证了远程诊断、评估及干预的有效性。该文汇总了自 2013 年以来相关实证文献 54 个，其中个案研究 44 个（占比 81%），小组研究 10 个（占比 19%）。

表 3–17　研究类型和研究数量

研究类型	研究数量	所占比重
个案研究	44	81%
小组研究	10	19%

在使用远程医疗作为克服空间障碍的有效手段后，已经出现了许多关于该种形式的干预有效性研究。这些干预有效性的验证涉及了功能分析（functional analysis）、回合式干预（discrete-trial training）、功能沟通训练（functional communication training）等。而在此篇文章中，不仅覆盖上述几种常见的行为分析评估以及干预方式，也增加了其他不同形式。

（1）行为评估：在行为评估上，远程干预使用了功能分析的方法确定行为问题的功能假设。这样的功能评估形式在大量的文献中都得到了验证。例如，在班森（Benson）的研究中，就通过远程支持，训练了家长针对孩子的自伤行为执行了功能分析及后续干预。

（2）行为减少：此外，综述中的部分研究，通过远程培训指导家长和老师使用功能沟通训练减少行为问题也得到了验证。例如，瓦尔克（Wacker）及其团队训练了 17 组家庭针对各自孩子的功能沟通，并且，这些行为分别对应了孩子行为问题的功能。

（3）行为建立与增加：在恰当行为的建立与增加上，远程干预同样获得了验证。远程训练的方法囊括了早期丹佛模式（Early Start Denver Model，ESDM）、父母行为训练、ImPACT 等方式。这些方式都在不同程度上提升了儿童的生活自理、社交沟通、任务完成等项目能力。

整体统计结果表明，远程评估及干预有充分的研究结果支持，进一步夯实了远程医疗在行为干预上也可以作为有循证支持的依据。

二、居家和职业技能学习的重要性进一步凸显

随着发展障碍儿童及青少年居家时间增长，这一部分人群在居家和职业技能的发展上也有着更为强烈的需求。在职业技能的培训和教学上，Campanaro 等人整理了共计 176 名被试者的相关实验。这些被试者的年龄在 12~44 岁，且其中大部分为成年人，其余为青少年。在疾病上，除了孤独症谱系障碍以外，少部分人被诊断为阿斯伯格综合征（该诊断现已被纳入孤独症谱系障碍）、智力障碍、唐氏综合征、智力发育迟缓以及非特定广泛性发育障碍（PDD-NOS）。针对这部分群体，汇总了干预的方向（表 3-18、表 3-19）。

表 3-18　干预方向

干预方向	所占比重
单个职业技能	84.9%
多个职业技能	15.1%

表 3-19　干预技能

职业技能	所占比重
文书工作（Clerical Tasks）	34%
职业先备技能（pre-vocational tasks）	18.9%
保管类工作（custodial tasks）	13.2%
娱乐性工作（entertainment tasks）	9.4%
服务类工作（human services tasks）	7.5%
零售类工作（retail tasks）	7.5%
餐饮服务类工作（food service tasks）	5.7%
农业类工作（agricultural tasks）	3.8%

从职业技能训练的方向上来看，特殊发展障碍的青少年及成年群体的主要职业方向以简单、条理性较强的工种为主，不涉及过多的灵活时间安排。

而针对于特殊发展障碍群体的职业技能训练上，则利用了以下不同的应用行为分析干预方法（表 3-20）。

表 3-20　行为分析干预方法类型

行为分析干预方法	所占比重	备注
视频示范（video modeling）	35.8%	
反馈（feedback）	35.8%	
行为技能训练（behavior skill training）	22.6%	
视频辅助（video prompting）	11.6%	
强化（reinforcement）	0.1%	仅使用强化
认知行为干预（cognitive behavioral intervention）	0.1%	仅使用该方法

职业技能的掌握对于成年人至关重要，是人在经济上实现独立的根本，也是成人与同事和朋友建立关系的重要途经。特别是针对于伴有发展障碍的人群，职业技能更应该在青少年时期就开始教授与培训。即便我们都能够理解职业培训的重要性，却仍有极大部分有需求的人无法得到恰当的训练与帮助。上述研究则很好地总结了已有的循证支持研究，为特殊青少年未来的职业发展路径提供了大致的方向，并提供了不同的训练范式。罗拉与同事们就针对孤独症谱系障碍青少年展开了工作中问题解决能力的训练。参与该项实验的青少年在 12~16 岁，共有 3 名男性与 1 名女性。实验者则使用零错误教学，结合活动日程帮助被试者解决在单向任务中遇到的意外情况，如：任务是将黑板擦干净，但遇到了找不到黑板擦的问题；需要将文件装订完成，但订书器坏了。诸如此类与工作密切相关的技能，只有及早进行干预，才能更好地帮助发展障碍的青少年在未来步入社会。

三、技能干预新范式崭露头角

1. 数字干预（digital intervention）

世界卫生组织（WHO）于 2018 年发布的《数字健康干预分类》1.0 版本中，做出了对数字干预的定义：利用数字化和移动技术支持卫生系统。与传统线下面对面的干预不同，这样的干预方式节约了大量的人力成本，对需要帮助的个案家庭来说需要投入的资金也会更少，通常一台电脑或一部手机就能够帮助孩子完成干预训练。Sandgreen 等人在 2020 年发表的一篇关于数字干预的文章中，对于目前相关话题的实证研究做了相关统计（图 3-4、图 3-5）。

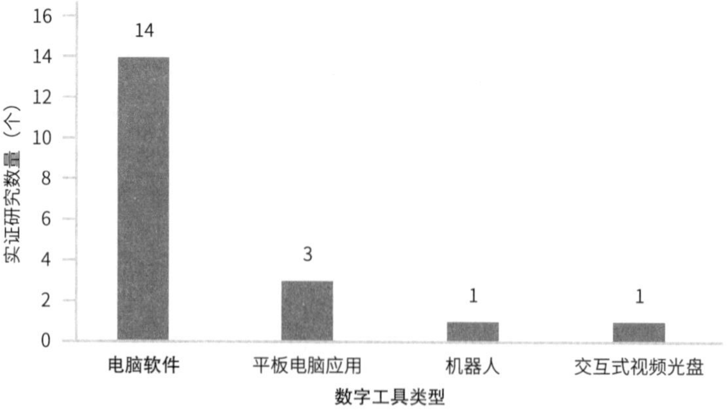

图 3-4　数字干预中所使用的数字工具类型及研究数量

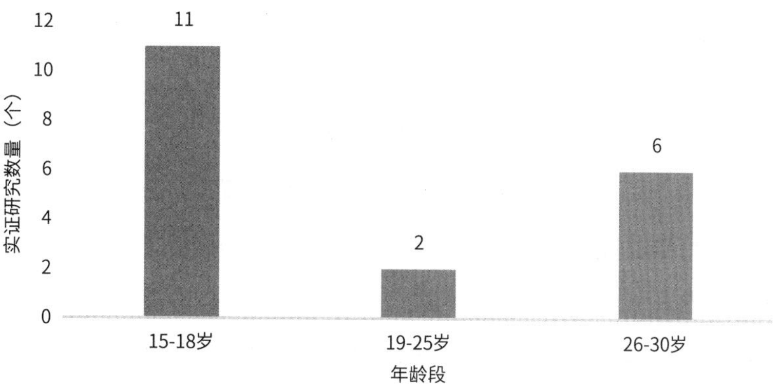

图 3-5　数字干预的目标人群

从图 3-4，图 3-5 中不难发现，目前数字干预所使用到的工具以电脑软件为主，提升的目标行为方向则为社交技能。在社交技能中就包括了面部识别、面部识别与记忆、情绪认知、沟通技能等社交中的不同领域和分支。值得一提的是，参与到数字干预这一项目中的被试者，智商范围在 80~117，即参与数字干预方案者的智力水平基本不存在明显落后情况（IQ < 70）。

而结合国内发展障碍儿童的干预情况来看，面临的主要问题之一也是缺乏长期的干预经费。数字干预的方式在得到更多循证研究的支持后，可以作为线下干预的很好补充。

2. 电子游戏

在过去，电子游戏常常受人诟病，被认为是破坏儿童注意力、导致学业技能下降的罪魁祸首。而随着科技发展，专业人士开始改变观点，对于电子游戏在特殊儿童与青少年干预上所起到的作用也逐渐走入人们的视野。近年来，由于疫情肆虐及干预费用高昂等问题，导致孤独症儿童无法得到足够的线下支持，这就让有特定训练目标的电子游戏作为有效干预方法有了用武之地。在过去的几年时间当中，有不少实践都佐证了电子游戏作为辅助干预手段改善孤独症儿童技能的说法。自 2016 年以来，电子游戏对于孤独症谱系障碍的干预有效性已经在美国、澳大利亚、法国、英国、墨西哥、意大利等多个国家研究并得出积极结论。在这些验证当中，包含了认知能力提升、使用拼图游戏促进阅读能力、使用虚拟现实技术促进儿童反应水平、提升儿童执行功能水平及关注力。

（1）数字干预（digital intervention）——社交技能：社交技能缺乏是孤独症谱系障碍的典型症状之一。这种技能的缺失会带来一系列负面影响。比如：交友困难、被同伴所排斥、社交孤立等问题，而这一些问题甚至会波及到孩子的学业和生活质量。受疫情影响，原本可以进行线下社交技能干预的小组也同样受到挑战。应对这样的挑战，同样应运而生的是创新干预方法的探索。澳大利亚昆士兰大学联合英国约克大学使用了随机控制的实验形式，验证以电子游戏为基础针对发展障碍儿童的社交技能干预的有效性。在干预过程当中包含了 SAS 电脑游戏、视觉提示卡以及家长培训讲义。在游戏部分，大致包含面部表情和声调区辨游戏、通过整合他人表情和肢体动作及语音语调推断心情、情绪放松技巧等游戏。结果通过干预前、干预后、6 周后追踪显示，经过这样的游戏搭配家长指导，参与者的社交情绪功能较干预前有显著提升且能够维持达 6 周之久。

（2）数字干预（digital intervention）——学业专注力训练：孤独症谱系障碍群体除了在社交上异于普通群体之外，在注意力方面的异常也从婴儿时期就表现出来。例如，ASD 儿童的持续注意时长显著短于普通儿童，另有证据显示 ASD 儿童的选择性注意力（selective-spatial attention）也要弱于普通儿童。

在注意力训练上，使用计算机作为注意力训练工具的方式由来已久，且在训练目标上，包括了持续注意、执行注意、选择性注意等多种训练目标。在 Spaniol 等人关于注意力训练提升学业技能的研究当中，就使用了该方法作为主要干预方式。在这项研究中共有 15 名 6~10 岁，并患有 ASD 的学龄儿童参与其中，并分别使用了计算机练习了持续注意、执行注意和选择性注意。在结束训练后，再次对儿童的学业技能进行评估，结果显示，儿童的整体学业能力较控制组都有不同程度的提升。

（周雅文）

第四章

案例报告

第一节　探访实录：从小龄到老龄，四组孤独症家庭的艰难探索

对于孤独症家庭来说，什么是“自我救赎”？是从手足无措的焦虑到泰然接受的从容，是从干预小白到熟知各种实操手法的专业成长，还是失望和疲惫不断累积，被迫催生出的坚强？

2021 年，我们带着这些疑问，聚焦小龄、学龄、大龄、老龄孤独症患者，深度探访了四组孤独症家庭。

· 2 岁的韬韬历经误诊、吃错药的艰难看病路；

· 步入学龄期，遥遥因影响“招生率”被劝退；

· 干预 15 年家人坚持不弃，康康的就业探索路；

· 父母接连去世，直面老年孤独症患者的养老难题。

他们的生活在浮光掠影中成为无数孤独症家庭的缩影，并且我们不难发现，每个家庭都在用自己的方式艰难探索，这其中有无奈，有沮丧，有惊喜，也有意外，日子一天天过去，他们的生活仍在继续……

以下是来自孤独症家属的自述。

一、小龄：被误诊？吃错药？2 岁孤独症儿童的艰难看病路

1.“天使宝宝”开启了“不省心”模式

我家韬韬刚出生时，非常懂事听话，打针不哭不闹，像一位小勇士。当时，我还暗自开心，并抱有一丝侥幸地认为我家宝贝天生神勇，肯定好养活。殊不知孩子表面淡定之下却暗藏着其他病症。回想起来，对于孩子的种种异样，我确实没有察觉，毕竟在那时，我的世界里不曾出现过“孤独症”三个字，后来直到孩子 1 岁半，我才发现了异样！

除了“咿咿呀呀”什么都不说。在同龄孩子早已牙牙学语的年纪，我家韬韬除了“咿咿呀呀”什么都不说。针对这个情况，我思虑了许久，后来也和家人分析，考虑到也许是因为我和孩子爸爸是跨省婚姻，导致韬韬的生活以及语言环境过于复杂，所以孩子出现了“贵人语迟”。当然，我也知道，这是老话灌给我的迷魂汤，图个安慰罢了。因为孩子除了语言障碍，还伴随着其他症状。

脾气暴躁，无法控制。随着长大，韬韬的情绪问题越来越严重，他想要的或者他想做的，倘若得不到、不满足就会崩溃撒泼，大哭大喊，家人根本无法控制。

孩子反复跑，生人勿近。有一次带他去大舅家里，他在客厅的茶几、空调、电视桌之间，反复地跑来跑去、触碰东西，重复好几遍直到大人将他抱离。他不喜欢生人碰他，眼睛也不看人，就这样沉浸在自己的世界里。

当察觉孩子的异样表现后，我一度十分焦虑。我的周围没有相似的孩子，不知道该问谁，也不知道孩子得了什么病。哪怕去医院挂号，都不知道挂什么科室。总之就是一头雾水，手足无措！

2. 真真假假孤独症？荒唐的就医遭遇

为了帮助孩子，我和孩子爸爸商量着先去早教机构问问，于是到了一家早教机构花了200 元预约了一个儿童成长评估。但早教那边也没给出具体的结果，就说孩子是发育迟缓，原因是父母陪伴少，所以给了一份早教计划，就这样孩子白天放在早教机构，晚上我们在家进行早教延伸。

当时，我们先买了一本名叫《我爱爸爸》的绘本，每天睡前亲子阅读，基本不让孩子一个人闲着，并且还通过短视频以及早教学习的内容高频率地跟孩子互动。就这样又过了 6 个月，孩子依然不会说话，所以我决定带着孩子去看医生。记得那时，恰好赶上了疫情，排队约号等了很久，直到孩子 2 周岁后到当地儿童医院的儿童行为发育门诊就诊。

医生面诊后告知“疑似轻微孤独症”，听到这样的诊断，当时我大脑一片空白，直追着医生要解决方法，后来医生开了磁共振和一些抽血检查，磁共振显示右脑室扩大，相当于大脑“WIFI 故障，收不到外界信号”。后来医生又说可以排除孤独症，吃些药就能好。医生的最终诊断让我又燃起了希望，于是我听从医生的指导，开了许多药，像塞隆口服液、小儿静聪、补脑药片，还有一些中药，每日盯着孩子按时服用。就这样试着给孩子吃了几天，孩子对吃药也没有抗拒，所以一吃就是两个月。说实话，当时看着孩子吃那么多药，我既怀疑又忐忑。我担心不听医生的话，耽误了孩子，但我更担心他每天吃那么多药，会对身体有损害。我心里一直惦记着，想谨慎一些，因此决定再去比较权威的医院去看病。

后来，我从网上搜寻，查到了广州中山三院的邹小兵。他被家长们称为“邹神”，我想如果他做诊断，应该八九不离十了。所以我决定挂他的号，但想法容易实现太难，邹小兵医生的号太难挂了，我蹲时蹲点都挂不到，最终挂了同医院的其他医生。

记得那天，我和孩子爸爸还有小姨，我们三人带着孩子一起坐了 500 公里的高铁去了广州。一路上我的心情很忐忑。我打从心底里觉得我的孩子最多是发育迟缓，我内心祈祷着医生告诉我，我的孩子很健康。

确诊了！我记得很清楚，医生斩钉截铁地说韬韬是孤独症，当时我懵了，问了一声：“医生，会不会是疑似孤独症？”医生很坚定地又说了一遍：“是孤独症，不是疑似。”那一刻我眼眶红了，我呆坐在诊室，久久意难平，我无法接受又不得不接受！我觉得这半年孩子已经进步很多了，也会说一点点话了，怎么又是孤独症了。我愣了几分钟之后，赶紧询问医生：“我的孩子该怎么办？”我将我们当地医生查的磁共振和开的药跟医生说了，医生非常明确地跟我说：“磁共振显示的那个问题不影响孩子语言中枢发育，吃的药也起不了任何作用。目前没有哪种药物或者仪器可以治疗孤独症，需要对孩子进行行为引导，做康复训练。”

误诊、吃错药的经历，令我又恼又恨。恨自己无知，险些耽误了孩子，也恼因为误诊让孩子吃了半年多没用的药，白白花钱暂且不说，还可能对孩子的脏器造成损伤。经此事，我也认定了，这种疾病还是要去大医院诊断才行。回家后，我调整了状态，和孩子爸爸商量对策。最后的结论是我辞职回家负责带娃干预，他负责挣钱养家。于是我们夫妻一拍即合，调整了生活方向，再次踏上了救娃之路。

3. 干预训练，一刻都不能等！

为了帮孩子，我四处打听机构的收费标准以及课程体系。最终选择了一家在当地口碑不错的机构，该机构还有线下的家长培训，正好我可以和孩子一起努力学习。

就这样，趁着孩子干预的时间，我去上学习班，系统地学习 ABA 理论以及干预方法。为了帮助孩子，我成为了一名女战士，一名刻苦、努力、不畏艰难的超级战士。

除了在机构干预外，我在家开始按部就班地进行干预训练，准备好桌子、椅子、教具、代币以及他喜欢的各种强化物。从这一刻开始，我既是妈妈，也是老师。从早晨到傍晚，我按计划执行每个干预项目。

孩子的进步是缓慢的，成百上千次的重复，不断地考验着我。正常发育的孩子懂模仿，教他吃饭说几次，孩子照猫画虎也能学个差不多。但孤独症孩子不一样，要从握勺子开始教，先送到嘴里，再舀一口饭，分步式拆解，一个一个动作去教，这需要强大的耐心与毅力。但是，有家人的鼓励与支持，每当我泄气时，我都能调整心态，重整旗鼓。孩子也很争气，在我们的努力下，他终于有了进步。

记得有一天，家里来了哥哥姐姐，还有一位阿姨，我惊讶地发现他能分清楚哥哥和姐姐，而且叫他拿水果给谁，他都能准确送到对方手里。孩子的言语也有了进步，会叫“妈妈”“爸爸”，也会等待妈妈不乱跑，会自己大小便，会自己穿裤子，等等。眼看着一切似乎开始变得美好起来，孩子一点点在好转，我决定送韬韬入幼儿园。

4. 不懂游戏规则，险些被幼儿园劝退！

韬韬在早教托班里培养了一定的集体生活能力，能坐在座位上，能跟着老师跳操。我那时已经把孩子看作正常小孩，为了融合，我决定送他到普通幼儿园。

对于幼儿园的选择，我花了不少心思。因为幼儿园没有早教机构照顾得那么周到，我担心韬韬出现行为问题，老师将他晾在一旁可怎么办？所以，我四处打听，还深度体验并考察了几家幼儿园，最终选定后，我便带着孩子去幼儿园参加面试。

孩子进入教室里去面试，跟老师牵手并坐在小朋友的旁边，听老师讲课，我和园长在教室外面看了很久，一切非常顺利，就这样他成了幼儿园里的小朋友。

入园后，韬韬前期没有分离焦虑，每天按时乖乖地去幼儿园，按时放学，我每天也会向老师咨询他的情况，老师说韬韬挺乖的。但好景不长，意外发生了。

韬韬在课堂上出现了坐不住的情况，并且由于他不懂游戏规则，跟小朋友也玩不到一起去，时不时还会尿裤子。最多的时候，老师一周找了我两次。孩子出现这种情况，我也很头疼。但我不想放弃，我和老师积极地沟通，希望老师有针对性地帮助他。还好老师有耐心，通过与老师的频繁沟通，老师会带着孩子去玩、去引导他。

久而久之，韬韬在幼儿园的情绪也越来越稳定了，并且学会了排队喝水、午睡、自己穿鞋、穿裤子等。如今，韬韬已经是中班的小哥哥了，现在他学会的东西越来越多，自己刷牙、自己吃饭、自己大小便，词汇量也越来越多，眼神对视也越来越好。最值得一提的是，韬韬也有了自己的好朋友，还会时不时地跟我说“妈妈我想你了”。我相信只要家长不放弃，孩子就会有希望，而我的韬韬会越来越好。

二、学龄：孤独症孩子入学，依然困难重重

1. 迟到的孩子，迟缓的发育

因为工作，我和老公常年聚少离多。在我 33 岁那年，我们回到出生的南方小城安定下来。次年，有了可爱的儿子遥遥。高龄产子，儿子的降临给我们全家带来了无限的欢乐和期望。

遥遥 9 个月大第一次叫“妈妈”，11 个月大第一次叫“爸爸”，12 个月时开始学走路，一切都按部就班地发展着。我们都坚信，他长大后一定聪明伶俐，讨人喜爱。

从遥遥 2 岁半开始，我们经常会带他去和朋友们聚会，包括一些幼儿沙龙，希望让他多参与同龄人的活动，促进语言等各方面的发育。可参与过几场聚会后我们发现，孩子明明有社交意愿，但却不知道如何跟其他小朋友玩耍。比如，他想和小伙伴分享玩具，但因为不会表达，就会通过“抢”或者轻轻打小朋友的方式来表达需求，偶尔几次还好，次数多了其他家长难免有意见。

最关键的是，把他放在同龄人里一对比，他的语言显得格外少，只能断断续续说一些词语，而好多小朋友都开始慢慢尝试表达自己的想法了。直觉告诉我，孩子的语言发育可能存在问题，但我还是决心再观察看看。遥遥满 3 周岁的时候，我们不想再等了，带他去当地医院的儿保科做检查，结果发现是“发育迟缓”。

2. 熊熊燃起又迅速幻灭的希望

从医院出来后，遥遥很快开始了康复训练：集体课、个训课、认知课、感统课，统统没落下。其间，我和老公照常上班，孩子平时由外公外婆接送，不过老师会每天把孩子学习进展、问题所在发送给我，并且会针对性地制定一些与之相匹配的家庭作业，只要我们在家，就会给他做泛化训练，作为课堂的延续。

就这样训练了大半年后，孩子的各方面都有所进步，尤其是语言能力。沟通表达能力提高了，社交能力感觉也没太大问题了。带他参加聚会，他不再感觉局促不安了，也能够自然融入到小伙伴的游戏互动里。那会儿正值入学季，我和机构老师沟通，决定把遥遥送入幼儿

园，正式离开了机构。

入学第 1 个月，孩子的表现还不错，好像很快适应了幼儿园的集体生活，与老师和小朋友相处得很好。老师反馈说："遥遥是个很乖的孩子。"听到这句话，我们一直以来悬着的心终于放下了，这场干预战斗比我们预想的要快很多、轻松很多。

直到那一通电话，打破了我所有的幻想和期望。

大概是孩子入学半年后，班主任老师突然给我打电话："遥遥在学校把同班孩子打伤了，对方家长正在学校等着，快点过来一趟吧。"挂掉电话后，我整个人呆在座位上。怎么可能呢？遥遥已经做得很好了，一定是其中有误会。

赶到学校后，我将前因后果了解了一遍，确实是遥遥的不对：被打的小男孩带来了自己的新玩具，遥遥也想玩，就对他说"我要玩"，小男孩觉得遥遥很没有礼貌便理论起来，可是遥遥因为表达不顺畅，情急之下动手打了小男孩，直接抢走了玩具自顾自地玩了起来。

我听了很惊讶，遥遥已经很久没有打人的行为了，老师这才向我说明，遥遥最近 1 个月开始表现有些"突出"：语言表达能力有所退步，一旦话说不清楚就会着急生气；排队吃饭或者做活动时，偶尔会推小朋友；尤其是最近 2 周，安坐不太好，甚至会上课上到一半突然站起来，扰乱课堂秩序……不过这些也都不算太严重，加上老师有耐心，小朋友们也不计较，便没有过多地加以指责。

在那之后的 2 个月，遥遥的问题逐渐显现：难以安坐、语言表达明显落后于同班同学、不听指令甚至会反抗、社交和情绪问题也越来越严重等。老师劝我，还是带孩子去医院做个全面的评估和检查比较好，如果像现在一直在幼儿园待下去，不仅没有意义，对他的成长发育也是一种阻碍。我们很快买了机票飞往北京挂了专家号，这次的诊断结果是"孤独症谱系障碍"。孤独症？为什么不仅没有康复，甚至更严重了？我想不通。

3. 干预是长线作战，并非朝夕可结束

详细说明我们的情况后，医生的两段话让我追悔莫及，时至今日，我依旧清晰记得："早期密集有效的康复训练是决定孩子预后的关键，而早期干预，本身就是一场漫长且艰难的战斗。如果孩子在小时候经过短期的密集训练后，因为暂时取得成效而立即停止所有干预，那么孩子在进入新的成长阶段后，如果没有及时地泛化和强化，便很容易出现能力消化的情况。"

他还说，"我们经常遇到这样的家长，孩子离开机构进入幼儿园，没多久又被送回机构，这其实都是源于先备技能的不足。而孩子每个阶段所要求的能力都是不同的，在 2 岁的时候，孩子通过有效的干预取得了当下所亟需的技能，但到了幼儿园、到了小学，他们所练习的技能可能就无法满足新的需求了。"

我这才意识到，我急于求成了！

孩子的语言能力刚刚有了起色，我便急匆匆地将他送入了幼儿园进行融合。融合本身并无过错，问题在于，我不该以偏概全，完完全全地中断孩子的训练，忽视了他综合能力的持续发展。

作为一场长期的战斗，干预追求的绝不是“够上学就行”这种小目标，而是立足于每个时期的每个小细节。拿遥遥举例，明明他已经掌握了的技能，离开机构、进入学校一段时间后又不会了。

其实，这一是因为孩子刚刚结束教学的第一阶段（独立做出正确反应），没有得到足够的练习和泛化来维持；二是因为孩子没有得到很好的环境泛化，因此只能在某个人或某个场景之下才能完成。能做，但只会在特定的环境下完成，比如只会系一种扣子，换成其他材料和大小的扣子就系不上了；或者只会在家里系扣子，换个场景就不会了，这是技能泛化的问题。

回首过去的这一年，我从对孩子的盲目自信，到现在摸索出了一条属于遥遥自己的成长道路，虽然艰难，但有了明确的方向，也多了几分底气。经过短暂的机构密集干预后，遥遥后来重新回到了幼儿园，但这次，我没有再中断对他的干预，而是做了大量的家庭干预工作。对比一年前，他的能力进步很大且很稳定，于是我开始为他找合适的小学，却没想到困难又发生了。

4. 遭遇“踢皮球”、被拒收，孩子的学习之路万分艰难！

在寻找合适的学校时，我遇到了很大的阻力与困境！我想更多的原因来自于社会对孤独症孩子的偏见。

为了让普通学校接纳孩子，我坦白了孩子患孤独症这个事实，有几家学校表示过几天给消息，其中有一两家明确表示，特殊孩子不适合普通学校，以担心影响学校的招生率为由，拒绝接收遥遥。可以说，遥遥的上学机会都随着我向校长坦承孤独症这件事而画上了句号。

向社会公开孩子的身份，换来的并不是包容与谅解，反而是排斥与矛盾，这个结果令我非常无奈，我也知道，很多学校害怕普通孩子家长知道后，会因为一点事情不依不饶，进而影响学校的口碑。而这种情况，并不是少数。被“踢皮球”、被拒收，孩子融入社会的难度非常大。无奈之下，我转身走到了特殊学校询问上学事宜，但得到的答案出乎意料。我们城市有一家启聪特殊学校，询问之后，他们的答复是学校只接收聋哑儿童，不接收孤独症儿童。特殊学校不接收，普通小学进不去，孩子的学习之路万分艰难！

我希望孩子能够平等地享受良好的教育体系。面临着重重困难，我无计可施，只能选择隐瞒“孤独症”，先帮孩子入学再说。

在我们这个小城市，对孤独症的教育体系非常薄弱，包容性也比较差，更别提融合了，能提供特殊教育的学校少之又少，良好的教育资源对于孤独症孩子来说，简直杯水车薪。更何况融合对孤独症孩子来说非常重要，所以我十分希望多多普及孤独症知识，提高社会的包容性，多搭建一些融合教育平台，这对每一个学龄孤独症患儿的家庭来说是迫在眉睫的。

三、大龄：干预15年不放弃！孤独症孩子变身技能小达人

1. 孤独症怎么又“孤独”了呢？

“孩子的将来虽然还是未知，但最起码康康现在已经有了一门能养活自己的手艺，这一点我还是很欣慰的”，康康妈妈略显骄傲地说道。

17岁的康康，凭借着别出心裁的创意，在济南的手工艺品界成为了一个“小红人”。由他亲手制作的团扇深受大家的喜爱，成为紧俏商品，这也使得康康不得不踏上了“打工人”加班加点制作赶工的道路。

令人难以置信的是，眼前如此乖巧优秀的康康，在14年前，却是个连基本语言都没有的孤独症孩子。

我家康康一两岁时，还是能说话的，“爸爸”“妈妈”这些都能说，我们还天天带他看图识字，包括数字那些，他基本上知道的都能说出来。后来，孩子快2岁时，发生了一起意外事件，我们的生活便发生了翻天覆地的变化。

那时，他从一米五高的台子上摔了下来，当时我在上班也不知道是什么情况，下班回家后我看孩子也没事儿，就没再管。但孩子后来发生的种种表现，令我不得不将这两件事串联起来。

在生活中，他的语言开始时不时地倒退，今天好一些，过一两天又没有了，直到孩子没有任何语言了，我才意识到事情的严重性。

为了救孩子，我带康康去了济南儿童医院，经过一番检查后，3岁半的康康被诊断为孤独症。刚得知这个词汇时，我十分困惑，到底啥是孤独症？为什么是孤独症？他这么小哪知道什么是孤独啊？我身边的人对孤独症也没有概念，他们说会不会是康康一直跟着保姆，我们也很少带他出去，就把他给“孤独”起来了？

总之，我百思不得其解，直到过年我大儿子从美国回来，我和他聊起这个诊断，才从他口中得知孤独症的严重，我赶紧找人给孩子治病。记得当时我拿到了济南一家机构的名片，过完年我们就带着孩子去了。要不说专业的事还是要让专业的人来做，康康在那个机构跟着老师花了一个多月的时间，他原本会的那些语言就恢复了，而且还能主动和人打招呼，“老师好”“妈妈好”说的特别顺。我一看在机构干预很有效果，就坚持让他在机构待了1年。在这1年当中，他的言语、辨别识物都有长进，比如问他想吃什么，他也能指出来并回答，我真的特别高兴。当时，我觉得孩子已经没问题了，直到后来发生了一件事，我才知道我真的把孤独症想的太简单了。

2. 儿子情绪爆发，不得已走上了退学之路

康康在机构卓有成效的练习成果令我信心倍增，于是我决定送康康去公立幼儿园。记得孩子上幼儿园时，我放心不下都会跟着，跟下来效果还是不错的，需要“死记硬背”的内

容，他也都记得很牢，所以后来上一年级也衔接得比较顺利。

本以为一切相安无事，没想到下半学期孩子再次出现了其他问题。随着课程变难，康康开始出现了情绪问题。从这时我才意识到，孤独症不单单是不说话、不社交那么简单。于是我查了大量的资料来补充我的知识，包括怎么处理孩子可能会出现的情绪爆发问题。后来，我和他爸商量，实在不行就退学吧，先解决他的情绪问题。

一年级下学期，我们就没再让康康去学校了，决定继续回机构干预。虽然不去学校了，但他的日程安排是很满的，上午5节课，下午5节课，他的绘画特长也是在干预的过程中被发现的。

3. 孩子的天赋，为他的人生开启了快车道

为了搞定康康的情绪问题，我花了很多心思。当时听说艺术疗法对孤独症有点效果，并且圈内也有一些家长会带孩子学音乐之类的，所以我也动了心思。

我儿子机构的特教老师特别细心，她们反馈给我说，康康在画画的时候，情绪相当稳定，并且他的手条件特别好，手指很长，也许可以学钢琴。老师给我提供了新的培养方向，我也想试试。于是我带康康开启了艺术之路。

首先，我们家里是有钢琴的，但是他对声音很敏感，每次一弹琴他就捂耳朵喊着“不要不要！”看来上天似乎并没有在音乐方面给康康天赋，所以我就将注意力转移到了其他方面。康康在绘画上很有天赋，一直跟着一位老师学，老师也很有耐心，至今他学了7年了。不得不说，刚开始时，康康就展现出了绘画天赋，一个班上十几个孩子的画摆在一起，其中最鲜艳最亮眼的那幅绝对是他的。并且，一直带着康康学习绘画的老师是这样评价康康的：“康康对颜色明显比其他的孩子敏感，尤其在配色方面，我相信无论是在孤独症的圈子里，还是在外界来看，是能得到一定认可的。”

如今的康康除了绘画之外，还能完成一些带有原创设计的手工艺品，这个来自“星星的孩子”正在用自己的方式，向这个世界表达自己丰富多彩的内心世界。

在采访中我们了解到，原来康康自小就生活在一个大家庭里，家里人很多，也经常举办家庭聚会，家庭氛围是非常和谐的。“我孙子比康康小六岁，在我们济南这边他得叫康康‘小爸爸’，我这个小孙孙对康康是特别的喜欢，对康康特别好，每次说要出去买什么东西，他总能想着他‘小爸爸’。上次去买鞋，我孙子主动说‘先给小爸爸买一双’。也不知道这孩子跟谁学的，把人感动得不行。我大儿子和儿媳妇也是特别懂事孝顺的孩子。”康康妈妈笑着说。

除了良好的家庭氛围，为了全面锻炼康康的能力，康康妈妈每年都会拿出1~2个月的时间带康康到全国各地去旅游。“我基本上报那种3~5天的户外团，这个团在康康8岁的时候我们就跟着了，这个团是由济南大学的一对夫妻组建的，团员的素质都很高，不是大学老师就是医生，所以他们对康康这种特殊孩子的态度都特别友好。而且就算在平时的周六日，我

也经常带着孩子出去。我认为，带孩子到户外感受大自然对于他的康复来说是有帮助的，每天待在家里是不行的。”在康康妈妈温暖的话语中，我们除了感动与欣慰，还感受着一份汹涌的爱意，以及那种隐藏在一呼一吸间的坦荡和真诚，或许这才是康康取得进步背后的真相。

四、老龄：如何破解老龄孤独症患者的生存保障难题

1. 长大的孩子，老去的父母

“我们希望通过培训为他们提供庇护性就业岗位。”在北京，有这样一家托养机构，专门为大龄孤独症及心智障碍者提供技能培训。在这里，他们可以学会基本的技能，也能通过劳动给自己赚取一些零用钱。

“每次我哥王阳（化名）去工作时，都会特别开心，他很喜欢工作，也喜欢机构的老师和同学。在那里他能实现自己的价值，比天天在家待着强多了。”王阳妹妹说道。

王阳是中国首例确诊为孤独症的患者。1982 年确诊后不久，他辍学回家，后来一直跟着母亲和姥姥生活。由于他小时候展现出了超强的计算能力，家人便为他安排了街道小卖部的工作。当顾客进来，他都会问顾客是哪年出生的，这份工作显然不适合他。而后他们家人又通过残疾人联合会，尝试着为他介绍去洗车房、肯德基餐厅工作，但最终全都因为他无法与人交流沟通，没能成功。

近 40 年的时间里，他一直生活在家庭的庇护之下，始终未能融入社会，这个结果令王阳的父母非常忧心。社会缺乏完善的支持系统，长大的孤独症患者未来何去何从，这个困境困扰着的不仅是王阳，也有千千万万个孤独症家庭。

如今，他已经 53 岁了，父母接连离世，世界上唯一的亲人仅剩妹妹一人。

2. 断层的福利帮扶，托养机构太少

春节期间，心智只有几岁的王阳，在中心乖乖坐着，等着“家长”。门开了，王阳的妹妹来接他了。“走，我们回家过年。”王阳妹妹望着年龄越来越大的哥哥，心中无限酸楚，“母亲临终前去找了贾美香医生，并委托贾医生帮忙为哥哥找了一家托养机构。母亲这样做是怕拖累我，但我很清楚，就算不嘱咐，照顾哥哥也是我义不容辞的。”

如今，王阳在这家机构已经一年多了，平日全托，节假日期间妹妹都会接他回家过节。但对于哥哥的未来，妹妹十分担忧，“这家托养中心，55 岁就会拒收，如今他已经 53 岁了，还能再待两年，未来何去何从以及政策上有没有什么变化，我既期待又担忧”。除了托养机构的年龄限制，在费用上王阳妹妹这样说道：“目前国家对于大龄以及老龄孤独症的福利帮扶基本是断层的。我们没有享受到任何关于孤独症的福利，为了帮哥哥，我为他申请了低保，他在机构自己也能赚点钱，这些钱基本都交给机构了。”

机构托养对于王阳一家人来说，是目前最好的一条路。但由于社会保障的缺失，社会帮

扶的断层，在家庭端和机构端，一直处于零补贴、无扶持的状态。社会对孤独症大龄以及老龄患者缺乏完善的支持系统，王阳还能在托养中心待多久？答案未知。这个问题不仅考验着王阳，也令小龄孤独症家庭更添惶然——当家长们逐渐老去，他们的孩子将如何托付？

目前中国孤独症患者超过 1000 万，并以每年近 20 万的速度增长。当孩子们逐渐长大，即便可以侥幸避开病症所带来的困境，补助的断层、政策的空白，无处安身立命，那种席卷而来的生存绝望感，会变成无数特殊家庭的生活底色。

（张　盼）

第二节 孤独症儿童数字化“家校共育”新模式

一、孤独症家庭数字化干预系统产生的背景：让专业康复人人可及

孤独症谱系障碍在如今的社会已经得到越来越多的关注和重视，同样也有越来越多的人士投入到康复教育行业中来。即便如此，特教教师依旧是“稀缺资源”。2021 年 12 月 3 日，美国疾控中心发布最新美国孤独症流行率数据（1/44），比 2020 年发布的数据（1/54）增长了 22%，越来越多的轻度孤独症被诊断出来。我国孤独症患病率在 1% 左右，而在册的孤独症儿童康复师只有 2 万人，与此同时，从业人员中能提供高质量服务的，即持有国际认证的干预资格证书的专业人员，目前国内仅有 1000 人左右，平均一个经过专业认证的康复师需要服务 2500 个孩子。

面对如此失衡的师生比例，众多康复训练机构纷纷成立，各式各样的干预方法层出不穷，但是目前孤独症的基础知识并不够普及，大部分家长对孤独症知之甚少，对孤独症的信息都是通过医生的介绍或者通过网络获取相关的信息。因此，面对市场上众多的干预方法，家长往往会抱有侥幸的心理去尝试，最后不仅没有效果，反而耽误了孩子干预的黄金时期。

应用行为分析是经过实证的对孤独症干预非常有效的方法。应用行为分析的特点之一是将需要干预的内容分解成为一个个简单的小目标，然后分别进行教学，并且每天要对孩子的教学进展记录数据。最后，通过绘制的图表展现教学成效，并反思教学问题，这些工作全部都需要康复教师来完成。

目前的特教行业也并没有建立起统一的标准化的教学服务流程以及完善的管理体系，因此行业内部的发展也参差不齐。

在这样师生比例失衡、家长信息匮乏、康复教师工作量庞大以及行业内部的发展良莠不齐的背景下，行业亟待孤独症康复的新模式，而数字化干预系统的出现，为孤独症儿童康复新模式的发展提供了可能。那么，数字化干预系统是如何帮助孤独症儿童和家庭进行康复的呢？本文将以北大医疗脑健康研发的 A-PKU 数字化干预系统作为研究案例，探究数字化系统是如何帮助孤独症儿童实现“家校共育”的。

二、案例介绍：A-PKU 数字化干预系统

北大医疗脑健康研发 A-PKU 数字化干预系统的目标是将科学的孤独症干预技术普及到每一家机构、每一个家庭，甚至每一个儿童。

A-PKU 数字化干预系统由 3 个部分组成，包括嗨小保、家长用 APP、嗨宝快学网页端。嗨小保是家长也可以使用的教学智能设备。因为，家长在家庭干预中使用的设备，需要便于

抓握和操作，同时便于及时记录，所以，单独设计了嗨小保智能掌机，而非使用手机APP。通过嗨小保，家长可以完成家庭作业的接收、查看视频实操示范、辅助家庭干预的实施并记录数据。家长用APP：家长可以通过APP进行技能评估。评估后，APP将为家长推送干预计划，同时，家长利用嗨小保智能掌机记录的数据也可以传回到APP里面，生成教学数据图。嗨宝快学网页端是康复教师使用的教学系统。教师通过嗨宝快学系统能够完成评估、自动生成计划、数据记录、家庭作业下发并向家长推送教学进展报告。A-PKU数字化干预系统应用流程见图4-1。

图4-1　A-PKU数字化干预系统应用流程

A-PKU 数字化干预系统在家庭干预中的优势

（1）教学目标明确：A-PKU数字化干预系统能够为家长提供家庭干预的具体目标，通过评估后，系统会自动推送教学计划，帮助家长选择在家庭干预中的优先教学内容，摆脱家长在家庭干预中“无从下手”的困境。

（2）教学步骤清晰：A-PKU数字化干预系统能够为家长提供家庭干预的具体教学步骤，每一条教学计划都有视频实操示范，并且在视频中将每一步教学步骤分开进行讲解，为家长提供规范的实操流程，解决家长在家庭干预中“不会教”的难题。

（3）干预方式科学：A-PKU数字化干预系统为家长提供科学的干预方式，采用记录教学数据的方式展示孤独症儿童的教学成果以及调整教学计划，包括计次、计时等，量化教学进展，保证高质量的家庭干预效果。

三、A-PKU数字化干预系统开启“家校共育”新模式

新冠肺炎疫情暴发，多数行业都受到疫情的重创，为防止病毒的大面积传播，线下实体康复机构纷纷被叫停，许多孤独症儿童被迫停止线下的干预，为了不影响对孤独症儿童的干预，北大医疗脑健康加快了数字化干预系统的研发并在疫情期间推出，指导家长在家中对孩子进行干预训练。

经过一段时间的探索和实践，我们总结了几种基于数字化干预系统实现的“家校共育”模式的表现形式，下面将以服务个案的真实故事进行提炼和呈现。

（一）各司其职：孩子成长，家长有责

小琪（化名）是一名3岁的男孩，在被诊断出有孤独症的时候，妈妈带着小琪不远万里来到了北京，经过多家比对，最终选择来到北大医疗脑健康进行干预训练。经过3个月的训练，小琪有了明显的进步，妈妈非常开心，也非常信任教师，对教师也是百般的“依赖”，有任何问题都寻求教师的帮助。妈妈说虽然小琪在机构的时候非常配合，进步也很明显，但是在家的时候小琪又有些“失控”，并不配合妈妈的教学，教师也一直在给妈妈建议，但是妈妈的操作都不正确，渐渐地妈妈也不再继续家庭干预了，将所有的教学训练都交给了教师。

直到北大医疗脑健康推出数字化干预系统后，妈妈抱着尝试的心态购买了嗨小保，在经过教师的培训和指导之后妈妈开始在家中对小琪进行训练。开始的时候教师下发的家庭作业都是比较简单易操作的内容，妈妈按照视频示范在家里一步一步地进行教学，小琪的配合度明显变高。虽然妈妈在家庭干预中还是会遇到各式各样的问题，但是妈妈对小琪在家庭中的干预越来越有动力和信心，小琪在教师和妈妈双方的努力下，也在一直进步。妈妈说，使用了嗨小保之后才发现，教育孩子是一件非常不容易的事，非常感谢教师付出的努力，她也渐渐认识到家庭干预的重要性，在孩子的成长和教育的路上，家长同样是必不可缺的教师！

（二）合作共赢：家校共育，成长双倍

小天（化名）是一名3岁的男孩，刚来到北大医疗脑健康的时候，小天基本不会关注周围的成人和小朋友、没有模仿能力、语词比较少、听指令有延迟、对常见物品的指认比较少，妈妈在刚来到北大医疗脑健康的时候非常焦虑，对孩子的教学进展非常着急，每天都要花费很长的时间和教师沟通孩子当天的教学内容，但是对于教师说的一些专业术语以及解释，妈妈又很难理解，所以即使听教师说了很多但是还是不清楚回家之后可以教什么、怎么教。在嗨小保推出之后，妈妈在详细地了解和培训过后决定购买嗨小保在家庭中使用。

每周教师都会给妈妈下发3~5条家庭作业，第二天的时候妈妈会再和教师反馈前一天的教学内容。妈妈说，通过嗨小保的实操示范的视频，她终于了解了教师说的“听者指认”“模仿”“功能特征类别的听者反应”到底是什么意思了，而且能够按照示范的步骤实施教学。通过教师对家庭作业的梳理，妈妈在家也有了清晰的教学内容和教学实操的示范，妈妈在家庭中的干预就变的清晰和顺畅，而且不仅是妈妈使用嗨小保教学，家中的老人在使用了嗨小保后同样觉得很方便，也在使用嗨小保对小天进行教学。

4个月后，小天在参与式共同关注、动作模仿等先备技能的教学中有了飞快的进步，听者指认也同样掌握到了非常多的数量。因为整体能力的提升，小天顺利地升入集体班级继续学习。正是因为家长在家庭中的持续练习，小天才在短时间内有了快速的进步。家校联动的模式使得教学达到双倍的效果，让孤独症的孩子能够在与时间的竞争中一直争分夺秒、奔跑向前！

（三）相互补充：疫情来袭，成长不停

小乐（化名）是一名 2 岁的男孩，刚来到北大医疗脑健康时没有任何语言，没有动作模仿、几乎没有听者指令。经过半年的干预训练后，小乐在语言和认知方面都有了大幅度的提升，小乐妈妈在干预的过程中看到了干预的希望。然而，疫情突然暴发，打乱了小乐所有的干预计划，小乐妈妈非常焦急。恰好，数字化干预系统推出，小乐妈妈迅速购买了嗨小保，经教师指导后，很快熟悉了操作流程。疫情期间，小乐妈妈坚持在家按照 APP 中推送的教学计划以及实操视频的示范在家对小乐进行干预训练。疫情结束后，小乐返园上课，教师发现，小乐的眼神对视比停课前的眼神对视频率还要高。

小乐妈妈非常感谢嗨小保。因为小乐妈妈坚持用嗨小保在家庭中进行教学，小乐的康复进程并没有因为线下训练的停止而受到影响。不仅是疫情期间没有影响，如今，妈妈每天依旧坚持在家使用嗨小保进行家庭训练，小乐的康复训练也能够持续下去。

综上所述，数字化干预系统能够为儿童提供可视化的成长记录，为教师提供充足的教学内容，为家长提供家庭干预的实操示范。同时，可以将家长的主动性和责任纳入进来，提高康复效率，并且在服务的连续性上表现出独特的效果，形成一种家校联动的新模式。此外，数字化干预系统也可以帮助机构建立一套完整、标准化的教学服务流程和管理体系。数字化干预系统有希望不断完善、规范行业标准，让更多的孤独症儿童接受从机构到家庭连贯的优质康复护理服务。

（蔚　雪　程　霞）

第三节 什么是有效的 ABA 服务？——以“小王”的全程干预为例

ABA（applied behavior analysis）中文翻译为应用行为分析。ABA 是一门专门研究行为与环境的关系，从而通过调整环境改善社会重要行为的自然科学。在国内孤独症儿童数量日益增多的环境下，国内出现了很多治疗方法，其中就包括了基于 ABA 原理的行为分析服务。同时，在 ABA 的大框架下，出现了很多的行为干预流派，各式儿童康复机构干预方法、程序也不尽相同。那么，什么是好的行为干预服务，什么是有效的 ABA 干预，这是我们需要去思考的问题。本篇文章以笔者干预的“小王同学”为案例，诠释什么是有效的 ABA 服务。

一、初见小王

2021 年 5 月初，小王初次来到机构，白白的皮肤，圆圆的脸蛋，怯生生地站在那里。当治疗师拿出玩具摆在他面前后，他马上就跟换了一个人一样，迅速地来到治疗师面前玩了起来。小王是一个被确诊为孤独症的 4 岁小男孩，目前还不会说话，不具备表述自己需求的能力，但是偶尔会发出一些音节，类似于“ɑ”“i”等，听指令能力比较差，但是偶尔可以完成一些带有手势辅助的指令，例如一边说“坐下”，一边用手掌拍相应的椅子，小王就会过来坐下；对自己的名字没有反应，几乎不与人对视，总是闪躲；游戏技能比较单一，只喜欢类似于积木的玩具，在家里总是喜欢把积木、麻将摆成一排看，对于其他玩具兴趣寥寥，如果让他玩，他可以拿着摆弄一下，之后也就放下了，从不会自己主动去拿着玩。

事实上，现在国内有大量的类似于小王这样的孩子。他们或多或少都存在着社交沟通障碍、兴趣范围狭窄等问题。而且大多数儿童都可能伴随着智力方面的缺陷，导致他们在学习、生活中存在各种问题与阻碍，更有甚者会出现严重的问题行为，例如攻击、自伤等，严重地影响了他们自身以及所在家庭的生活质量。

二、小王的全程干预服务

确定干预课程时，小王家长提出想要重点提升孩子的自主技能，结合小王的实际情况，我们为小王安排了以个训课为主的课程。在正式上课前，我们先安排督导教师为小王进行评估，随后，由督导教师撰写评估报告，并撰写相应的个别化教育计划（individualized education program，IEP）。与此同时，小王同学开始进入教室上课了。上课初期，我们并不会进行很多的缺失目标的学习，更多的是师生之间的关系建立，学前先备技能的学习，例如安坐、等待、听从简单指令、后效关联建立等。在此期间，我们召开了由督导、康复教师、家长出席的 IEP 会议。会议上，督导为家长详细地讲解了评估报告以及儿童的 IEP。其间，家长也和我们探讨了相应的干预目标，提出了一些自己的想法以及期许，最后双方达成了统一的意见，并由家长签字确认。这些先备能力都获得之后，我们就开始进入正式的干预学习了。在正式的学习期间，康复教师需要严格执行 IEP 中的目标，依据所制定的教学目标，合理地安排教学内容与节奏，使得小王可以在一片欢乐的氛围中完成学习。课堂中，康复教师需要及时进行数据记录，详尽地记录课堂中小王的行为表现，课后对所收集的数据进行视觉分析，判断目前所使用的教学程序是否有效，是否需要进行调整。在整个过程中，督导教师会定期进到班级看课，就康复教师的操作技术给予指导与支持，当康复教师在教学的过程中出现其他问题时，需要及时与督导教师沟通，及时解决相应的问题。

三、什么是有效的 ABA 服务

（一）IEP、数据记录、督导支持，一个都不能少

3 个月的干预结束后，小王同学在各项能力上都取得了重要的进步。语言行为里程碑评估和安置计划（verbal behavior milestones assessment and placement program，VB-MAPP）中评估里程碑分数由之前的 23.5 分增长为 64 分（里程碑评估是 VB-MAPP 评估中用于展现儿童现有语言以及相关技能的子评估），转衔分数由之前的 35 分增长为 59 分（转衔评估是 VB-MAPP 评估中用来帮助判断儿童是否正在取得有意义的进展，是否已经具备在一个较少限制的教育环境中学习的技能），障碍分数由之前的 65 分降为 20 分（障碍评估是 VB-MAPP 评估中用于寻找影响儿童学习效果的子评估），显示着小王的现有技能水平以及影响技能发展的障碍都得到了明显的改善（图 4-2）。小王同学不仅开始开口说话，可以使用名词对想要的物品提要求，还学会了玩各种因果类的玩具，尤其是喜欢玩操作类的，例如超级飞侠组装车；此外，通过同伴介入的干预方式，同伴模仿技能得到了飞速发展，会跟随同伴主动参与小组活动，逐渐开始喜欢互动类规则游戏。与此同时，在概念逻辑方面的知识也在持续进步着（图 4-3）。

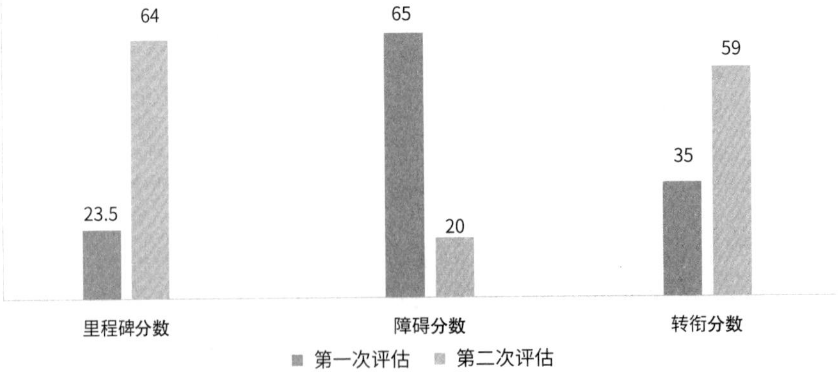

图 4-2　小王同学第一次与第二次评估分数对比

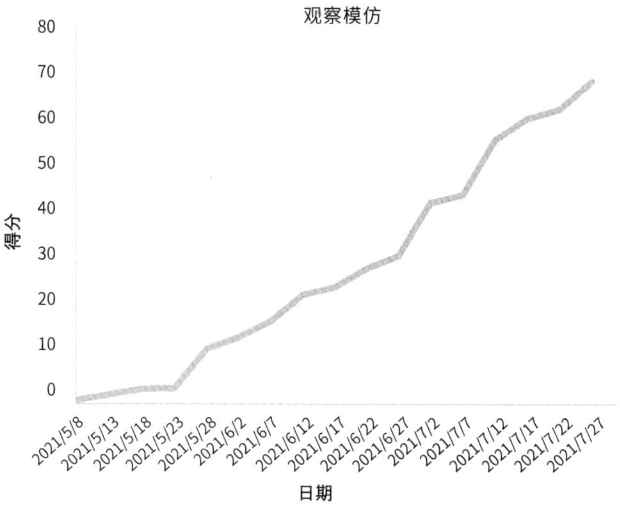

时间	达标项目
2021/5/8	单步骤大动作模仿：模仿挥手
2021/5/12	单步骤大动作模仿：模仿搓手
2021/5/19	单步骤大动作模仿：模仿小手轱辘转
2021/5/24	单步骤大动作模仿：模仿拍手
2021/5/26	单步骤大动作模仿：模仿（举手、拍肩膀、拍肚子、摸头、搓脸）
2021/5/28	单步骤精细动作模仿：模仿（张大嘴巴、咧嘴、撅嘴、伸舌头、食指对点、双手交叉、大拇指对点）
2021/6/4	单音节仿说：a、i、u
2021/6/9	单音节仿说：o、e、ü
2021/6/11	单音节仿说：b、p
2021/6/18	1．单音节仿说：n 2．叠词仿说：大大
2021/6/21	1．单音节仿说：d 2．口型模仿：叭、pu
2021/6/23	多音节仿说：抱抱、宝宝、呀呀
2021/6/24	口型模仿：摇舌头
2021/6/25	单音节仿说：m
2021/6/28	1．单音节仿说：f 2．叠词仿说：怕怕、拍拍、斑斑
2021/7/1	1．口型模仿：嘴巴鼓气、舌尖舔上嘴唇 2．单步骤大动作模仿：任意动作
2021/7/2	跟随律动进行模仿：双手挥、小房子、小鱼游、拍自己
2021/7/3	精细技能－挤压与放松：橡皮泥
2021/7/5	1．单音节仿说：l、t 2．多音节仿说：苹果、香蕉、小狗
2021/7/8	1．多音节仿说：帽子、牛奶、葡萄 2．两步物品操作模仿：（打开盒子放东西、打开笔画画、抽一张纸擦桌子）
2021/7/13	跟随律动进行连续动作模仿：小金鱼
2021/7/15	两步物品操作跟随模仿：拧开瓶盖喝水、擦嘴扔垃圾
2021/7/16	1．多音节仿说：哈密瓜 2．同伴示范一步大动作模仿 3．单步骤大动作模仿
2021/7/20	1．多音节仿说：榴莲 2．两步物品操作跟随模仿：拿起泡泡棒—吹泡泡
2021/7/27	多音节仿说：短袖
2021/7/30	两步物品操作跟随模仿：滚橡皮泥－放面条机、连续投放两次硬币

图 4–3　小王同学在观察模仿方面的进步示例

看着孩子的进步，小王家长对于康复干预的信心也与日俱增。家长说："孩子之所以耽误到现在，是因为一开始觉得没有希望。说实话，刚开始上课的时候，我也是抱着怀疑的态度，但是现在 3 个月下来，我们深切地感受到了孩子的变化，我们全家都得益于这份进步，感觉生活又有了盼头。"家长的这番话对于特教教师来讲，无疑是最高级的强化物。

取得这样的进步，与科学、标准、规范的干预流程是分不开的。好的 ABA 行为干预服务的流程（图 4–4）与小王所经历的应该是一致的，必须包括评估干预需求、确定干预课程形式、对孩子能力水平进行评估、撰写个别化教育计划（IEP）、召开 IEP 会议、依据家长确认的 IEP 进行授课、授课期间进行数据记录、依据数据结果调整干预计划、在执行干预计划时有督导给予支持。如果儿童有问题行为，还需要为儿童提供降低问题行为的干预计划。

（二）家长参与，至关重要

3 个多月的学习结束后，由于经济压力以及其他因素，小王同学跟随父母回到了吉林老家。时不时可以在家长的朋友圈见到小王同学的身影，再见到真人，是在一个半月之后。家长说："老家的干预条件有限，我去考察了一下，感觉与咱们中心比差距还是挺明显的，所以就一直在家自己带着。"但是家长自己在家带教的过程中，由于在干预技术上的欠缺，以及对教学内容把握不好，尽管每天都很努力，但收效甚微。甚至小王在眼神对视、自发提要求、独立游戏上出现了不同程度的退步，家长看在眼里，急在心里。再三权衡下，又联系了中心的咨询教师。

听到小王同学要回来继续上课的消息后，我们又欣喜又失落。欣喜于可以再次见到这个可爱的孩子，但也为小王家长所面临的困境感到难过。短期的儿童康复机构干预支持无法解决家长的长期困难，一个家庭不可能永远飘在其他城市，孩子们也不可能一直待在儿童康复

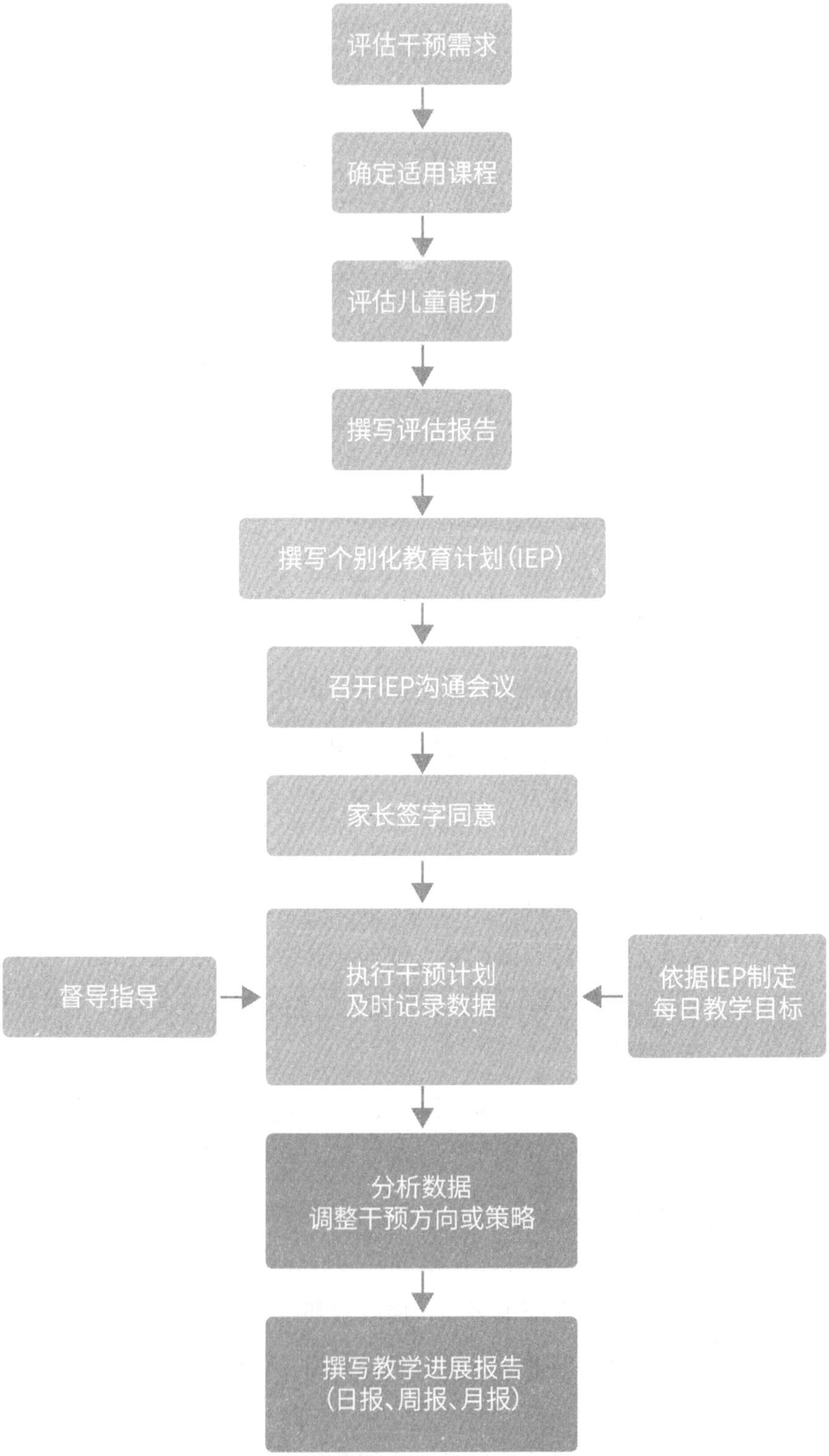

图4-4 好的ABA行为干预服务流程

机构。教授家长干预技巧，为家长赋能，让干预回归家庭，成为了专业儿童康复机构不可推卸的责任。

隔行如隔山，家长能学会吗？但是，仔细想想，虽然很多人不知道ABA是什么，但是在实际生活中，无形中就会使用ABA的行为原理。例如，工作表现好就会发奖金，鼓励下次表现更好一些，这不就是强化原理嘛，只是没有人告诉大家这就是ABA，没有人帮助梳理其中的体系而已。如果有一套课程可以点破它，帮助家长梳理一些行为原理以及干预策略，家长是不是就可以利用这些策略，去更好地带教自己的孩子？

（三）家长培训的个性化指导

带着这样的期许，当小王再次回到中心后，我们推荐了小王家长参加中心的创新课程——青苗亲子10周营（青苗班）。整个课程为期10周，为了达到既不耽误孩子的学习进度，又能给家长提供有效的学习机会的目的，我们在课程设置上花了很多心思。课程共分为四个阶段，第一阶段是循循善诱期，为期2周。在这2周里孩子与康复教师一对一在班级里上课，让康复教师可以充分地认识孩子，了解孩子，建立好的互动关系，同时家长在教室外面通过线上课程了解一些基本的干预理念，重拾干预信心；第二阶段是实操练习期，为期5周。在这5周里，家长要先通过合培课，在模拟场景中学习操作技术，还要进入教室，观摩康复教师是如何与自己的孩子互动的，之后由康复教师指导家长给自己的孩子实施教学。在整个过程中，家长学习的一直都是如何与自己的孩子互动，如何教导自己的孩子，充分做到了家长培训的个性化指导。第三阶段是支持淡化期，为期2周。我们结合线下上课与线上指导两种形式的优点，线上、线下教学指导穿插进行，逐渐减少给予家长的支持，让家长可以独立在家庭环境中给孩子做干预。第四阶段就是独立教学期了，为期1周。这一周的教学完全由家长自主进行，康复教师变成了单纯的协助者，实现由儿童康复机构环境过渡到家庭环境中进行干预学习的目的。

当然在具体实施的过程中没有那么顺利，前期在学习一些简单的实操知识时，督导教师结合了小王自身的情况进行讲解，小王家长领悟比较快，掌握得很好，以高分通过了我们的考核。接着就是要进入班级开始观摩学习了，这个时候就出现了一些问题。

例如，一开始，在康复教师讲解操作步骤的时候，家长接受很快，可以把教学步骤都说出来，康复教师呈现实操示范时，家长也能看懂，知道康复教师每一步是在干什么。但是，当让家长开始上手操作的时候，家长犯怵了。呈现强化物的时候，不够自然，突然一下放到了儿童面前；收回强化物的时候，又迟迟不敢发指令，担心孩子不配合，整个回合时间拉得很长。之后，我们与家长一起探讨问题的原因，并调整了练习计划。为了让家长在康复教师面前与儿童的互动自然一些，课程开始前我们先带领家长和孩子一起做一些游戏项目，让大家都放松下来，之后，在实操的时候，我们帮助家长制定了操作流程图，并实时地语音播报家长操作到哪一步了，接下来该干什么。在这样的视觉支持以及语言引导的辅助下，家长顺利地按照既定的要求完成了操作流程。同时，我们对家长也使用了差别强化的策略，逐渐撤出辅助，直到家长可以独立完成相应的操作流程。小王家长自然教学操作技术掌握进展如图 4–5 所示。

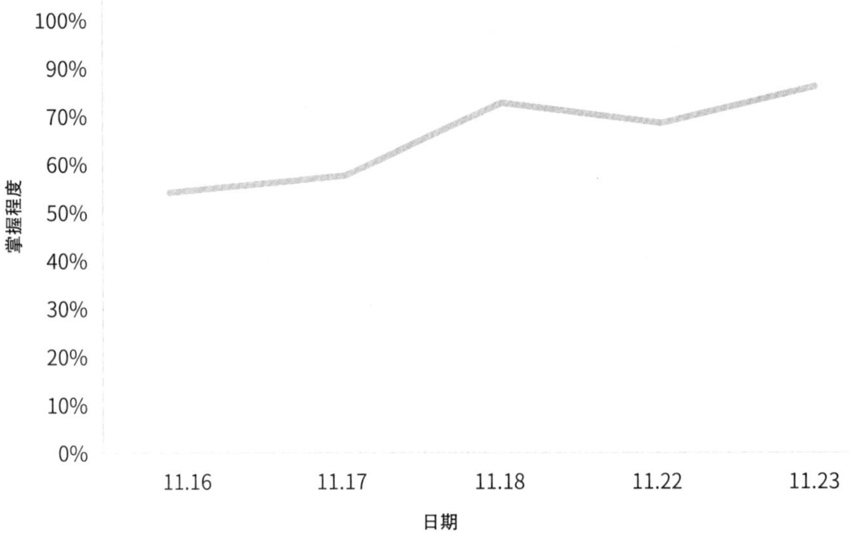

图 4–5　小王家长自然教学操作技术掌握进展

在整个过程中，我感受到了家长学习干预技术的难处与优势。面对全新的领域，家长们会胆怯、会慌乱，在康复教师面前会不好意思，也会依据自身的经验或者想法跟康复教师探讨不同的教育理念与方法，纠结于某个实操细节；但是，家长在跟自己孩子互动的时候很有生机、很灵活、很生活化、很善于做泛化。他们会为孩子的每一点进步欢呼，会为孩子的每一次受挫难过，在这种欣慰与难过的共同影响下，积蓄了更多的力量与动力，而这份动力使得家长在下次教学时，准备得更充分、更完整，从而达到更好的互动效果。

小王的进步就是家长技能学习效果的最好体现。10 周课程结束之后，小王的 VB–MAPP 评估里程碑分数由原来的 64 分增长到了 99.5 分，转衔分数由原来的 59 分增长为 67 分，障碍分数也由 20 分降为了 8 分，而且当小王离开青苗班之后，各项技能也在持续增长。

所以，我们要相信家长的力量。很多家长反映孤独症干预对实施干预者的专业性要求很高，实施干预很难，觉得自己是做不好的，事实证明只要家长愿意花时间去学习，再加上专业人士的支持带教，很多方法和手段都是能掌握的，孩子与家长可以实现共同进步！

四、总结

到底什么是好的 ABA 干预服务？本文通过小王全程干预的案例，阐述了什么是有效的 ABA 服务。选择家长与孩子需要的课程，评估孩子的能力，依据评估结果制定个别化教育计划，在督导的指导下有效地执行个别化教育计划，在执行的过程中准确地完成数据记录，课后分析数据，依据数据结果调整干预方向并撰写进展报告，及时向家长同步儿童的技能发展情况等都是有效 ABA 服务的保证。

同时，家长的同步个性化教学培训以及与孩子互动的实操指导，是有效性持续的保证。本文除了提出有效 ABA 的范式流程，也提出了加强 ABA 干预有效性的家长个性化培训的策略。

总之，好的 ABA 干预服务应该匹配孩子、家长当下的需求，以提升孩子自身技能为切入点，以孩子利益最大化为指导方向，结合康复机构以及家庭的资源，将家长纳入康复干预环节，全方位地支持孩子以及与孩子相关的一切，实现提升整个家庭幸福度的最终目标！

（武亚琼）

第四节　儿童全面发育迟缓的多学科干预
——以“小宝”的康复个案为例

一、儿童全面发育迟缓的现状

全面发育迟缓（global developmental delay，GDD）影响 1%~3% 的 5 岁以下儿童，使其成为儿科诊所最常见的疾病之一。全面发育迟缓的原因有外源性、遗传性（非代谢性和代谢性）。全面发育迟缓被定义为 2 个或更多发育领域的显著延迟，包括粗大或精细运动、言语 / 语言、认知、社交 / 个人和日常生活活动，并被认为可以预测未来的智力障碍的诊断。患有全面发育迟缓的儿童是那些在预期年龄延迟达到发育里程碑的儿童，如若未及时进行有效的干预，则会导致学习和适应方面的缺陷，从而影响正常的工作生活。

《健康儿童行动提升计划（2021—2025 年）》明确指出要加强儿童健康管理。以儿童体格生长监测、心理和行为发育评估等为重点，积极推进国家基本公共卫生服务 0~6 岁儿童健康管理项目，鼓励设立多种类服务包，提供多元化、多层次、个性化儿童保健及康复服务。提高公众对全面发育迟缓疾病的认知，进一步促进疾病的早发现、早诊断、早治疗，从而改善全面发育迟缓儿童的生活质量。

当前全面发育迟缓儿童面临诸多挑战，如：①年长儿童及学龄儿童的安置及接受教育或职能培训相关的制度还不完善，导致该部分儿童无法正常入学及工作生活；②家长对该方面的认识不足及不能正确鉴别适合自己孩子的训练方式；获取该类知识的渠道杂乱，导致儿童错过最佳的干预时期；③政府对于有该类问题但经济能力不足以支撑儿童训练的家庭给予的支持不足，导致大部分儿童中断治疗，使得儿童未能获得持续的康复，从而影响以后的生活；④对此类儿童及家长心理方面的支持不足，导致此类儿童与家长逃避与外界交流，社交及沟通能力出现问题，还会导致自卑甚至抑郁等情况的出现。

目前全面发育迟缓儿童康复服务供给的现状为单一学科为主，难以满足需求。然而，理想的康复服务模式应是医教护康多模式结合，物理治疗（PT）、作业疗法（OT）、语言治疗（ST）、感统、心理等多学科合作方式进行系统干预，故多学科的广泛普及和开展是迫切需要解决的问题，需要各学科专家与治疗师共同就此问题开展探索，建立一种标准化的多学科康复服务模式并进行推广，将儿童康复行业正规化、系统化。

二、儿童全面发育迟缓多学科干预的重要性

多学科干预是指将儿童作为一个整体对其进行不同领域的干预，而不是单一解决某个问题，多学科合作的干预模式的建立能够减轻家长四处奔波为孩子进行康复的压力，同时家长

还可以享受到“多对一”的个体化、规范化的治疗体验，使得儿童生存状况、生活品质得到显著提升。

三、全面发育迟缓儿童“小宝”的多学科康复干预案例

1. 小宝的基本情况

小宝于2018年12月15日出生，出生时一切正常。2019年11月常规检查时发现儿童全面发育迟缓，故家长带其到某儿童医院详查，结果如下：脑核磁显示脑发育不良，髓鞘化延迟。视力听力正常。0~6岁小儿神经心理发育检查量表显示大运动相当于5月龄，精细动作相当于6月龄，适应能力相当于8月龄，社交相当于9月龄，语言相当于5月龄，均落后于实际年龄，诊断为全面发育迟缓。但由于家长康复意识不足，未进行干预，儿童落后情况愈发明显。经多方了解与咨询，选择了北大医疗脑健康飞帆儿童康复中心为孩子进行康复，于2020年10月15日开始训练，此时生理年龄为1岁10个月。

2. 小宝的康复团队

小宝由北大医疗脑健康飞帆儿童康复中心的康复团队实施干预。中心的康复团队由PT、OT、ST、感觉统合、心理多方面的专业人士组成，并由中国康复研究中心博爱医院副主任治疗师庞红老师，北京大学医学博士、中国康复医学会作业治疗专业委员会感统治疗学组副组长吉宁老师等作为中心的学科带头人，旨在为儿童提供早期的、系统的、针对性的、多学科联合的团队式服务。团队结合儿童生长发育特点，为儿童提供阶梯式的评估及训练，并带领家长一同用科学的方式教育及养育儿童，在需要时及时给予家长和孩子心理方面的支持，让儿童获得更全面的治疗，从而达到最佳的训练效果，尽早回归到家庭或社会。

3. 多学科评估

2020年10月15—30日，康复专家团队带领治疗师结合医院检查结果采用观察法、访谈法和标准化评估量表对孩子进行多学科合作式的全面评估。

多学科合作评估过程：在治疗师训练过程中会陆续邀请本科目及其他科目的督导进行看课，课后进行讨论，当各个科目评估基本完成，各科目督导会组织治疗师一同讨论儿童情况，由各科目治疗师撰写评估报告，由督导老师审核、治疗师修改，最终将一份专业的评估报告撰写完成，由各科目治疗师当面将结果告知家长并讲解后续训练计划，各科目督导也会不定期进班看课，随时关注儿童训练计划的执行及是否需要调整，并且会有阶段性的进展及下一步训练计划给到家长，让家长更清楚了解到孩子的进展情况。

多学科评估结果显示：小宝粗大运动能力相当于10月龄水平，与实际年龄水平相差1岁；语言能力相当于1岁水平，与实际年龄水平相差10个月；认知能力相当于1岁水平，与实际年龄水平相差10个月；精细动作相当于1岁水平，与实际年龄水平相差10个月。

评估具体内容如下。

优势：小宝头控好，仰卧翻至俯卧可，独坐稳，手膝爬可，玩具会倒手，会用示指指物。见人喜欢微笑示好，乐意与人相处。有困难时会用手、眼神、身体姿势寻求家人的帮助，社会化方面的能力相对发展较好。

挑战：肌力低，肌张力低，不能爬越障碍物，不能扶站、扶走，独站独走未习得。上肢抓握能力不足，拇指有内收，拇指、示指捏小物品能力不足。认知及语言理解能力不足，表现为：模仿能力不足，不能区辨大小，不认识颜色，不能指认身体部位。表达能力弱，表现为：只能用“a”“en”“baba”“mama”表达需求及寻求帮助。构音器官运动能力不足，表现为：流涎，唇闭合能力弱，舌运动能力不足，下颌控制能力弱。

4. 多学科干预方案

根据以上情况，在专家团队带领下，共同讨论制定了以下干预方案。

干预主要从粗大运动、精细运动、语言、感觉统合、心理几个方面进行，针对儿童目前所处能力水平，先从粗大运动、精细运动、语言三个方面开展训练，后续根据儿童能力的提升及时增减适合儿童的训练，家长方面以月为单位以家长课堂或家长沙龙的方式对家长进行培训，具体训练内容如下。

粗大运动方面：①躯干的稳定性训练：核心力量（腰腹及腰背部肌群的力量训练）；②姿势的维持（高跪位保持，臀桥的维持）；③下肢力量及支撑能力训练（臀大肌、股四头肌、腘绳肌、胫前肌等的力量训练；双侧支撑及单侧支撑（扶站、独站、单腿站、上下楼梯等）。训练过程中均会利用游戏及活动的方式并融入儿童听理解的内容，从而使儿童提高关节控制能力，增加肌肉力量，改善异常姿势，促进其出现正常运动模式的同时还能辅助提高语言理解能力，训练过程中如遇心理或注意力、感觉统合方面问题时，会邀请心理与感觉统合方面专家对孩子进行评估，观察儿童是否需要结合感觉统合方面治疗，教授治疗师如何在训练中疏导孩子与家长，帮助解决儿童觉醒度、触觉区辨、注意力、平衡及协调等方面的问题。

精细运动方面：认知能力训练（积木仿搭、拿放形状拼板、投放类），上肢力量训练（肩部肌群、肱二头肌、肱三头肌、旋前旋后肌肉、腕周肌群等的训练），上肢的运动能力训练（通过游戏如：投球、搬运东西、喂食、涂画等训练肩肘腕及掌指关节的活动能力），日常生活活动能力（双手配合用勺子进食，脱鞋袜，配合穿衣裤等）。

语言方面：由于儿童语言理解能力较弱，故语言训练以理解能力和语言表达为主。语言理解方面：增加词汇量的理解（名词、动词、形容词），听理解能力（一步指令、两步指令的执行，简单问答）。表达方面：用手势或有意义的音正确表达想法等。结合构音器官运动能力的训练，如：口腔感知觉刺激、咀嚼及吞咽能力训练、舌的运动及灵活性的训练、呼吸训练等帮助儿童解决流口水及吞咽问题，同时可根据情况适当进行引导简单发音的训练，促进儿童发音及口语能力的出现。

家庭训练内容和方法：在训练结束后教授家长家庭训练方法并生成文字版的每日沟通及家庭作业。专家团队会带领治疗师根据情况对儿童进行阶段性的系统评估，指导治疗师治疗计划的变更，从而达到最佳的治疗效果，同时将每次评估结果及进展情况同步给家长，并教授家长相关知识，让家长了解儿童的进步情况及仍要面临的挑战，要求家长配合治疗师一起给孩子更有效的治疗。

5. 多学科干预的效果

截至2021年12月15日经过14个月的康复训练，小宝在各个方面均取得了非常好的训练效果，基本达成制定训练方案时的预期目标，回归家庭训练，定期复查，具体表现如下。

运动技能方面：训练后小宝的粗大运动、协调能力、肢体运用和精细运动都有所改善，具体表现如下。粗大运动及感觉统合方面：会跑，可独立一步一阶上台阶，可跳过5 cm高障碍，跑步协调性、从高处向下跳及注意力、球类玩耍方面在增加感觉统合方面训练后也有明显改善。

精细运动方面：上肢的肌肉力量有提高，腕关节的灵活性及手指灵活性有提高，可用剪刀将A4纸剪成两半，可画出圆形，可独立使用筷子进食，可独立穿脱套头衣服、裤子及鞋袜。

语言方面：①理解能力：可理解谁在干什么、哪里可以买水果、什么水果是酸的等问题。可完成3个单位的听觉记忆，如指一指苹果、大象和眼镜。能进行简单3步指令的执行，如先擦桌子再敲鼓然后吹泡泡。②表达能力：小宝能够比较准确地利用4~5字的短语表达需求，例如：我要吃苹果、拿大苹果等。③语音及构音器官运动能力方面：小宝的语音清晰度可，口水可完全控制，舌头灵活性可，呼吸功能有进步，从不会吹到目前可以保持呼气时长达5 s，口唇闭合较好，这些进步为小宝的语音清晰度方面的发展奠定了基础。

四、总结

1. 全面发育迟缓的儿童数量有所增加，需要家长给予关注。同时，政策也强调了针对此类儿童的服务供给给予重点关注。

2. 针对此类儿童，多学科合作的干预模式是目前最有效的干预模式。

3. 本文以一个个案，呈现了全面发育迟缓儿童的多学科干预的方式、内容和结果，试图为行业内的多学科干预提供一些启发。

4. 本案例的启发如下：

（1）定期开展全面有效的多学科合作的康复评估及治疗，对发育迟缓儿童各项能力的提高具有显著疗效，结合心理方面的引导可使儿童及家长更好地融入家庭及社会。

（2）多学科合作的干预模式结合家长的积极配合，可使训练达到更优的效果。家长的配合是帮助儿童达到预期训练目标必不可少的环节。

（李春茹　李鲁萍）

第五节 融合教育孤独症儿童的个案研究

一、孤独症儿童社会交往能力干预的个案研究——教师自述

（一）幼儿基本信息

幼儿姓名：丁丁（化名），性别：男，出生年月：2013 年 9 月，入园时间：2017 年 9 月，干预时间：2 年 3 个月。

教育安置情况：2017.9—2018.1 小组训练

2018.3—2018.7 小班融合

2018.9—2019.7 中班融合

2019.9—2020.7 大班融合

（二）不同环境阶段幼儿表现

丁丁从入园到现阶段，其社会交往能力有明显的变化，通过例子与情景的介绍，可以明显感受到丁丁从“乖”孩子变成了开朗男孩。

1. 小组训练阶段

丁丁入园首先进入小组接受干预训练，丁丁是一个“人人眼里的乖孩子”。

丁丁“乖”的优势能力表现：情绪稳定，行为规范较好；在小组集体环境中常规意识建立较快，听老师的指令；有一定的生活自理能力，能自己吃饭、洗手、喝水等；在辅助、指导或提醒下能参与集体活动。

但是“乖”不等于没有问题，太“乖”的丁丁在集体中的问题很快就显现出来，他没有明显社交，比较胆怯，几乎没有主动性语言。

2. 小班融合环境阶段

经过一个学期的小组干预训练后，丁丁顺利进入小班融合。初上小班我对他的印象是这样的，当我找他的时候会说：“丁丁，你在哪里？”重复几遍都不回应，以为听不懂就换种方式问：“丁丁，到老师这里来。”继续重复仍得不到反馈。后来才知道他不是听不懂，而是没有与人互动的意识，对别人没回应。这种印象成为对丁丁干预的方向。

当然，丁丁在小班融合继续延续他自身的优势，比如：班级规则掌握较好，生活完全自理，愿意参与集体活动。但是，丁丁融合之后问题更加突出：与人没有交流互动，没有回应；不敢在集体面前说话，沉浸在自己的世界。

当时我在思考：融合之后，为什么丁丁问题更加突出了呢？

首先我考虑的是环境因素。物理环境可以在指导下尽快适应，但是心理环境适应会比较慢。面对新老师、新同伴，丁丁很难去接受，既然不接受，那就封闭自己。

然后我针对丁丁的问题与家长进行了交流，沟通孩子在园情况并转达干预方案。先从适应环境做起，比如先熟悉老师，每天抽时间与孩子交流，然后熟悉同伴，为他找好朋友，经常鼓励他，希望他心理上获得安全感。

我的想法马上引起家长共鸣，家长愿意配合我在家里也做些事情来改善丁丁的状态。我建议家长在家里为幼儿准备行事历，上幼儿园前先让他了解在幼儿园应该干什么，提前预知做准备；多给丁丁讲幼儿园老师、同伴之类的书籍或者真实发生的事。我与家长之间需要互相告诉对方要做什么，形成了良好沟通。之后我也运用了一些新的干预方法来改变丁丁的现状。

经过一段时间的综合干预后丁丁有了初步的社交意识，但是比较被动，不知道怎样交往，不自然；有简单的被动语言，但是说话还紧张；逐步有意识回应他人。

3. 中班融合环境阶段

丁丁在中班融合时，社交方面的表现可以用三个短语来形容。

第一个“羞羞一笑”：打招呼或叫他做事时，他会送来腼腆的笑容，有了回应。

第二个“有内容的眼神”：丁丁有需求时，他会看着我，让我来满足他的需求。丁丁知道我时刻在关注他，他有事情时就用他充满内容的眼睛看我。

第三个“默默伸出的小手”：丁丁与小朋友玩玩具时，他想与小朋友一起玩，但是不知道怎么加入，他就偷偷用小手去摸小朋友的玩具，自己很开心。他开始有了与小朋友互动的意识。

在中班阶段，我有了困惑：据了解，丁丁平时与家人的互动较好，为什么在幼儿园发挥不出来他的“活性”呢？比如最基本的打招呼、各种需求的表达、自然的互动等。

针对这个问题，我先是仔细观察，然后尝试着从两个方面去干预。

第一，与家人沟通。丁丁爸爸平时不爱与别人说话、很严肃，接送孩子时几乎没有互动。我认为父亲的这种性格会潜移默化地影响孩子的社交与性格，所以我找丁丁爸爸沟通这件事，希望他可以多对丁丁笑一笑，或者每天准备两个笑脸，爸爸与孩子互相给对方贴上，拥抱一下，说一句鼓励的话。我相信爸爸阳光般的笑容会照在孩子身上，让孩子变得更开朗。我建议丁丁爸爸对老师和小朋友都热情一些，多交流，这样也能够促进丁丁积极主动与别人接触。爸爸同意改变并积极配合，有问题时会及时与我沟通。

第二，改变教师行为。指令式语言换成鼓励式语言；动作行为夸张一些，如：大大的拥抱、张大嘴巴的笑等，让丁丁感受到我的热情与温暖，逐步放开自我，大胆表现。

4. 大班融合环境阶段

功夫不负有心人——丁丁变了。

经过坚持不懈的努力，丁丁终于变得开朗、自信、大胆，他的改变我要从6个情景来进行说明。

情景一："老师，我告诉你。"当丁丁在外面看到新奇的或者感兴趣的事时，到班里会主动跟老师说，还有几个回合的交流。

情景二："老师，你给我拿着。"当丁丁手里东西太多，不能自己做事时，就会对我说："你给我拿着吧。"他会主动寻求我的帮助。

情景三：打招呼。班里的小朋友提前接走，丁丁看到了，就主动对小朋友说"再见"，而且他还跟同组的小朋友说："我们跟他说'再见'吧。"户外活动时，丁丁看到李老师，他就积极主动地跳起来大声说："李老师好"，当时李老师惊讶了，立刻给丁丁一个大大的赞。

情景四："洗一洗。"丁丁旁边的小朋友把筷子掉到了地上，丁丁立刻提醒他："赶紧去洗一洗。"这说明丁丁在关注旁边小朋友做事情。

情景五：尝试新玩具。丁丁与小朋友在尝试新的对讲机，两个人你一句，我一句，面部表情丰富，交流很自然。

情景六：与小朋友在一起。原来丁丁与小朋友在一起时一动不动，没有任何互动，但是现在丁丁放开了，与前后左右的小朋友都有眼神、动作、语言等方面的交流与互动。

在丁丁四个环境阶段中，我们通过尝试运用不同的干预方法训练和家园之间的良好配合，丁丁社交方面的变化可以用"巨大"来形容，而且个人的社交技巧也明显进步，整个人的状态完全改变了。

（三）幼儿的技能干预

在将近两年的融合过程中，为了提高丁丁的社会交往能力，我尝试着运用不同的方法干预，下面我来介绍一些具体的融合干预过程与措施。

1. 角色游戏干预

前提：营造宽松、安全的环境，让幼儿心理上有安全感，这样干预训练才能顺利进行。

进行角色游戏干预是从易到难、循序渐进来逐步训练的。

（1）单一角色游戏：角色游戏干预首先要从简单的单一游戏开始，也就是语言较少、相对固定，表情动作也比较固定。

举例：《小红帽》中的猎人角色没有语言，只是拿着枪开枪，但是表情必须是坚定自信的。扮演超市中的迎宾人员，只说一句"欢迎光临"，丁丁熟悉之后，鼓励他加入微笑的表情和伸手欢迎的动作。

（2）平行、类似的角色：从第一步的角色游戏过渡到平行、类似的角色中来。比如：超市中"迎宾人员"到"送客人员"，送客人员会说"欢迎下次光临"，还要鞠躬保持微笑等。在《小红帽》中，将角色换到外婆，外婆一两句语言，表情害怕，比猎人表情稍微丰富些。

（3）富有变化的角色：第三步就是让丁丁体验语言较多、表情较丰富、动作较多的角色，多次尝试，教师指导加入相应技巧。

举例：在《小红帽》中扮演小红帽或者大灰狼的角色，在超市购物中扮演顾客的角色，这些角色变化度比较大。

（4）从角色游戏到真正的社交：进行角色游戏的目的就是能够实际运用，将游戏里的技巧用到生活中解决实际问题，提升社交能力，这样的干预才是有效的。我主要从两方面进行。

创造机会：帮老师给隔壁班的老师送个东西或拿手工材料，做老师的小帮手给大家发材料等。

泛化：从熟悉的班级、熟悉的人、熟悉的环境开始，逐渐扩展到隔壁班级、隔壁班的老师、其他楼层、园内其他的员工等。

2. 社交故事干预

社交故事是以故事的形式，向幼儿描述一个社交情境，让他们知道情境中应该怎么做。

我针对丁丁社交方面的弱项，比如：对他人没有回应，不知道与小朋友怎样玩、打招呼等，来编写故事内容。在个训课上先引导丁丁理解故事内容，然后再和丁丁进行演练，之后在幼儿园一日生活中挑选合适的时间读给丁丁听，让他在接下来发生的相似情景里知道该怎么做。还有，我也会咨询家长丁丁在家里的社交困境，帮助家长编写小故事，指导家长带着丁丁练习。

3. 班级融合支持性游戏

在班级中主要运用班级融合支持性游戏干预，普教与特教教师相互配合，对融合幼儿在游戏情景、游戏玩法、游戏材料等方面进行支持指导，同时在游戏中加入同伴的鼓励与支持，提升幼儿社交技能。

4. 关键性技能训练法

关键性技能训练（pivotal response treatment，PRT）强调在自然环境中干预，主要运用在一日的融合环境中。当丁丁出现社交需求，我就马上辅助他完成这次社交，然后进行记录，在以后的一日生活中，可以为丁丁创造练习此种社交技能的机会，并进行新旧社交技能交替的干预，强化丁丁的努力，使他的社交技能能够保持。此外，当与丁丁进行有目的的社交练习时，我会尊重他的兴趣点，从他感兴趣的话题或者事物入手来进行干预，这样效果会更加明显。

5. 其他方法的运用

在干预过程中，我还运用了一些其他的方法。比如丁丁喜欢音乐，我就利用唱歌、跳舞来带动丁丁与小朋友之间的互动，多设计一些合作类型的动作，增加丁丁社交的频率；利用“地板时光”的方法，我与丁丁在一个温馨的环境中，给他多种玩具的选择，利用兴趣与他面对面进行交流与活动；家庭成员的参与与配合。这些都是丁丁社交能力提高必不可少的要素。

其实，每种干预方法并不是单独使用的，而是针对孩子特点的整体运用。在什么情景下运用什么样的方法都需要仔细思考与斟酌，还要在一日生活中紧抓时机及时干预，这样才能够真正帮助到孩子，提高他们的能力。

（四）总结

丁丁入园以来，不仅社会交往能力进步很大，其他能力也有了很大的提高。这不仅缘于融合教师的关注与细致的干预，还有班级中同伴和教师的爱护、帮助与支持，再加上丁丁自身的努力与配合，这使他找到了自身的价值，树立了自信，敞开了心扉，愿意去拥抱照向他的每一缕阳光。我还要继续利用恰当的干预方式，抓住每一个教育契机来帮助丁丁改善他的不足，为他以后顺利融入社会做良好的铺垫。

二、在融合活动中提高孤独症儿童社会交往能力的个案研究

（一）幼儿的基本情况

幼儿姓名：果果；性别：男；年龄：6.5 岁。

单亲家庭，平时和妈妈在一起，对妈妈的依赖性较高。

教育安置情况：

2016.5—2016.9 小组学习

2016.10—2017.8 半天融合

2017.9—2019.6 全天融合

（二）幼儿各阶段社会性表现及进步

1. 半天融合时期

（1）前期表现：虽然果果有一定的社交意识，但是在集体环境中还是存在一些问题，比如：①缺乏社交技巧，不知该如何和别人进行交流；②情绪情感薄弱，不会关心别人，对旁人的喜悲情绪置若罔闻；③兴趣狭窄：只玩固定的一两个玩具，和同伴的交流就会减少；④语言表达障碍，不能清楚地表达自己的想法，和同伴的交流有障碍，长此以往同伴会减少与之交流的次数。这些都是孤独症儿童社交困难的直接或间接原因。与小朋友交流较少，大部分都是与老师的交流，但是也仅限于要求的功能性语言，分享式语言较少。见到老师不问好，眼神关注差。

（2）具体干预：特教老师会根据果果每学期初的评估结果制定果果的学期计划、月计划，再根据果果平时的表现，针对果果比较薄弱的方面制定每周两次的个训计划。班级的普教老师和特教老师相互配合，运用融合支持性游戏的方法，在游戏中提高果果的社交、行为规范、生活自理能力，缩小与普通幼儿之间的差距。很多方面的原因都会导致幼儿社交能力的欠缺，认知、语言、生活、行为都会影响幼儿的社会交往能力，因此多方面的干预是融合老师的日常干预内容。

行为方面：针对抢东西这个问题行为，老师采用行为替代的方法，在每次果果想要抢东

西的时候及时制止，然后让他对小朋友说“你可以借我玩一会吗”，如果小朋友说“可以”，那么两个人就可以一起玩玩具，如果小朋友说“不行”，那果果只能再去玩别的玩具。大部分情况下小朋友都会和果果一起玩，老师再对果果进行鼓励，以替代抢东西这个行为。

语言方面：给果果多讲故事，多和果果沟通，在生活中经常向果果解释周围物品的名称，并且提问果果，增加果果的词汇量。

生活方面：果果最明显的问题是挑食。针对这个问题老师采取的是正强化的方法，在果果自己吃下一口饭的时候，给予果果表扬和鼓励，增强果果的自信心，减少挑食的现象。

社会方面：普教老师和特教老师会互相配合，为果果制定合适的教学计划，用融合支持性游戏的方法来增加果果与普通儿童的接触机会，增进他们的感情，增强果果与人交流的自信心，提高果果的社交能力。

（3）干预后效果

行为方面：果果每次想和其他人一起玩时都会先问“我可以和你一起玩吗”，再也没有出现过抢玩具的现象。

语言方面：果果的词汇量增加，能说出身边常见物品的名称。

生活方面：仍然存在挑食现象，但是能把碗里的饭菜全部吃完，不会再说想吐了。

社会方面：果果有了社交意识，与人说话时眼神对视时间增长，能主动与小朋友交流，见到老师能主动问好。有了社交意识，但是还缺乏社交技巧，需要老师在旁边指导。

2. 全天融合时期

（1）前期表现

生活自理：果果穿脱衣物的时候分不清正反，经常把裤子、袜子穿反。

语言方面：词汇量仍然较少，只能说出名词，不能说出描述性词语。

社交方面：果果只能和同组的小朋友进行互动交流，对于其他小朋友的关注比较少。

（2）具体干预

生活自理：先给果果讲解如何分辨正反，比如裤子有标签的一面是后面，有口袋的一面是前面，再给予果果肢体辅助，最后变成语言辅助，在果果穿对的时候对果果进行鼓励表扬，增强果果的自信心。

语言方面：给果果讲简单的小故事，讲完后让果果复述出来，在果果想不起来的时候及时提醒果果，增加果果的词汇量。

社交方面：在活动区的时候让果果和其他小朋友一起玩玩具，增进同学间友情，在和小朋友玩的时候，先告诉果果他的名字，等果果说出之后再一起玩，以便记忆。

（3）干预后效果

生活自理：一日常规能够独立完成，不需要老师的辅助，有的时候还会帮助能力较弱的小朋友。

语言方面：果果能够简单描述一件事情的始末，词汇量有所增加，但是语言顺序还是需要思考，有的词语用得不恰当。

社交方面：果果现在基本能记住班级里所有小朋友的名字，并且能够主动发起互动、制定游戏规则，在班级有固定的朋友。和小朋友玩的时候会自己制定游戏规则，并且遵守规则，见到陌生老师都会主动问好，并且会上前拉着老师一起玩，社交能力与同龄小朋友相比基本无明显差异。

（三）总结

社会交往能力欠缺是孤独症儿童的核心症状，这会给孤独症儿童融入社会带来很大的影响。班级是一个小型社会，班级融合类支持性游戏能帮助孤独症儿童适应班级生活，参与班级活动，与普通幼儿交流合作，为早日融入社会打下基础。在普通学校的教学中有效地实施融合教育，可以培养建立孤独症患儿同龄伙伴接纳意识，让每个小公民更早更多地认识他们，让同龄小伙伴们与孤独症患儿的情感空间更加丰富，营造一个更加和谐的社会气氛，为以后孤独症患儿健康成长、社会公民对孤独症患儿的认识和接纳提供直接可行的路径，真正达到“同在蓝天下，我们共成长”的目的。

（强冬冬　周美玲）

第六节　终身学习——儿童康复师成长

法国著名的终身教育思想家和全世界终身教育的开创者朗格朗曾经说过，“教育和训练的过程并不随学校学习的结束而结束，而是应该贯穿于生命的全过程。这是使每个人在个性的各方面：身体的、智力的、情感的、社会交往的方面，总之，在创造性方面——最充分地利用其禀赋和能力的必不可少的条件。正是通过不断的努力学习和研究，通过实习培训，人才会有更大的潜在可能性去有效地、应付自如地迎接他一生中遇到的各种挑战”。对于儿童康复行业从业者来说，终身学习是必须做的也是最基本的要求。

在我们身边，经常看到康复师说：“一旦踏进康复圈，就不能停下学习的脚步”，有这样一位儿童康复师，他从特殊教育专业毕业后，面对不同障碍的学生，不断跨学科横向提升技能，以满足各类障碍学生康复的需求。以下就是他的案例，让我们来共同了解一下：

出生于 1993 年的黄老师，大学时期学习特殊教育专业，本着为人民服务的态度，努力实现自身价值。2016 年大学毕业，看着身边的同学各奔前程，他没有半点犹豫，毅然坚持选择了孤独症儿童干预方向，因专业成绩优异，顺利地进入了广州市某区的特殊教育公立学校任职特教老师，主要负责对孤独症学生进行个别训练，也专门做过正向行为支持以及随班就读个案的巡回辅导。

黄老师说，越接触这些孩子，他越有一种如饥似渴求学的欲望。黄老师重新捧起大学时的专业教材，一下班就扎到书堆里，如饥似渴学习康复医学、言语治疗学、发展性障碍儿童教育与康复、七大领域评估与训练等专业知识，然而越学习他心中的疑问就越多，再加上书籍有滞后性，很多理论与干预方法并不能适配当下的问题。黄老师通过北医脑健康教研院的公众号，看到了“孤独症康复专业先修课”的招生信息，抢先报名进群学习，并在第一期考试中一次性通过结课考核，获得第一张合格证书。

先修课是基础入门课，通过行业专家的讲授，了解孤独症康复行业的最新动态。拿到证书后，黄老师选择继续提升，报名了北大医疗脑健康的“孤独症康复专业进阶课（ABA 高级课）”，这套高阶课程是基于应用行为分析（ABA）理论所设计，结合北京大学第六医院的实践经验，由北大医疗脑健康行为发展教研院的专家团队共同研发，课程足够权威，具有公信力，内容非常系统，而且还能随时进行重温和回顾。

在经过 40 多天的学习后，黄老师又成功通过考试，获取了《ABA 孤独症康复高级行为干预证书》。黄老师不满足于此，他在北大医疗脑健康平台先后参加了 13 门培训课程，包括但不限于孤独症 & 沟通障碍 – 言语语言治疗国际课程、执行功能国际培训课程、全国孤独症康复教育从业规范培训课程、VB–MAPP 评估专业技能高级培训等。

他说，在北大医疗脑健康，按照 A–PKU 设定的康复师成长体系，跟业内最顶级的专家学习，我了解自己现在的专业水平，也清楚知道下一步的职业成长方向，越来越知道如何成为一名更好的康复教师。

黄老师是一个很自律的人，一天的教学结束后，他会选择抽出 1~2 小时继续学习充电。自 2019 年 12 月注册北大医疗脑健康行为发展教研院的学习平台以来，已累计学习 16336 分钟，完成课程数 536 节，先后学习了 13 门系统的专业技能培训课程（涉及儿童康复行业多种技能）。目前，黄老师已经考取了初、中、高级行为干预师，ABA 孤独症康复高级行为干预师证书，VB-MAPP 评估专业技能高级证书，儿童言语语言治疗师高级专业技能证书，感觉统合治疗师高级专业技能证书，言语治疗国际课程证书等 10 张合格证书。

图 4-6　黄老师获取的部分专业合格证书

在北大医疗脑健康平台学习的这段经历，带给黄老师的不仅是一纸证书，更是实际教学能力的提升，“2 年多的学习，对我最大的帮助是让我的评估更加客观以及精准。例如：言语语言治疗师的构音评估，让我协助学生进行评估时，了解学生的构音问题。另外课程中提供的教学策略，也为我提供了有效的教学支持”。而且，因为教学专业技能过硬，工作 5 年来，在学校里备受青睐，被委以重任。

黄老师说，“所谓人生的价值，并不是用时间，而是用深度去衡量的”，他希望接下来学习更多与国际接轨的康复技术，争取拿下相关职业证书，进一步提升康复的精准度及实效。不得不称赞黄老师“厚积分秒之功，始得一鸣惊人”。为未来新青年做好了榜样！可以说，正是黄老师对学习的不懈努力，不言放弃的坚持成就了他。黄老师开阔的眼界，懂得跨学科横向提升自己，做到终身学习，他的成功值得我们学习。

他的经验告诉我们，儿童康复师需要终身学习，毕业后进入工作岗位并不意味着将学习丢掉，法国哲学家马里坦说过，“无论在学校里对学生进行的教育内容多么丰富，目的多么明确，这种教育不应随着发给学生毕业证书而告结束。从学习转到劳动是男女青年生活中极其重大的一步”。因此毕业后进入工作岗位仍要继续学习，学习利于工作开展的方方面面。

另一位同事的事迹也值得我们学习，她虽然退休了，但仍然继续学习，为儿童康复事业发挥着余热。

吴阿姨，今年 61 岁，退休前是一名儿科护士，由于专门进修过心理咨询，退休后的她被北京一家儿童医院返聘为心理咨询师。故事的开始源于吴阿姨的热心，由于她在健康管理部当心理咨询师，会经常接触到患有抑郁、焦虑、注意缺陷多动障碍（ADHD）、孤独症谱系障碍（ASD）的儿童，以及由于孩子患病而痛苦难过的家长，她想为这些孩子们多做点什么。

吴阿姨说，在工作中遇到的儿童里，说话有问题的孩子占大多数，比如过了一定年龄还不会说话，或者口齿不清，或者你说什么他重复什么；在生活中，周围的邻居、亲戚家里也有说话有问题的孩子，但这些孩子的家长都不太当回事儿，总觉得是“贵人语迟”“男孩说话晚点没事”，等来等去孩子可能就被耽误了。看见身边这么多说话有问题的孩子，吴阿姨替他们着急，不愿孩子们错过最佳干预的年龄，就想着多学一些知识，多帮帮他们。

吴阿姨了解到，孩子出现的这些言语语言问题都需要专业的干预，因此她决定跟着专业机构系统进修学习。在北大医疗实地考察时，通过课程顾问笑笑老师的介绍，了解到“儿童言语语言治疗师专业技能培训”，是由北大医疗脑健康行为发展教研院联合中国听力语言康复研究中心（原中国聋儿康复研究中心）共同研发打造的，是国内首个针对儿童群体设计的培训课程，课程设计由浅入深，针对儿童常见的发育规律、语言发育迟缓、构音障碍、吞咽障碍、口吃、听力障碍、嗓音障碍、读写障碍、获得性失语等障碍类型，从理论到评估再到干预进行全面讲解和实操演示。课程中的实操演示，更能直接指导她帮助孩子进行康复干预，有不会的问题还能及时获得专业人士的解答。在翻看了“儿童言语语言治疗师专业技能培训”课程讲义后，吴阿姨发现这套培训设计特别细致，学完就能用在日常工作中，因此，她没有再犹豫，马上就报名了第 13 期儿童言语治疗师培训课程。

由于吴阿姨是退休返聘，她白天的工作是非常繁忙的，有时忙起来连喝口水的时间都没有。于是，她充分利用自己晚上下班后的时间学习。据吴阿姨说，她很喜欢线上教学的方式，打开手机就能学，而且有不会的地方可以反复听、反复看，还有作业可以及时帮她温习巩固。

为了确保学员的学习效果，“儿童言语语言治疗师专业技能培训”在课程学完后，还特别设置了结课考试，只有通过考核的学员才能成功毕业，获得“儿童言语语言治疗师高级专业技能培训”合格证书。吴阿姨很重视这次考试，在考试前她特意请了一周假，在家集中温习课程，又把课程看了好几遍，终于，功夫不负有心人，吴阿姨一次就考过了，还拿到了 95 分的高分（满分 100 分）。

据吴阿姨说，虽然她已到花甲之年，但她仍然想继续深入学习、不断提升自己，争取帮助到更多的孩子，让有特殊需求的孩子们得到及时有效的康复干预，能够健康快乐地成长！

A-PKU 儿童康复人才培训体系的学员，主要集中在 80、90 后，他们是目前儿童康复行业的主力军。

但是 50、60 后也占到 1.6%，这些学员的学习初衷和吴阿姨相似，他们多为已退休医护人员、教师，几十年的工作生涯中一直和孩子在一起，退休后仍然希望发挥余热，多出一份力，继续帮助更多孩子和家庭。

吴阿姨的故事告诉我们“活到老学到老”，终身学习不以退休为终点，不以某个年龄为终点，一个人可以在任何时候发光发热，贡献社会。要知道，在当今飞速发展的社会，科技和知识创新进步的速度飞快，因此我们要保持终身学习的心态，不要担心时间太迟，“种一棵树最好的时间是十年前，其次便是当下”。我们要把握当下，不断逼迫自己去加强学习以适应各种新的事物，与时俱进，如果不能做到经常更新知识结构，不能对新知识保持长久的好奇与敏锐，就有可能落后于同行亦或是竞争者。

（李成成　祁梦真）

参考文献

［1］陈莞．中国特殊教育领域中音乐治疗的发展现状[J]. 中国特殊教育，2002（01）：72–74.

［2］国务院．《国务院关于建立残疾儿童康复救助制度的意见》[EB/OL].（2018–07–10）. http://www.gov.cn/zhengce/content/2018–07/10/content_5305296.htm.

［3］刘建邦，张雅菁，罗桂青，等．小儿推拿结合针刺治疗自闭症临床研究[J]. 新中医，2017，49（08）：122–125.

［4］刘素婷．论多元智能理论对职业教育的启示[J]. 教育与职业，2006（06）：6–8.

［5］祁占勇，谢金辰．投资职业教育能否促进农村劳动力增收——基于倾向得分匹配（PSM）的反事实估计[J]. 教育研究，2021，42（02）：97–111.

［6］王和平，杜晓新，曹静萍．特殊儿童音乐治疗机制、功能及实施原则[J]. 中国特殊教育，2004（02）：81–85.

［7］中共中央办公厅，国务院办公厅．《关于进一步减轻义务教育阶段学生作业负担和校外培训负担的意见》[EB/OL].（2021–07–24）. http://www.gov.cn/zhengce/2021–07/24/content_5627132.htm

［8］中共中央办公厅，国务院办公厅．《关于推动现代职业教育高质量发展的意见》[EB/OL].（2021–10–12）. http://www.gov.cn/zhengce/2021–10/12/content_5642120.htm.

［9］周青，徐云．孤独症儿童音乐疗法研究进展[J]. 中国听力语言康复科学杂志，2020，18（05）：397–401.

［10］庄子运．我国儿童音乐治疗研究综述——基于中国知网收录文献（1989—2019）的回顾[J]. 中国音乐教育，2020（09）：31–35.

［11］Buescher A V S, Cidav Z, Knapp M, et al.Costs of Autism Spectrum Disorders in the United Kingdom and the United States[J]. JAMA Pediatrics, 2016(08): 721.

［12］Murphy C, Wilson C E, Robertson D M, et al. Autism Spectrum Disorder in Adults: Diagnosis, Management, and Health Services Development[J]. Neuropsychiatric Disease and Treatment, 2016(12): 1669–1686.

［13］Orsmond G I, Shattuck P T, Cooper B P, et al. Social Participation Among Young Adults with an Autism Spectrum Disorder[J]. Journal of Autism and Developmental Disorders, 2013,43(11): 2710–2719.

[14]Mohammadi M–R, Zarafshan H, Khaleghi A, et al. Prevalence of ADHD and Its Comorbidities in a Population–Based Sample[J]. Journal of Attention Disorders, 2021,25(8):1058–1067.

致　谢

儿童发展障碍康复事业的发展离不开社会各界的支持，在此，我们特别对以下单位和个人表示感谢！

海　清	演员
刘　琳	演员
李泽锋	演员
范志毅	中国男足原队长、亚洲足球先生
宋晓波	中国女篮原队长
毕　妍	中国女足原队长
张瑞苹	中国宋庆龄青少年科技文化交流中心副主任
李淑芳	中国宋庆龄青少年科技文化交流中心幼教中心主任
姜　萌	中国宋庆龄青少年科技文化交流中心幼教中心专家
景雪姣	中国宋庆龄青少年科技文化交流中心幼教中心专家
黄伟合	美国佛罗里达州理工学院行为心理学系兼职教授
姜天骄	动脉网蛋壳研究院院长
TME 政策研究中心	

同时，蓝皮书的形成获得了大量从业人员的支持，在此，我们对以下单位和个人表示特别鸣谢！（排名不分先后）

北京阳光爱儿童发展中心	红安县童心圆教育咨询有限公司	武汉范德堡之家儿童发展中心
杭州知儿康复	徐州七彩象儿童身心健康发展中心	徐州可树葆儿童发展中心

从业人员（按姓名汉语拼音排序）

白思祺	柏正梅	毕　杰	边景娜	卜培周	蔡吉鹏	蔡　佳	蔡佳琳	蔡如龙	蔡亚妹	曹　聪	曹　靖	曹　玲
曹明月	曹宁宁	曹小苗	常　磊	晁　颖	陈波雨	陈楚榕	陈代弟	陈　芳	陈虹先	陈惠编	陈娇婷	陈　洁
陈洁翎	陈　晶	陈　静	陈静红	陈柯锦	陈科霞	陈礼伟	陈　丽	陈丽萍	陈　莉	陈　亮	陈　琳	陈玲玲
陈　迈	陈佩玲	陈　青	陈瑞雪	陈仕纯	陈斯勤	陈松棠	陈婉球	陈为菊	陈文利	陈　霞	陈　霄	陈晓珊
陈晓燕	陈秀兰	陈　雪	陈雪莹	陈　艳	陈艳艳	陈要发	陈英才	陈　宇	陈元会	成一丹	程　杰	程俊艳
程　琳	程宁宁	楚　雅	崔龙泉	崔晓敏	代佩珍	戴继芬	戴　润	但细会	邓东妹	邓国春	邓靓玥	邓钧悦

邓荣华 邓思娟 邓晓雪 邓谢琴 邓燕兰 丁阿媛 丁铭惠 丁绍雯 董广影 董　伟 董祥瑞 董亚丽 董月星
董志云 杜轲欣 杜鑫萍 杜　院 段旺欣 段小丽 樊　菲 范　娟 范晓娟 范雪涵 方梅琴 冯丹丹 冯佳琦
冯丽丽 冯苗苗 冯　明 冯燕红 冯真真 符梦雨 付春意 付晓娜 付　颖 傅蕾萍 甘月红 干明慧 高　凯
高丽萍 高楠楠 高　艳 高　耀 高玉红 高云兰 葛华梅 葛素贤 葛婉玉 耿　环 耿　媛 龚　璨 顾晶晶
顾生翔 管　慧 管文宇 郭风兵 郭凤杰 郭浩杰 郭宏赟 郭华宇 郭慧静 郭静玲 郭敏敏 郭　茜 郭锐仪
郭珊珊 韩　茜 韩亚芳 何卫华 何欣梦 和晓宇 贺仁友 贺阳阳 洪　亮 胡金林 胡　岚 胡　琼 胡书森
胡　韬 胡文娟 胡雪婵 胡雪娥 扈紫雲 华芷雯 怀银芳 黄川川 黄睦飞 黄小环 黄馨琪 黄雪阳 黄　燕
黄　银 黄银萍 黄永真 惠浩玉 纪　芳 纪娜娜 纪巍芳 纪伟娟 纪晓燕 冀　欣 贾　梦 贾瑞师 贾守会
贾雯宇 贾晓环 贾晓敏 贾玉莹 蹇廷蓉 江兰芝 姜丹丹 姜关兰 颉海霞 金成龙 金　艳 康婧鹤 孔翠文
孔娆娆 孔瑞静 孔银霞 寇龄路 邝智芬 兰新钰 蓝娟花 雷立从 雷　慢 雷宇桦 黎高晓 黎维维 李艾琳
李　宾 李德燕 李迪迪 李东峻 李东明 李飞霞 李烽新 李光英 李海艳 李惠芬 李　慧 李佳南 李嘉怡
李婧琦 李　静 李　静 李　娟 李军前 李凯欣 李利芳 李利芳 李凌波 李梦迪 李　宁 李培培 李　仁
李　茹 李瑞军 李若妍 李双均 李婉君 李　维 李伟凤 李　玮 李　晓 李晓洁 李晓雯 李秀丽 李秀霞
李逊婷 李亚芳 李亚娟 李　艳 李英华 李　迎 李莹莹 李羽正 李　悦 李忠良 栗潇雪 连迎春 梁宝玲
梁美燕 梁佩珊 梁绍惠 梁小燕 梁宇霞 廖美云 廖　倩 林爱琼 林碧玉 林丹娜 林桂红 林　佳 林佳惠
林立新 林　楠 林　珊 林夏心 林　翔 林雅腾 林亦娴 林钰滢 刘彩琼 刘春兰 刘春晓 刘春颖 刘　丹
刘　芳 刘红雨 刘慧敏 刘慧珊 刘　佳 刘　家 刘家希 刘　洁 刘　晶 刘　晶 刘　乐 刘丽娟 刘丽娜
刘灵杰 刘　玲 刘毛变 刘念慈 刘珊珊 刘桑兰 刘　帅 刘思琦 刘思怡 刘琬璐 刘香雪 刘湘媛 刘晓炎
刘焮燃 刘雪婷 刘　珣 刘　雅 刘　亚 刘娅诗 刘衍训 刘　艳 刘　燕 刘燕珊 刘洋洋 刘　怡 刘奕昕
刘益云 刘元波 刘真真 刘子情 柳春莉 六　点 龙　静 龙丽香 龙素芳 龙馨悦 隆小曼 卢美芳 卢秀香
卢瑶宏 陆寿义 陆雪梦 罗嘉怡 罗剑芬 罗亚妹 罗　圆 骆　欣 吕梦瑶 吕文文 吕学英 吕雪颖 马恩光
马　赫 马蘅芳 马丽月 马敏敏 马　爽 马　腾 马小晴 马　艳 马燕美 买　金 梅连连 蒙海洋 孟　楠
莫海潇 莫雪卿 缪　静 母前茂 南　星 倪坤兰 倪玲玲 倪　淼 倪　盈 倪永艳 宁　静 宁文静 牛红霞
潘盈盈 庞倮文 庞　雪 庞艳芳 裴成锐 彭风雨 彭　洁 彭　蕾 彭胜桃 彭穗芬 蒲益斌 齐晓欣 齐英杰
锜玉娟 钱　静 秦先生 秦潇芳 秦　瑜 邱彩云 邱海莲 邱汉丹 邱　丽 邱龄凯 邱　令 邱少婷 邱婉杨
饶燕玲 任栓栓 任婉婉 任雪琴 任　英 容锦凤 单晓婷 邵珂芸 沈甜帅 沈晓莲 沈云娟 师梦沙 师晓荷
施佳鑫 施亚岚 石　灿 石　群 石　荣 石晓雪 石引弟 石　玥 时胜楠 史楚乔 史　慧 史慧铭 史晓鸿
舒英红 宋　波 宋灵婕 宋桐旺 宋文举 宋秀盈 宋雨静 苏慧君 苏　洁 苏淑华 苏玉华 苏志强 隋琳达
孙　超 孙继红 孙建婷 孙　琳 孙美芳 孙　琪 孙姗姗 孙　爽 孙　爽 孙修仙 孙彦彬 孙一萌 孙　莹
孙　政 孙志强 覃梦玲 覃天雨 谭星星 唐　佳 唐静琪 唐　蕾 唐珊珊 滕瑶园 田继颖 田　路 田庙清

田宋楠　田　雪　田银子　田　莹　田　宇　佟聚英　万彬鑫　万　欢　万　凯　万　琦　万先亮　万勇珍　汪春香
汪家宇　汪俊杰　汪　丽　汪志琴　王朝阳　王春梅　王春艳　王翠兰　王　丹　王丹丹　王　娣　王菲菲　王凤顺
王际荣　王　佳　王佳璐　王嘉齐　王锦玉　王　晶　王　敬　王　静　王　蕾　王立英　王丽娜　王丽蓉　王丽媛
王琳钰　王路宽　王　梅　王梦玄　王　敏　王娜娜　王　攀　王　佩　王　青　王晴晨　王　秋　王荣梅　王　蕊
王瑞元　王淑翘　王　爽　王思奇　王婷婷　王　威　王尾华　王文静　王　溪　王　霞　王先雪　王香怡　王晓丹
王晓雯　王　鑫　王雅静　王亚男　王　岩　王彦冰　王　艳　王燕飞　王艺晓　王　莹　王永慧　王雨慧　王玉龙
王玉珠　王　月　王正莉　韦召斌　魏　娟　魏　乐　魏晓珊　文淦圣　吴　聪　吴菲菲　吴　晗　吴建平　吴　娟
吴莉婷　吴凌云　吴　念　吴森平　吴书霖　吴天凤　吴亚茹　伍思敏　伍欣怡　伍永燃　武俊芳　武丽甜　武瑶瑶
夏　丹　夏晓雪　向　娟　向丽萍　向　敏　向　味　向宇恒　向媛媛　肖　玲　肖素珠　肖　旭　肖　月　谢　娟
谢　莎　谢欣芸　谢　莹　谢雨倩　谢玉佩　谢正媛　辛太兴　邢文雅　熊声琴　徐碧仪　徐春慧　徐　丹　徐丹丹
徐海静　徐　静　徐晓莉　徐亚帆　徐　妍　徐子源　许春新　许　芳　许欢欢　许平珠　许婷婷　许　艺　许玉玲
许　悦　闫红伟　闫洁馨　闫　帅　严海华　晏　雯　燕　琴　杨百惠　杨成园　杨丰正　杨改花　杨欢欢　杨　菁
杨菁莲　杨　坤　杨　琳　杨　玲　杨　柳　杨　曼　杨苗苗　杨明惠　杨　楠　杨鹏飞　杨　琪　杨　青　杨　茹
杨　婷　杨晓彤　杨亚丹　杨亚辉　杨　艳　杨艳珍　杨以胜　杨雨晴　杨　月　杨卓亚　杨祖琪　姚　婷　姚亚杰
叶岚馨　叶荣妹　叶　童　叶　子　伊柏霖　易映彤　殷婷婷　尹钰尧　尤　琦　游梦朝　游天燕　游云云　于佳琪
于璐璐　于笑冬　于　阳　余莲丽　余珮溶　余　珊　余淑娉　余雅芳　余振兰　袁利利　原　惠　岳　茹　岳　岳
云亚迪　曾　丹　曾德伟　曾姣峰　曾康琴　曾生恺　曾文茜　曾亚真　张朝石　张春灵　张　丹　张丹丹　张　芳
张丰梅　张建新　张健新　张姣英　张　洁　张　晶　张　婧　张　静　张静仪　张娟娟　张　珺　张可望　张兰兰
张　蕾　张　蕾　张丽娜　张俪薇　张　露　张梦蝶　张明琴　张佩敏　张琪媛　张　茜　张巧兰　张　如　张润军
张淑兰　张思宁　张思悦　张　涛　张　甜　张　薇　张伟伟　张文博　张　雯　张霄宇　张小鄂　张小鸽　张小洲
张晓艳　张晓依　张鑫霞　张　幸　张　旭　张　雪　张　雪　张雪峰　张亚文　张亚星　张彦改　张艳芳　张艳云
张艺馨　张　影　张月利　张悦薇　张志慧　张志芹　章　慧　章丽芳　赵东芳　赵泓垚　赵慧慧　赵　静　赵莉辉
赵　凌　赵明星　赵仕蓉　赵雯雯　赵小平　赵彦红　赵艳艳　赵莹莹　郑海英　郑　静　郑龙铮　郑晴霞　郑　薇
郑伟青　郑文雅　郑晓霞　郑雪雪　郑　遥　郑宇利　植碧茜　钟冬燕　钟　芳　钟景萍　周朝霞　周冬燕　周根英
周　瑾　周　娜　周萍萍　周　瑞　周淑欣　周小容　周欣柔　周学龙　周盈盈　周紫靓　朱丹莉　朱红敏　朱君慧
朱亮雪　朱明侠　朱　倩　朱然然　朱松松　朱　伟　朱晓薇　朱杏子　朱许影　朱雅菲　朱　毓　朱月琴　朱哲哲
祝晓慧　卓仙丽　邹　瑶　左　静　左瑞霞